前言

　　鲁迅先生曾说："历史上写着中国的灵魂，指示着民族的未来。"中国的历史，无疑是我们国家和整个华夏民族的灵魂所在。从有文字以来，中国人就对历史的记述有着浓厚的兴趣。"左史记言，右史记事"滥觞于前，孕育了中国几千年来持续不断的历史记述制度，不仅"世有史官"，而且设立专门的著史机构；除了国家专门组织的著史工作之外，大量的私人著史活动也是风起云涌，从不同的角度，以不同的观念并在不同的深度和广度上反映了历史的真实，从而形成了一股汹涌澎湃的文化思潮，影响深远。

　　在这样的制度和文化背景下，几千年来，中国产生的历史著作可谓汗牛充栋，为了有所区别，于是产生了"正史"和"野史"之分。在浩如烟海的历史著作中，就正史而言，"二十四史"无疑是其中的佼佼者，是中国历史文化遗产中的璀璨明珠。

　　作为正史总集的"二十四史"是中国史学主干，由清乾隆帝钦定后，正史遂成为"二十四史"的专有名称。它从《史记》（司马迁著）至《明史》（张廷玉等著）共计24部、3243卷，约4000万字。"二十四史"的著作年代前后相差计1800年，是世界图书史上独有的巨著。

　　"二十四史"全部按照纪传体的形式，采取以人物为中心、以时间为顺序的方式记事，完整、系统地记录了从传说中的黄帝到明朝末年四千多年间中华民族形成、发展、融合、兴旺的历史轨迹，全面展示了历代王朝的兴亡盛衰规律，翔实而细致地记载了各个历史时期的经济、政治、文化、科技、军事、疆域、民族、外交等多方面内容以及宝贵的历史经验教训。

　　为了让读者能够轻松阅读这一皇皇巨著，我们编撰出版了这部《白话精编二十四史》，从24部史书中选取具有代表性的精华篇章编译为白话，遵循"信达雅"的原则，保持原书风貌，浓缩原著精华。为了适应现代读者的审美需求，本书打破了传统正史读物的条条框框，版式设计新颖别致，书中插配了近千幅与史书内容相关的绘画、书法、建筑、陶瓷、金银器等精美图片，通过这些元素的完美结合，将读者带进一个真实而多彩的历史空间，让读者全方位、多角度地去感受中华文明和华夏民族智慧之所在。

目录

白话精编二十四史（第五卷）

- 魏书 - 北齐书 - 周书
- 隋书 - 北史

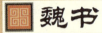

魏书

卷一▶北魏序纪·2

卷二▶太祖道武帝纪·4

卷四▶世祖太武帝纪·8

卷六▶显祖献文帝纪·14

卷七▶高祖孝文帝纪·18

卷八▶世宗宣武帝纪·24

卷十二▶孝静帝纪·28

卷十三▶文成文明皇后冯氏列传·32

卷二十四▶燕凤 许谦列传·36

卷二十四▶崔玄伯列传·38

卷三十五▶崔浩列传·40

卷三十六▶李顺列传·44

卷四十八▶高允列传·48

卷五十三▶李冲列传·52

卷六十三▶王肃列传·56

卷六十七▶崔光列传·58

卷七十三▶杨大眼列传·60

卷七十四▶尔朱荣列传·64

卷九十五▶刘聪 石勒 苻健列传·68

北齐书

卷一至卷二▶神武帝纪·76

卷四▶文宣帝纪·80

卷十六▶段韶列传·84

卷十七▶斛律光列传·88

卷二十一▶高昂列传·92

卷三十六▶邢邵列传·94

周书

卷一至卷二▶文帝纪·98

卷五至卷六▶武帝纪·102

卷七▶宣帝纪·108

卷十一▶晋荡公宇文护列传·112

卷十二▶齐炀王宇文宪列传·116

·彩图版·

龚书铎⊙主编

第五卷·魏书 北齐书 周书 隋书 北史

白话精编二十四史

巴蜀书社

白话精编二十四史 第五卷

魏书 北齐书 周书 隋书 北史

图书在版编目（CIP）数据

白话精编二十四史／龚书铎主编 .—成都：巴蜀书社，2016.10

ISBN 978-7-5531-0739-4

Ⅰ．①白… Ⅱ．①龚… Ⅲ．①中国历史－古代史－纪传体②二十四史－译文 Ⅳ．① K204.1

中国版本图书馆 CIP 数据核字（2016）第 231862 号

白话精编二十四史　第五卷		**龚书铎 主编**
策划组稿	林建	
责任编辑	施维　张照华　肖静　封龙　童际鹏　张亮亮	
出　版	巴蜀书社	
	成都市槐树街2号　邮编610031	
	总编室电话：（028）86259397	
网　址	www.bsbook.com	
发　行	巴蜀书社	
	发行科电话：（028）86259422　86259423	
经　销	新华书店	
制　作	日知图书（www.rzbook.com）	
印　刷	天津市光明印务有限公司	
版　次	2016年10月第1版	
印　次	2016年10月第1次印刷	
成品尺寸	165mm×230mm	
印　张	160	
字　数	3000千字	
书　号	ISBN 978-7-5531-0739-4	
定　价	298.00元（全十卷）	

卷十四 ▶ 贺拔胜 贺拔岳列传 · 120

卷十五 ▶ 于谨列传 · 126

卷十六 ▶ 独孤信列传 · 130

卷十八 ▶ 王思政列传 · 134

卷三十一 ▶ 韦孝宽列传 · 138

隋书

卷一至卷二 ▶ 高祖帝纪 · 144

卷三至卷四 ▶ 炀帝纪 · 152

卷三十六 ▶ 文献独孤皇后列传 · 158

卷四十一 ▶ 高颎列传 · 160

卷四十二 ▶ 李德林列传 · 164

卷四十八 ▶ 杨素列传 · 168

卷五十一 ▶ 长孙晟列传 · 172

卷五十二 ▶ 韩擒虎 贺若弼列传 · 176

卷五十三 ▶ 史万岁列传 · 182

卷六十一 ▶ 宇文述列传 · 186

卷六十三 ▶ 杨义臣列传 · 190

卷六十四 ▶ 鱼俱罗列传 · 192

卷六十五 ▶ 周法尚列传 · 194

卷六十六 ▶ 李谔列传 · 198

卷六十七 ▶ 虞世基列传 · 200

卷七十 ▶ 杨玄感列传 · 202

卷七十 ▶ 李密列传 · 204

北史

卷五 ▶ 西魏文帝纪 · 210

卷十三 ▶ 宣武灵皇后胡氏列传 · 212

卷二十三 ▶ 于栗磾列传 · 216

卷二十五 ▶ 古弼列传 · 218

卷二十六 ▶ 刁雍列传 · 220

卷二十七 ▶ 郦道元列传 · 222

卷二十九 ▶ 萧宝夤列传 · 224

卷三十八 ▶ 裴仁基列传 · 228

卷三十八 ▶ 裴矩列传 · 230

卷六十 ▶ 宇文恺列传 · 234

卷七十四 ▶ 郭衍列传 · 236

卷七十九 ▶ 宇文化及列传 · 238

卷七十九 ▶ 王世充列传 · 242

卷八十三 ▶ 温子昇列传 · 246

卷八十三 ▶ 颜之推列传 · 248

魏书

魏 书

中国社会科学院历史研究所博士
戴卫红

《魏书》，北齐魏收撰，是一本纪传体史书，共 124 卷，其中《本纪》12 卷，《列传》92 卷，《志》20 卷。《魏书》记载了我国北方鲜卑族拓跋部从 4 世纪末叶至 6 世纪中叶的历史，内容涉及到它的历史渊源、发展兴盛及统一北方、实现封建化和门阀化的过程，同时还记载了北魏、东魏与南朝宋、齐、梁三朝关系的历史。

魏收（505～572），字伯起，北齐巨鹿下曲阳（今河北晋县西）人，历仕北魏、东魏、北齐三朝。26 岁迁散骑侍郎，典起居注，并修国史，兼中书侍郎。在东魏，官至秘书监，兼著作郎，定州大中正。入北齐，任中书令，兼著作郎。北齐天保二年（551），他正式受命撰魏史。魏收的年辈小于温子升、邢劭，而文誉齐名，世称"三才"。

《魏书》有一个非常明显的特点，也是它的重要性之所在，即它是我国封建社会历代"正史"中第一部专记少数民族政权史事的著作。它的另一个特点，是反映时代的社会风尚和历史特点。《魏书》新增《官氏志》《释老志》，这两篇《志》所记述的内容是"魏代之急"、"当今之重"。《官氏志》重姓族，《释老志》崇佛教，这正是当时的社会风尚和历史特点。

历史上有不少人批评《魏书》，仅唐人刘知几所著《史通》一书，批评魏收及其《魏书》的地方，就有数十处之多。但历史上也有很多人肯定它的价值。唐初，许多史家认为《魏书》"已为详备"；李延寿更是称赞它"追踪班、马，婉而有则，繁而不芜，持论序言，钩沉致远"。

北魏序纪

北魏的故事，要从这里开始。一个生活在偏远地区的原始部落，历经数十代首领的筚路蓝缕、艰苦创业，终有后世历经百年的强大王朝。其间，有天女赐子的美丽传说，也有开疆拓土、百折不挠的奋斗壮歌。

【鲜卑的由来】

相传鲜卑的祖先是黄帝的后裔。黄帝有一子名叫昌意。昌意的小儿子被封在北疆，封国内有座山名大鲜卑山，于是便以山名为号，由此繁衍生息，逐渐成为驰骋塞外的一个部落。他们畜牧为生，射猎为业，民风淳朴，历史靠口耳相传。因黄帝有土德而称王（古人以五行相生相克附会王朝命运），北方民俗称"土"为"拓"，"后"为"跋"，所以部落的首领就以"拓跋"为姓氏，意为黄帝的后裔。

这支部落传了几十世，到了首领拓跋诘汾时代。一次，出巡的拓跋诘汾远远看到有辒车和辌车自天而降，赶过去一看，发现是一位美丽的女子。拓跋诘汾问所从来，那女子回答说："我是天女，奉上天之命与你结为配偶。"于是当晚两人便同床共枕。第二天天亮，女子便向拓跋诘汾辞行，并嘱咐他说："明年今日，我们在此相会。"说完便乘风而去了。一年后，拓跋诘汾如期赴约，天女将他们所生的男婴交给拓跋诘汾，并说："好好

照顾这个孩子，让他传宗接代，拓跋氏将世代为王。"拓跋诘汾死后将首领之位传给了这个男孩，即被鲜卑后世尊为始祖的拓跋力微。

【塞北崛起】

拓跋力微是鲜卑一代杰出首领。在他的带领下，鲜卑的势力一跃而起，坐拥铁骑二十余万。此时的鲜卑各部经常南下抢掠，与当时处在三国时期的曹魏政权多有摩擦。拓跋力微高瞻远瞩，看清对抗不是长久之计，于是开始与中原和亲，还派太子前往洛阳长驻，作为使节。双方和睦相处，建立了深厚的友谊。魏晋禅代后，双方关系仍然十分亲密。

拓跋力微活了一百零四岁。他死之后又传了几世，到了拓跋禄官做首领时，鲜卑已经十分强大，财富殷丰，兵强马壮，拥有骑兵四十余万，纵横塞北。

时至西晋晋惠帝时期，中原爆发"八王之乱"，西晋朝廷为了平乱向鲜卑借兵。鲜卑出骑兵十余万，大破叛

式，他建立的国家史称代国。

拓跋什翼犍任命代地的汉人燕凤为长史，许谦为郎中令，建立法制，强国安民。他心胸宽仁大度，能够恕人之过。他曾在作战中被叛军射中眼睛，破敌之后，大臣们把射箭的敌兵抓来，都手握大刀要将其碎尸万段，拓跋什翼犍却说："各为其主，他何罪之有"，令人将那士兵释放了。拓跋什翼犍智勇宽仁如此，因此国家上下用命，国力日盛。

在鲜卑逐渐崛起的同时，他们的南面却出现了由氐族人建立的更强大政权——前秦。公元376年，前秦出兵二十万攻打代国，代国不敌而被灭亡，拓跋什翼犍也惨遭杀害。虽君亡国灭，但鲜卑拓跋氏的传奇并未就此消逝。数年之后，拓跋什翼犍之孙拓跋珪率族人东山再起，最终建立了后来统一中国北方的强大政权——北魏。

🌀 **嘎仙洞遗址**

嘎仙洞位于呼伦贝尔盟鄂伦春自治旗大兴安岭一处高百米的峭壁上，洞口向西南，洞深92米，高27米，由三个相连的洞厅组成，十分神秘而幽静。嘎仙洞内，发现了北魏"太平真君四年"（443）时的刻石，记载北魏第三代皇帝拓跋焘派遣中书侍郎李敞来此祭祖的事情。石刻的内容证明嘎仙洞就是《魏书》所记北魏祖先居住的"石室"旧墟，并证明这一带是拓跋鲜卑的发祥地。

军，鲜卑首领因功被授以"大单于"称号。拓跋禄官死后，新首领拓跋猗卢又多次应西晋之求南下，与叛军建立的政权交战。西晋封拓跋猗卢为代王。拓跋猗卢用严明的刑法改变鲜卑散漫的民风，经过整治后的鲜卑更加强大。

【鲜卑建国】

鲜卑首领又传了几代，终于迎来一代雄主拓跋什翼犍。他大力推广中原的文化制度，设置百官，将鲜卑原有的部落联盟形式最终转变为国家形

论 赞

史臣曰：帝王的兴起，必有积功德累功勋广利众人，行为合乎天道，方能契合神祇之心。北魏祖居偏僻之地，世代为部落之长，教化属民，与世无争。拓跋力微为天女所生，拓跋猗卢忠勤于晋朝。这些积德累功之事，岂是徒然？拓跋什翼犍以雄杰之姿、君子气量，征伐四方，威服蛮荒，建国立号，隆兴大业。拓跋珪最终开创北魏一百六十载国祚，光耀中原。其中缘由便由此而来。

白话精编二十四史

◉ 第五卷 ◉

3

魏书 ◉帝纪◉

太祖道武帝纪

作为开国之君和一代杰出帝王，拓跋珪年少复国，再兴祖业，亲率族人开疆拓土，袭柔然、灭慕容，创立了一个属于拓跋鲜卑的强大国度，一统北方，虎步中原。同时，他积极推进鲜卑部落的封建化，迁都平城，称帝建制，效仿中原典章礼俗，为北魏进一步发展强大打下了基础。

【天佑苗裔】

北魏太祖道武皇帝拓跋珪，是代国国君拓跋什翼犍的嫡孙。他的母亲是献明皇后贺氏，当初随部族迁徙，途中休息时，她梦到太阳升起于室内，醒来后见阳光从窗口直射进来，满屋光耀，便有了身孕，而后生下拓跋珪。

拓跋珪很小便会说话，双目炯炯有光，宽额大耳，仪容不俗。然而拓跋珪六岁那年，前秦北上进攻代国，拓跋什翼犍被逆臣杀害，代国灭亡。小小年纪的拓跋珪沦为了亡国的俘虏，将要被押往前秦的都城处置。关键时刻，代国旧臣长史燕凤向前秦国君苻坚苦苦求情，才使得拓跋珪获得幸免，得以留在祖地。前秦军队撤走后，拓跋珪由母亲贺皇后看护北上，一路收拾鲜卑残部，艰难度日。途中又有无数艰险，他们曾遇高车人（魏晋南北朝时期活跃于中国北部和西北部的强悍游牧民族，又称敕勒、丁零）的抄掠，贺皇后带着拓跋珪乘车逃难，谁想颠簸中车辖跑失，车子随时都有

倾覆的危险。贺皇后怀中抱紧拓跋珪仰天祷告。也许是吉人天相，车子终于没有倾翻，母子幸免于难。

历经年少的波折，拓跋珪更快地成熟起来。他年龄虽小，却深得族中上下的信赖，族中股肱重臣刘库仁就对自己的家人讲："我们的少主有平定天下的志向，复兴基业，光耀祖宗者，一定是他！"

【光复祖业】

历史并没有让心怀复国志向的拓跋珪和他的族人们等太久。晋太元八年（383），苻坚率领不可一世的前秦大军在著名的淝水之战中被上下一心的东晋军队以少胜多打得大败。战争的失利直接导致前秦内部深重的民族矛盾爆发，各地叛军四起，前秦政权一时"兵败如山倒"，很快便土崩瓦解。两年后，苻坚被羌族首领姚苌杀死，前秦实际上已经灭亡。

前秦的覆灭使得中国北方重又陷入诸侯混战的局面，刚刚十几岁的拓

跋珪抓住时机，摆脱了对前秦的附庸，率领族人加入了这场天下逐鹿的争夺。晋太元十一年（386），拓跋珪在族人的拥戴下自立，重继代王王位，恢复代国国号，建元"登国"，大会鲜卑各部人马。同年，拓跋珪又将国号改为"魏"，是为北魏建国之始，拓跋珪就是北魏的开国之君。

自立魏国后，拓跋珪并没有像其他各路诸侯一样急于马上称帝，而是一方面着手收编周围的部落，扩充军力，另一方面大力鼓励农业生产，增强自身的实力。拓跋珪明智的决策很快就收到了实效，不少周边势力陆陆续续投奔而来，而拓跋珪不仅广为接纳，更能宽以待之。曾有来投的军队复又反叛，众将都欲追讨之，拓跋珪却拦住众人："如今我们事业草创，人心还未归一，有人难免犹豫反复，不足追讨。"拓跋珪这种宽容的态度让他和他的国家声威日隆，不久后，曾经反叛的部队又纷纷重回了他的麾下。

在拓跋珪的领导下，新建立的魏国国力迅速增强。当时，与魏国并立在中国北方的政权还有羌人姚苌建立的后秦和同为鲜卑族裔的慕容垂建立的后燕等等。起初这些竞争对手都比拓跋珪更有实力也更为强大，拓跋

鎏金铜释迦像·北魏

释迦跌坐在须弥座上，作说法状，耳廓大而下垂，有北魏时期佛像的明显特征。

珪于是采取了隐忍怀柔的策略，表面上向对手示弱，表示臣服，而将主要精力放在对周边不顺服部族的征伐和吞并上，他相继在高柳城败窟咄，弥泽湖大破刘显，千里袭柔然，渡河灭匈奴。在这一系列征伐之中，千里袭柔然的战争尤为关键。

【千里袭柔然】

柔然，又被鲜卑人蔑称为蠕蠕（讽刺他们没有头脑，像虫子一样），是强悍的匈奴人的后裔，在公元4世纪末至6世纪中叶活动于中国大漠南北和西北广大地区，民风彪悍，战斗力惊人。起先柔然役属于鲜卑拓跋氏，但后来因为代国的败亡而转与拓跋氏的对手们结盟，不时兴兵侵掠，成为新建立的魏国的心腹大患。

晋太元十六年（391），蓄势已久的拓跋珪率大军北征柔然，柔然自知实力不敌，于是一路北退，企图以回避的战术拖垮魏军。拓跋珪的军队连追六百里都没能追到柔然主力，属下将领心生懈怠情绪，纷纷向拓跋珪请求说："贼匪已逃得太远，而我们的粮草也已断绝，不如早些回去吧！"拓跋珪却反问诸将："如果宰杀备用

的马匹充当粮草，当做三天的粮食，够不够？"众将不知此话何意，只得如实回答说："足够。"于是，拓跋珪命令部队杀马充粮，以加倍速度追击逃敌，终于在大碛南床山下追上了柔然主力。拓跋珪指挥部队一鼓作气，大败对手。柔然死伤惨重，其东西两部主将匹候跋和缊纥提率众投降，余部丢盔弃甲远遁漠北而去。得胜后的拓跋珪告诉左右众将："你们知道我前几天问三天粮食那番话的意思了吗？"众将无人能解，回答不知。拓跋珪笑着说："柔然部落为躲避我们，驱赶家畜奔逃多日，所以他们到了有水的地方一定会滞留。我用轻装骑兵去追赶他们，计算道路的远近，我料定不超过三天一定能赶上他们。"众将听后无不信服。

经此一战，柔然元气大伤，短期内再无威胁魏国的可能。得胜而还的拓跋珪未作修整，立刻调转兵锋攻向柔然昔日的盟友匈奴铁弗部首领刘卫辰。刘卫辰的势力素来是拓跋鲜卑人的劲敌，拓跋珪乘胜进击，一举攻下对手居城，全歼了敌军。刘卫辰身死，一干宗党五千余人被拓跋珪尽数诛灭。拓跋珪

还缴获珍宝畜产无数，名马三十余万匹，牛羊四百余万头，魏国的实力经此得到巨大提升。

【虎步中原】

在年轻的首领拓跋珪的领导下，魏国的势力提升迅猛，很快成为中国北方势力强盛的大国，这让原本并不将其放在眼里的其他国家感到如芒在背。其中，以当时北方实力最强的后燕政权为甚。后燕由同为鲜卑族的慕容氏首领慕容垂建立，一度统治今天的河北、山东及辽宁、山西和河南的大部分地区，实力盛极中原。拓跋珪复国之初，曾臣服于后燕，但随着自身实力的壮大，两国之间一场决定谁是北方之主的决战就不可避免地到来了。

☀ 定都盛乐

登国元年 (386)，道武帝拓跋珪定都盛乐，建北魏政权。内蒙古博物院"中国古代蒙古民族"草原天骄展厅中的这组蜡像真实再现了当时的场景。

此时的后燕开国之君慕容垂已是垂暮老人，国政由无能的太子慕容宝统理，各同姓藩王割据虎视，国内四处危机暗伏。当时，后燕为向魏国索要名马，扣押了拓跋珪的弟弟拓跋觚，拓跋珪予以拒绝并与后燕绝交。这成为两国战争的导火索。

晋太元二十年（395），后燕首先挑起事端，慕容宝亲率八万大军攻魏。拓跋珪调集十余万军队迎击，并派人到后燕军中散布慕容垂已死的谣言。这一招果然正中后燕大军的要害，慕容宝等一干慕容族裔不知消息真假，个个心生不轨，军中遂分裂内讧起来。拓跋珪抓住机会，乘敌之弊，在参合陂（今山西阳高县东北）一战击溃敌军，生擒后燕七位藩王，俘虏降兵四五万之众。为防降兵哗变，拓跋珪下令将四五万的降兵尽数坑杀。

事已至此，后燕国君慕容垂只得拖着病体亲征魏国。慕容垂毕竟身经百战，拓跋珪初战不利，损兵折将不少，但已似风中曳烛的慕容垂再也经不起征战之苦，病死途中。慕容垂死后，后燕不出所料地发生了严重的内讧，各藩王人人争位，相互攻杀，国力迅速衰弱下去，再不是魏国的对手。拓跋珪顺势反扑，吞并后燕的大片领土，带领自己的国家接管了中原的霸主之位。

公元398年，已虎步中原的拓跋珪终于在群臣的劝进下宣布称帝，沿用国号为"魏"，史称北魏，同年迁都平城（今山西大同市）。他下令效仿中原文明设置百官，划分行署，制定各类典章制度、礼仪等。他还大力发展文化教育，设置五经博士，增收数千名太学生，把文化水平作为选拔官吏的重要条件之一。

【身死非命】

就在北魏国力日盛之际，拓跋珪却被多年来征战所累计的恐惧、不安和过度的紧张彻底击倒，搞得病重多疑，精神失常。他屡屡臆想有灾异发生，整日忧懑不安，常常几天粒米不进，彻夜失眠。喜怒无常的他动辄就责罚属下，认为所有人都不可信，每天夜晚不停地自言自语，好像在跟鬼神对话。许多的朝臣被他无辜处死，还命人将这些人的尸首都陈列在殿前示众。

拓跋珪的疯狂使得朝臣人人自危，国家日益动荡，他本人也成为了名副其实的"孤家寡人"。终于，在内忧外怨的积聚下，北魏天赐六年（409），拓跋珪被自己的儿子拓跋绍刺杀，享年三十九岁。

论赞

史臣曰：太祖拓跋珪在危难之中韬光养晦，在潜伏腾跃之际弯曲伸展，率领族裔，奋发英武，克除难阻，入主中原，朝见天人神明，登上皇位。然而艰难厄运有定数，祸乱产生于意料之外，是人事不足，还是上天导致如此？呜呼！

世祖太武帝纪

北魏在太武帝拓跋焘的手中达到了军事的鼎盛。他亲率北魏铁骑灭亡了夏、北燕、北凉等诸多政权，结束了漫长的五胡十六国混战局面，再次统一中国北方；他马踏漠北，挥鞭塞外，横扫了雄踞蒙古大漠的柔然汗国；他南征刘宋，饮马长江，夺取南朝大片土地。

【命世之主】

北魏世祖太武皇帝拓跋焘，小字佛狸，是北魏第二代皇帝明元帝拓跋嗣的长子，太祖道武帝拓跋珪的孙儿。道武帝拓跋珪晚年患病精神失常，其子拓跋绍乘机作乱刺杀了父王，自立为帝，却得不到朝野上下的支持。时在外任的太子拓跋嗣秘密潜回京城，在宫中卫士的协助下杀死了拓跋绍，继承了北魏皇位，是为北魏明元帝。明元帝拓跋嗣在位十五年，延续了拓跋珪武力扩张的路线，并发动了第一次与南朝刘宋政权的战争，从对手手中夺得了洛阳等战略要地。但班师后因积劳成疾，三十二岁英年早逝，将皇位传给了他年仅十六岁的儿子拓跋焘。

拓跋焘生于北魏道武帝天赐五年（408），生来体貌特异。道武帝拓跋珪见到这个孙儿后既惊又喜，说："以后能完成我兴国大业的，必定是这个孩子"。拓跋焘为人聪明大度，心胸开阔，对父母十分孝顺。

父亲明元帝患病时，他一直衣不解带在旁尽心服侍。他生来就没有见过自己的母亲密太后，等到长大后，每说起此事就悲痛，哀伤之情感动旁人，连明元帝听说后都感动不已。拓跋焘生活节俭朴素，饮食和服饰只求够用便可，不追求珍奇奢华，吃饭也只一道菜，连他的爱妃也都衣着朴实无华。然而孝顺简朴、性格内敛的拓跋焘，内心中却威武豪迈，刚毅自律，胸中有金戈铁马、百万雄兵，有更胜先人的雄韬大略。

北魏泰常八年（423），刚刚结束对南朝刘宋攻势凯旋的明元帝驾崩，拓跋焘以太子身份继承皇位，史称北魏太武帝。拓跋焘延续了先前两代国君开疆拓土的方略，率领军队继续南征北战。他有着高超的指挥才能，战术布置无有不胜，尤其善用骑兵，鲜卑铁骑在他的指挥下成为了攻无不克、战无不胜的利器。作战中，他身先士卒，与将士们同处战阵，身边不断有人死伤，他也毫无惧色，因此将士们人人誓死效命，军队所向无敌。他还善于从行伍中提拔人才，只以才能取人，不论出身，因而军中人人自励，战斗力惊人。

在治国理政方面，拓跋焘重用汉族大臣崔浩，后者被后世称作"南北朝第一谋略家"；他还善于听取古弼、高允等忠臣们直言不讳的进谏，以纠正自己的过失。经过拓跋焘励精图治，北魏的国力达到了前所未有的高度。

【统一北方】

北魏太武帝拓跋焘登基之初，中

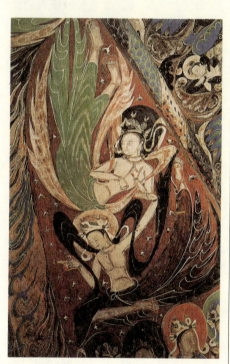

🔥 **飞天壁画**

飞天，在佛教艺术中被称为香音之神，是能奏乐、善飞舞、满身香馥的菩萨。飞天是敦煌壁画中的一大主题，图为莫高窟第285窟北魏时期龛壁上的双人飞天。

国北方经过多年的战乱纷争，还剩下五个割据政权，除了北魏以外，分别是匈奴人建立的夏（又称胡夏）和北凉、鲜卑族乞伏氏建立的西秦，以及汉人建立的北燕。其中，以北魏实力最强。

北魏太武帝始光三年（426），拓跋焘开启了他统一北方的征战之旅。他听说夏国的国君赫连勃勃病死，子嗣争位不休，于是决定亲率大军讨灭夏国。大军十月出发，遇到天气暴寒，行路艰难，拓跋焘命两万轻骑先行，奇袭夏国都城统万城。正在一片歌舞升平中的夏国统治者被突如其来的魏国大军吓得不知所措，仓皇出战，被北魏军队杀得大败。北魏军队趁势劫掠城下，枭首数万，得牛马十余万头。同时，另一路魏军由大将奚斤率领，顺利攻下三辅要冲蒲坂（今山西永济市）和长安。虽然最终没能拿下统万城，但北魏尽收关中沃野，大胜而还。

翌年，太武帝拓跋焘命人广造攻城战具，再次兴师十万伐夏。此次，拓跋焘誓拔统万城，他命轻骑三万舍弃辎重倍道兼行，先行攻城。统万城乃是夏国倾尽民力修筑的金石之城，高十仞，城墙墙基厚达三十步，墙面刀斧不进，坚固无比。从行群臣都劝阻拓跋焘说："统万城坚固异常，非一朝一夕可以攻下，如今我们轻军前往，攻不能克，退不能守，不如等步兵和攻城战具到齐了一齐攻城。"拓跋焘回答说："用兵之术，攻城是最下策。迫不得已，才选择攻城这种办法。我们如果等到步兵和战具到齐，对手必然因恐惧而坚守城池，那样我们就必须打攻城战了。不如以轻骑直抵城下，对方见我步兵未到，思想上就会松懈；我故意示弱来引诱他们，他们就可能会出城迎战，那样的话就能擒住对方了。我这三万人攻城是显不足，但用来决战则绰绰有余。"于是，拓跋焘亲率三万骑兵接近统万城。他将大部队埋伏在城外的深谷，派少部分人到城下，向敌军示弱。统万城守军果然中计，三万步骑兵出城与北魏军决战。夏军来势汹汹，属下劝拓跋焘暂避敌锋，拓跋焘却说："我们远来与敌决战，就怕他们不出来。今日既然出来了，哪有躲避的道理？"于是，他继续将敌人引向包围圈。就在此时，天空突降暴风骤雨，战场上飞沙走石，形势对北魏一方极为不利。身边的侍从苦劝拓跋焘撤走避险，拓跋焘却毫无退意，引出伏兵，率众与敌人展开了血战。战斗进行得极为惨烈，拓跋焘亲陷阵中，搏杀中跌下战马，差点被夏兵擒住，多亏同族将军拓跋齐以身遮蔽，殊死力战，才将拓跋焘救了出来。拓跋焘换马再战，亲手格杀夏国的尚书斛黎文，又连杀了十余名敌人骑兵，被流矢射伤，仍然奋战不退，魏军上下深受鼓舞，终于将夏军杀败。夏国新君赫连昌出逃，太武帝拓跋焘率军攻克统万城。

攻下统万城，夏国已是气数无多。此后的几年间，太武帝拓跋焘不断出兵攻取夏国余境，俘虏了国君赫连昌。夏国余部败退无地，于是转而攻向鲜卑族乞伏氏建立的西秦政权谋求生存空间。北魏神麚四年（431），夏国新君赫连定攻陷西秦的南安城，西秦国君乞伏暮末出降，西秦王国灭亡。

同年，已是强弩之末的夏国君臣在为躲避北魏而继续西迁的途中，遭遇西域的吐谷浑汗国的突袭，赫连定被擒，夏国灭亡。

西秦和夏相继灭亡，

🌀 统万城

统万城位于陕西和内蒙古交界的毛乌素沙漠深处，是目前唯一遗存的匈奴都城。统万城依地势而筑，虽是土城，却有着石城一样的抗毁性，是中国历史上少数民族建筑的最完整、最雄伟的都城之一。由于被埋藏于沙漠之下，统万城直到清朝后期才被人们发现。

挡在太武帝拓跋焘统一北方大业面前的就剩下两个小国北燕和北凉了。北魏太武帝延和元年（432），拓跋焘率大军亲征北燕。北魏军队一路势如破竹，北燕毫无还手之力。北魏掠取大量人口和大片领土而还。又过了四年（436），北魏再次伐燕，北燕国君冯弘遣使称臣，拓跋焘不许，双方交战。北燕请来高丽国的援军，但依旧无法抵挡北魏军队。北燕国君冯弘见大势已去，弃城投奔高丽国。北燕灭亡。

北魏太武帝太延五年（439），拓跋焘踏上了消灭最后一个王国北凉的征途。北魏军队乘横扫天下之威势，风卷残云，包围了北凉国都姑臧。凉王沮渠牧犍出降，北凉王国灭亡。至此，太武帝拓跋焘完成了统一中国北方的宏伟事业，结束了长达一百余年的北方割据混战局面。

【马踏柔然】

北魏与柔然的争端由来已久。早在北魏建立之初，道武帝拓跋珪就曾"千里袭柔然"，重创刚刚兴起于漠北的柔然部落，保障了一段时期内国家北疆的安宁。但柔然部落并未因此消沉，反而东山再起，变得愈加强大。在北魏明元帝拓跋嗣在位期间，柔然大军几乎年年袭扰北魏边境，还与其他国家勾结共同制衡北魏。北魏虽然屡次击退对手，但始终无法消除这个北方的重大隐患。

就在太武帝拓跋焘即位不久，柔然就又一次大举入侵北魏。太武帝始

光元年（424），柔然弁汗纥升盖可汗闻听北魏明元帝拓跋嗣驾崩，于是率领六万骑兵南下，进犯云中（今内蒙古自治区和林格尔县），太武帝拓跋焘亲领轻骑救援。柔然势大，竟将拓跋焘的部队包围五十余重，围得密不透风。北魏军队上下惊恐，拓跋焘却泰然自若，军心也得以安定。等到两军开战，拓跋焘指挥部队突击，临阵射杀柔然大将于陟斤，柔然大溃，死伤数千，弁汗纥升盖可汗见状只得撤退。第二年，太武帝拓跋焘不等对方休整，分兵五路并进突袭柔然，柔然猝不及防，大举北逃，北魏追击，擒获无数。自此，拉开了北魏对柔然战略大反攻的序幕。

此后，北魏虽主要致力于统一北方的各处征战，但拓跋焘总会腾出手来不断教训北面的柔然。其中，以公元429年的战斗最为辉煌。

北魏太武帝神麚二年（429），拓跋焘兵分两路，亲征柔然。这一回他再次使用了他百战百胜的轻骑突袭战术，率骑兵舍弃辎重疾速奇袭。柔然弁汗纥升盖可汗万没想到拓跋焘来得如此之快，人口牲畜还散布在原野上，根本没有丝毫防备。北魏铁骑如天兵骤降，柔然顿时大乱，部众四散奔逃，无法组织抵抗。弁汗纥升盖可汗烧掉自己的大帐，逃得无影无踪，其余柔然将领降的降，逃的逃，光是部落中的大人（高级军职）就被魏军杀了数百。拓跋焘挥师追讨，纵横敌境数千里，斩

获无数，柔然部落投降北魏者三十余万户，缴获马匹百余万，畜产、车帐数百万计。经此一战，曾经强大的柔然一蹶不振，而北魏北疆自此再无威胁。

▶【饮马长江】

南北朝之间的战斗，自北魏明元帝拓跋嗣在位之时便有，当时以北魏的胜利告终。后来在太武帝拓跋焘统一北方的过程中，南朝刘宋政权多次与北魏的对手结成盟友，企图遏制北魏的崛起。公元430年，刘宋皇帝刘义隆遣使北魏，向北魏索取被占领的河南故地，拓跋焘对这样无礼的要求自然毫不客气地给予了拒绝。于是刘义隆决定兴师北伐，派名将征南大将军檀道济都督诸路军马伐魏，而拓跋焘则派寿光侯叔孙建和汝阴公长孙道生南渡黄河前去迎敌。双方旬月之间交战数十次，南朝略占上风，北魏派出轻骑包抄南军后路，截断粮道，又派楚兵将军王慧龙增援，南军不支败走，北魏得胜，虏获万余人。

南朝皇帝刘义隆自然不甘心这样的失败。宋元嘉二十七年（450），自觉实力已足的刘义隆不顾群臣的反对，执意再次出兵北伐。太武帝拓跋焘得知这个消息后，派人给刘义隆送去书信，信中充满了对己方的自信和

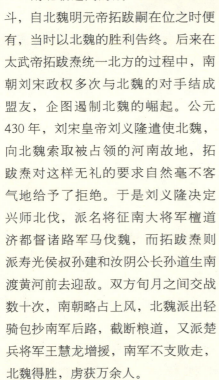

🔴 **刺绣佛像供养人（局部）·北魏**

刺绣残长49.4厘米、宽29.5厘米，发现于敦煌莫高窟第125窟和126窟间缝处。保留下来的主要是佛像下的供养人像，由右向左排列，共有四女一男，身着绣有图案的长衣，身前有人名榜题。为目前发现年代最早的满地绣佛像。

对对手的嘲讽："你若是来，可随便走走，我既不迎也不送。你若是厌倦了现在的居所，可以来我的都城居住，我也会去扬州，咱们两个交换。"拓跋焘还命人送去马匹和药物，"嘱咐"刘义隆说："你前来道路遥远，马不够用的话可以乘我的马；如果水土不服，可以自己用药治疗。"

太武帝拓跋焘自信自然有他的道理。刘宋一方倾全国之力攻来，拓跋焘亲率大军迎战。刘宋遣大将王玄谟重兵围攻北魏的滑台（今河南滑县），王玄谟贪财徇私，将士不肯用命，攻城数月不下。拓跋焘率大军救至，号称百万雄兵，马蹄战鼓之声震动天地，王玄谟吓得哪里敢战，只知掉头撤退。

北魏追击掩杀，南军伤亡万人。

王玄谟惨败，南朝军心震荡，北军士气更旺。太武帝拓跋焘命大军分道并进，转而反守为攻，攻向南朝。南朝守将面对汹涌而来的北魏大军，纷纷举城投降。南朝皇帝刘义隆忙派将军胡崇之、刘康祖等前往阻敌，但尽皆被北魏军队斩于阵中。北魏军队纵横江北，南朝长江以北的大片土地尽入北魏版图。但太武帝拓跋焘深知自身还没有灭亡南朝的实力，于是在江岸的瓜埠山上修起了行宫，凭山远眺南岸，以示对南朝的威慑。

【英雄扼腕】

除了足以彪炳千古的武功，太武帝拓跋焘在文治方面也有一番作为。在鼓励农业发展上，他推行"广田积谷"的办法，解除田禁，以利百姓；还将宫苑的土地改为民田，分给无地的百姓耕种。他几次下达与民休息的诏令，促进了北方农业的恢复和发展。他同时也很注重畜牧业的经营，在他治下，北魏的牛羊繁盛，牛马价格变得十分低廉。

太武帝拓跋焘很重视"文教"，积极向中原文化学习，潜心汉化。他尊崇孔子，提倡儒学，大量吸收了汉族的知识分子进入北魏朝廷，为自己出谋划策。

另外，太武帝时期的灭佛事件也十分著名。在南北朝时期，佛教在中国发展迅猛，信徒百万人众，这些僧侣不负担赋税，所住寺庙占用大片良田，对国家财政的影响显著。在拓跋焘统治期间，曾三次下诏打击佛教，要全国各地粉碎佛像、焚烧佛经、诛杀僧侣。太武帝拓跋焘的灭佛运动极大地打击了当时中国北方的佛教发展，这一事件在中国历史上也非常有名。

然而，这样一生纵横天下的帝王，最后的归宿却令人扼腕。太武帝拓跋焘晚年脾气暴躁，变得残暴嗜杀。朝中奸臣便利用这一点残害忠良，打击异己。宦官中常侍宗爱与太子拓跋晃不和，便进谗言诬陷太子，拓跋焘信以为真，拓跋晃含冤忧死。此后，拓跋焘发觉了太子的冤情，宗爱担心拓跋焘会诛杀自己，于是先行下手，在北魏太武帝正平二年（452），在宫中秘密刺杀了太武帝拓跋焘。可怜这位数万铁骑围他不住、一统北方威震华夏的一代雄主，最后竟死于宫闱阉人之手，享年四十四岁。

论 赞

史臣曰：世祖拓跋焘明智善断，威武杰出，凭借先王的基业，奋起征伐的雄浑气概，扫平统万城，平定秦陇之地，剪除北燕敌寇，涤荡黄河源头，南方之人遣使纳贡，北方柔然消灭影踪，廓清四野，统一北方，功劳至大。于是使得北魏的基业，光耀万代。

卷六

显祖献文帝纪

拓 跋弘没有先祖太武帝统一中原的武功，也没有儿子孝文帝改革的魄力，他在位仅仅六年，却对外降服对峙的刘宋政权，对内爱民如子、推行教育，为后来孝文帝的改革奠定了坚实的基础。

北魏显祖献文皇帝名拓跋弘，是文成皇帝的长子，母亲为李贵人。兴光元年（454）秋七月，他出生于阴山以北，两年后被立为皇太子。他自幼聪明有悟性，仁爱孝顺，敬爱师友。

【年少有为】

天安元年（466）五月，十二岁的拓跋弘即位，大赦天下。车骑大将军乙浑欺皇帝年幼，假传圣旨，在宫中杀害尚书杨保年、平阳公贾爱仁、南阳公张天度。几天后，平原王陆丽入朝觐见，也被乙浑所杀。拓跋弘只好封乙浑为太尉，被杀掉的大臣留下的职位空缺，也由其他人填补。

两个月后，乙浑担任丞相，位居各诸侯王之上，大大小小的事情都要取决于他。拓跋弘下诏，命令各郡县的郡守、县令到任后，要将百姓中有才能有声望的人选拔出来，举荐为官，前任长官不得干涉。如果举荐失当，则要给选拔人治罪。

不久，丞相乙浑谋反被杀。这一年七月，拓跋弘下诏，所有诈称功劳骗取爵位的人，罪过统统饶恕，不过要削夺他们的爵位和职位。有祖父、父亲假称爵号又通过贿赂办正身份的，不允许子孙继承他们的爵位。所有没有功劳却升迁的人，一律回到原来的职位。不依事实上报的，以"大不敬"罪名论处。

皇兴五年（471）三月，拓跋弘颁布诏书，说："天安元年（466）以来，军队国家事务繁多，往南平定徐州（今江苏徐州），往北扫清残余的敌人。征发参战的人，总是有逃亡流窜的，虽然应该治他们的罪，却每每可怜他们，加以宽宥。然而政策过于宽松，逃跑的人越来越多。应该明定刑罚，以肃清奸诈伪善之人。从现在开始，所有逃亡的士兵以及接任的郡守县令还游手好闲不赴任的，限令六月三十日前全部自首，不自首的人要依法定罪。"诏书颁布后，军队的纪律逐渐有了好转。

【降服刘宋】

这时偏安江南的刘宋政权，已

经没有了刘裕开国时的强盛。前废帝刘子业被自己的叔父刘彧杀死，后者继承了王位。很多大臣在动荡的朝廷和鲜卑贵族的军事进逼双重压力之下，投奔北魏。比如司州刺史常珍奇献悬瓠（今河南汝南），徐州刺史薛安都献彭城（今属江苏徐州），以表示对北魏的忠诚。此举惹怒了刘彧，他派将领张永、沈攸之攻打薛安都。拓跋弘兵分两路，派北部尚书尉元为镇南大将军，领兵从东路救彭城，派殿中尚书、镇西大将军、西河公拓跋元石领兵从西路救悬瓠。

刘彧的举动未能阻止大臣献城投魏的做法，一个月后，兖州刺史毕众敬又派使臣代表自己投降了北魏。战争的结果似乎也顺应了这两个王朝的气数，当年十一月，尉元的军队打败了张永和沈攸之，逼迫这两位将领逃跑，北魏取得了军事上的又一场胜利。

然而，这两个政权之间的战争尚未结束。天安二年（467）正月，天寒地冻，尉元又在吕梁以东大破张永和沈攸之的军队，斩首几万，缴获的军用物资和武器不计其数。刘宋的秦州刺史垣恭祖和羽林监沈承伯被俘虏，张永和沈攸之仅仅孤身得免。这一仗打完后，北魏在较量中占了上风，刘彧不得不派遣使臣前来朝见进贡。

刘彧的朝贡并不能使自己的统治根基从此稳固下来。这次战败之后，他的青州刺史沈文秀、冀州刺史崔道固一同派使臣前往北魏，希望能够献城投靠。拓跋弘命令两位将军带着兵马去接应他们，又派征南大将军慕容白曜率领五万骑兵驻扎在碻磝（今山东茌平西南），作为东路后援。

皇兴造像·北魏

与此同时，刘宋的东平太守申纂驻守在无盐（今山东东平），阻断了北魏使者的通路。拓跋弘命令慕容白曜率领各路兵马前去征讨，不到一个月就打败了申纂，重新恢复了使者的通路。这时，本来已经投降北魏的沈文秀和崔道固出尔反尔，再次叛变，回归刘宋，慕容白曜回师征讨，攻占了刘宋的三座城池。

【傲视大漠】

拓跋弘在位时，北魏面临着诸多政权的威胁：除了南边的刘宋，北有敕勒、柔然（又称蠕蠕），东北有室韦、高丽，西有西域诸国，西南有吐谷浑。其中，柔然逐渐占据漠北，建立起强大的游牧部族国家。青藏高原上新兴的吐谷浑部也逐渐强大起来，并于太武帝时归顺了北魏。

皇兴四年（470），吐谷浑部首领拾寅与刘宋通好，不向北魏进贡，拓跋弘命令征西大将军、上党王长孙观领兵讨伐他。一个多月后，长孙观在曼头山与拾寅军队相遇，大获全胜。拾寅带着几百个骑兵连夜逃跑。拾寅的堂弟豆勿来和元帅匹娄拔累等人率领自己的部下归顺了北魏朝廷。

这次失败之后，拾寅非常后悔，想恢复北魏藩臣的地位，于是派别驾康盘龙向朝廷上表进贡。拓跋弘拘禁了康盘龙，对拾寅的做法没有回应。拾寅的部落发生大饥荒，屡次骚扰浇河。拓跋弘又派长孙观为大都督，前去平定他们。长孙观的军队进入拾寅的境内，割掉庄稼。拾寅非常害怕，又派儿子去长孙观的军中，上表请求改过。拓跋弘重赏了将士们，下诏严厉指责拾寅，要求他把儿子送去京城为质。拾寅把儿子斤派去京城做侍从，拓跋弘接着又将斤送还。

当年八月，柔然又侵犯边塞，拓跋弘御驾亲征，率兵北伐，各将领会合大败柔然部众。拓跋弘从北伐战场返回后，在宗庙举行宴饮庆功的典礼，把功勋记

方格兽纹锦·北朝

●帝纪●

魏书

录在简策上，并在宗庙进行祷告。

第二年四月，西部的敕勒又叛乱，拓跋弘下诏命令汝阴王天赐和给事中罗云共同讨伐他们。战斗非常惨烈，罗云被敕勒袭击杀害，十分之五六的将士战死沙场。北魏在付出了惨重的代价之后，换来了边疆的安定。

【胸怀苍生】

皇兴二年（468）十二月，拓跋弘想到连年与刘宋征战，将士死伤无数，很多人暴尸荒野，死不得安，于是颁布一道诏书，说："近来张永迷惑扰乱，竟敢抗拒君主的王威，导致在原野暴露尸骨和伤残的人都有很多。生死哀痛，我十分怜悯。天下的百姓都是百姓，现在敕令各郡县，在张永的军队里残废的士兵，任凭他们回到长江以南；尸骨暴露在草丛中的，要收集他们的骸骨并加以埋葬。"这道诏书赢得了士兵及军属们的称道。

皇兴四年（470）三月，拓跋弘又下诏说："我思虑百姓的疾病痛苦，百姓多死于非命，我夜晚难眠，痛心疾首，因此广泛征集良医，去远方采集名药，想用来救护百姓。有生病的百姓，所在官府要派医生去家里给他们诊治，需要的药物根据用量供给。"这相当于远在一千五百多年前，拓跋弘就已经在北魏采取过公费医疗的举措。

拓跋弘在位六年，国内曾发生多次大范围的水旱灾害，冬末春初还会爆发饥荒。每次灾害发生后，拓跋弘都命令当地官府打开粮仓，让百姓前来领粮，帮助百姓度过难关。有贫民难以度日的，他还要让地方官府赐给布匹。

当初即位时，拓跋弘才十二岁。这年幼的皇帝却颇有见识，他看到繁重的捐税对百姓休养生息非常不利，于是下诏免去了杂税，让百姓积蓄财产。这对于一位年纪轻轻的君主来说，实为难得。

拓跋弘一向淡泊事务，常有超脱世俗之心，想把皇位让给叔父京兆王拓跋子推。群臣一再劝阻，他才放弃。然而他并未放弃禅让的想法。皇兴五年（471）年，他颁布诏书，将皇位禅让于太子拓跋宏，自己称太上皇帝。五年后，仅仅二十三岁的太上皇拓跋弘去世，群臣上谥号为献文皇帝，庙号为显祖，安葬于云中（今内蒙古和林格尔西）的金陵。

论赞

史 臣曰：天生聪颖，文武兼备，说的就是显祖吧？所以能肃清沙漠原野，大力开拓南方疆域。然而他很早就怀有厌弃世俗的心意，最终导致宫廷政变，恐怕是天意吧！

高祖孝文帝纪

若论北朝历史中最为著名的帝王，则非北魏孝文帝拓跋宏莫属。作为一位卓越的少数民族的政治家、军事家和改革家，他尊崇汉族文化，积极推行本民族鲜卑的汉化，并力排众议迁都洛阳。他的改革巩固了鲜卑族在中原的统治，更重要的是促进了北方各民族的大融合。北魏孝文帝也因此名垂青史，位列一代明君。

▶【年幼登基】

北魏高祖孝文帝，名拓跋宏，是北魏献文帝拓跋弘的太子，母亲为李夫人。

北魏献文帝皇兴元年(467)八月，拓跋宏生于平城（今山西大同市北）紫宫，诞生之时有神光照耀屋室，天地之气为之融会。他生来身体洁白，有与众不同的姿仪，尚在襁褓之中时就十分聪慧可人，长大些以后更是宽厚仁孝，卓然不凡，颇有君王的风范，因此深得献文帝的喜爱。

北魏献文帝皇兴三年(469)六月，拓跋宏被立为皇太子。又仅仅过了两年，皇兴五年(471)，无心权位的献文帝决定禅位给年幼的儿子，自己则一心向佛，做起了太上皇。就这样，年仅五岁的拓跋宏在平城太华前殿登基继位，成为了北魏政权第六任国君，史称北魏孝文帝。

孝文帝继位之初由于太过年幼，无法理朝，兼之按照北魏残酷的"子贵母死"制度，孝文帝的生母李夫人早在他被立为太子之时即被处死，因此对于幼小的孝文帝来说，"辅政"和"抚养"的双重担子就落在了他的祖母冯太后身上。在孝文帝继位的最初二十年时间里，政权一直由作为太皇太后的冯氏执掌。

孝文帝自小就是个至情至性之人。四岁时，献文帝得了痈疮，孝文帝亲自为父亲吸出患处的脓水。五岁时受禅称帝，本该高兴的他却悲泣不已。献文帝问他为何如此，他回答说："接替至亲的感觉，使我内心非常痛切。"献文帝听后惊叹不已。

冯太后见年幼的孝文帝就如此聪慧，担心他长大后会对自己的宗族不利，于是曾有废掉孝文帝的打算。她故意在寒冬腊月把只穿单衣的孝文帝关到一间小屋里，三天没给饭吃，并召来孝文帝的弟弟咸阳王拓跋禧，打算另立新君。多亏朝中重臣拓跋丕、穆泰和李冲等人力谏劝阻才作罢。虽然转危为安，但孝文帝并没有因此怨恨冯太后和自己的弟弟。

后来，又有宦官在冯太后面前搬弄是非构陷孝文帝，盛怒下的冯太后狠狠地杖责了孝文帝，孝文帝只是默默承受，并不进行申辩。即使是在冯太后死后，孝文帝对往事也毫不介意。

孝文帝性格宽厚仁慈，服侍他进膳的仆从曾不慎将热肉汤洒在了他的手上，也曾有在食物中吃出虫子一类的事，但孝文帝对这些都能一笑了之。

【"太和新制"】

公元477年，孝文帝下诏改元"太和"，这一年也就是太和元年。北魏进入了一个历史上有名的改革时期，史称"太和新制"，人们往往也称之为"孝文帝改革"。但实际上，孝文帝亲政前北魏朝政仍由冯太后掌控，或者说，是年轻的孝文帝协助祖母冯太后推行了这一对北魏后世发展极为关键的改革。

北魏原本是北方少数民族政权，随着逐渐入主中原，游牧民族在制度和习俗方面的缺陷已成为北魏政权进一步壮大的阻碍。因此改变旧习、向先进的制度学习，就成为"太和新制"改革的主要目的。

首先进行改革的是俸禄制度。作为游牧民族，一直以来，北魏政权各级官吏皆无俸禄，官吏的财富依靠掠夺和封赏。这显然已经不再适用。于是孝文帝太和八年（484），在冯太后的授意下，年轻的孝文帝颁布了"班制俸禄"诏书，规定在原来的户调之外，每户增调三匹、谷二斛九斗，作为发放百官俸禄的来源。内外百官，皆以品秩高下确定其俸禄的等次。俸禄制确定之后，再贪赃满一匹者处死。此法的实施，促进了北魏吏制的规范与发展。

其次，翌年（485）十月，孝文帝再次颁布诏书，在社会经济领域进行了一项重大的改革——这就是后世沿用几百年的农业生产制度——"均田制"。针对当时土地兼并现象严重，农民大量逃亡，大片荒地无人开垦的局面，"均田制"制定了国家对无主荒田以政府的名义定时、按人口分授给无地农民的政策。

孝文帝在诏书中称："如今富强者兼并山泽，贫弱者绝望一隅，这导致土地空置，民无余财，有的人为了争夺而亡命，有的人因为饥饿而弃业，

🔶 释迦牟尼像·北魏

孝文帝延兴五年（475）造。佛像通高35.2厘米，河北满城孟村出土。佛像背刻铭文："延兴五年四月五日张□□为佛造释迦门佛壹躯。"

若这样还想要天下太平、百姓丰足，哪能得到呢？"他派遣使者循行州郡，令地方官均分天下田地，劝课农桑，富兴民本。"均田制"的颁布极大地促进了北魏经济的发展，也为后世留下了宝贵的遗产。

第三项重要改革是"三长制"的推行。在此之前，由于鲜卑族的传统部落体制以及中国北方长期以来的连年征战，形成了很多以豪强地主为"宗主"，大量农民依附的所谓"宗主督护制"的行政户籍结构。在这种结构下，大量的户口被豪强地主隐匿以逃避赋税，经常是三五十家报为一户。这给国家在财政收入和兵源征调等方面带来极大的损害，同时也造成了"隐户"与"显户"农民在税赋上的负担不均。为了把豪强地主隐匿的人口编入国家户籍，增加政府编户，同时抑制豪强势力，太和十年（486），北魏决定废除"宗主督护制"，实行"三长制"。

骑马俑·北魏

所谓"三长制"，就是按照汉族什伍的组织形式，规定五家为一邻，五邻为一里，五里为一党，邻、里、党各设一长，合谓"三长"，由本乡能干守法又有德行声望的人担任，负责管理户籍，征调赋役，组织生产，维护治安。"三长制"成为了北魏"太和新制"的重要组成部分。"三长制"推行后，北魏直接控制的自耕农民大量增加，国家赋税收入也得到提高，而农民赋税负担则得到减轻，北魏的国力得到了再一次增强。"三长制"还成为后世隋唐基层组织构建的基础。

【迁都洛阳】

太和十四年（490），孝文帝亲政，而迁都洛阳是他亲政后所做的第一件大事。"太和新制"的改革措施，促使北魏从鲜卑族落后的生产、生活方式向汉族的封建生产方式逐渐过渡，这些为孝文帝迁都洛阳打下了基础。

北魏自从道武帝拓跋珪定都平城以后，长期受到北方柔然等少数民族的骚扰，百姓生活很不安定。平城位置偏北，从军事地位上而言不利于控制整个北方，而且常年遭受自然灾害和疫病，孝文帝太和十一年（487）诏书上称："春旱至今，野无青草。"由此可见平城的灾害之重，民不聊生自不待言。为了更好地学习汉族文化，巩固北魏政权，孝文帝决定将都城迁至洛阳。

太和十七年（493），孝文帝开始迁都的计划。为了避免大臣们反对，孝文帝以"南伐"为名，提出要大规模进攻南齐。然而，这一提议仍然遭到了大臣的质疑，其中以任城王拓跋澄反对最为激烈。拓跋澄认为用兵危险，万万不可实行。孝文帝对拓跋澄坦诚相告："国家兴于北方，一直以平城为都城，虽然富有四海，但尚未统一。平城是用武之地，却不是改革政治和推行文化的地方。嵩山、函谷关、黄河洛阳是古代帝王之所，我现在要大举迁入中原，以图一统天下，光耀国家。"拓跋澄听后深以为然，孝文帝的宏图大志得到了拓跋澄的支持。

这年秋天，孝文帝亲率三十余万步兵、骑兵从平城出发，大举南下。途经肆州、并州等地，孝文帝亲自去拜见当地老人，询问疾苦。路上遇到跛脚或目盲的人，他就停下车问寒问暖，赏赐衣食。他还为孝悌廉义、文武出众的人表彰立名。行军途中，天降大雨，秋雨下了一个月，致使道路泥泞，大军难以前行。

孝文帝披盔戴甲，戎装骑马，仍然下令继续行军。

到达洛阳时，原本就不支持出兵伐齐的大臣们聚在孝文帝的马前，以大雨泥泞为由，请求孝文帝停止南伐。孝文帝怒斥道："如今举全国之师南下，已为天下人所共知，岂有无功而返的道理？既然不能南征，便迁都到这里吧！"大臣们为了停止南伐，只得表示拥护。于是，孝文帝派拓跋澄回到平城，向平城的王公贵族通告迁都的决定。

次年，北魏正式迁都洛阳。迁都洛阳以后，孝文帝得以更加顺畅地推行汉化举措，鲜卑族对黄河流域的统治也得到加强。

【倾心汉化】

孝文帝自幼受到祖母冯太后的影响，对于汉族文化非常仰慕。冯太后掌控政权的时期，大兴教育，尊崇儒法，改革旧的风俗习惯，为孝文帝的大规模改制扫除了障碍。

孝文帝迁都洛阳后，重用了很多有才干的汉人，对于南朝投奔而来的官吏，他大胆启用，以礼相待。他提拔那些拥护改革、提倡汉化的鲜卑贵族，为汉化改革储备了一大批人才。

一次，孝文帝召集群臣商议朝政，他说："依众卿看，移风易俗好，还是因循守旧好？"咸阳王拓跋禧率先表态说："自然是移风易俗更好。"孝文帝说："既然如此，众卿不可阻碍改革。"

孝文帝太和十八年（494）起，汉化改革开始推行，改革的主要方向是学习汉族的生活方式和典章制度。孝文帝首先推行的是语言和服饰的改革。他对咸阳王拓跋禧说："自上古以来，哪有不先正名而能实行礼制的先例？如今，要禁止各种北语（鲜卑语），统一使用正语（汉语）……这样逐渐演变，社会风化才能更新，如果仍保留旧习俗，恐怕几代之后，百姓就又变成披头散发的野人了。"

孝文帝自己带头说汉语、穿汉服，改服汉人的衣冠，并下令鲜卑贵族不准再穿着胡服、讲鲜卑语。次年，孝文帝又下诏说："不得以北俗之语，言于朝廷，若有违者，免所居官。"对语言和服饰进行了更严格的规定。一次，孝文帝来到邺城，偶然看到一位鲜卑族妇女坐在车上，身着胡服。孝文帝非常生气，责问尚书、任城王拓跋澄为何不察。拓跋澄答道："穿着胡服的人已经很少了。"孝文帝说："任城王希望百姓都穿胡服么？一言可以丧邦，就是这个意思吧！请命令史官将穿胡服的人名记录下来。"由此可见孝文帝对于推行汉化的决心。

太和二十年（496），孝文帝下令将鲜卑的拓跋姓氏改为汉族的元姓，又下令将鲜卑族其他主要姓氏都改为汉姓。他还鼓励鲜卑贵族与汉族贵族通婚。孝文帝自己就将范阳卢氏、清河崔氏、荥阳郑氏、太

原王氏等女子选入后宫，并娶陇西李冲之女为夫人。孝文帝的兄弟也纷纷效仿，娶汉家女子为妻或作妾。通过异族之间的通婚，北魏与汉人名门望族之间的联系紧密起来，民族矛盾也逐渐缓和。

在改革生活方式的基础上，孝文帝积极推行礼法、官制、刑律等改革。他仿照汉族的礼法，尊崇孔子，提倡孝悌，施行仁政，在全社会培养尊老、养老之风。孝文帝采纳了汉族的官制、律令，废除了鲜卑族原来的一些酷刑，并亲自制定律令。规章制度的诏令均由他亲自下笔，这在中国历史上是很罕见的。

孝文帝推行汉族的文化，提倡学习汉族的艺术，鼓励百姓读汉族书籍，开办学校为鲜卑族人讲学。他还大力提倡佛教，带动了石窟艺术的繁荣，少林寺、五台山的兴盛也是自孝文帝时期始。

孝文帝的一系列汉化措施卓有成效，鲜卑族接受了先进的文明，很快强大起来。

【仁政文治】

孝文帝自幼性情温和、仁厚，听览政事，从善如流。他对文武百官，不论官职大小，无不留心；祭拜天地、宗庙等事，孝文帝事必躬亲，从不因寒暑而倦怠；大臣的上书奏本，孝文帝都认真阅览，常常自我反省；他没有民族偏见，对于汉族官员也能坦诚相见，"亲如兄弟"。孝文帝对史官说：

"写历史应该直书时事，不要避讳国家丑恶之事。君王如果作威作福，史书都不记载下来，那么君王还有什么可畏惧的呢？"

孝文帝对百姓同情悲悯，时刻挂念，经常推出惠民举措。北魏的修造工程，都是不得已而为之。孝文帝曾说："修造桥梁粗修即可，能够通车马就停止工程，不要为了不急之事，损害民力。"每逢灾害，孝文帝都下令开仓济民；扶助鳏寡孤独之人，使他们的生计有保障；常常赏赐老人、残弱之人；遇到行军打仗之事，需要征伐百姓的树木，孝文帝都下令留下绢布以补偿百姓的损失；严禁践踏和伤害百姓的庄稼、田苗。

自十五岁开始，孝文帝便停止了

❀ 龙门石窟

龙门石窟是中国三大石刻艺术宝库之一，位于河南洛阳南郊 12 千米处的伊河两岸。石窟凿于北魏太和十八年（494），即孝文帝迁都洛阳的同一年。经过北魏至北宋 400 余年的开凿，至今仍存窟龛 2100 多个，造像 10 万余尊，碑刻题记 3600 余品，数量之多位于中国各大石窟之首。

射猎之事，不再杀生。他生活朴素，穿的都是洗过多次的旧衣服，坐骑的鞍辔也是铁制或木制的。孝文帝喜爱读书，手不释卷，对"四书五经"、史家著作、诗赋文章都很有研究，写文章一挥而就，即使骑在马上口授，待定稿时也几乎不改一字。

太和二十三年（499），孝文帝病逝于南征路上。

论赞

史臣曰：高祖（孝文帝）早年有睿圣之风，文明太后（冯太后）主政时，高祖克己尽恭，从不多言。高祖亲政后，日理万机，十余年间，没有多少闲暇；多方努力、各种考虑，都汇聚到同一项大业。至于百姓生活之艰难，仁人志士之事迹，高祖尽管高居皇宫之内，也都能去践履。功业文章巍然焕然，四海之内，百姓都蒙受高祖的恩赐。加之高祖雄才大略，礼贤下士，视臣属如己出，克制自己以利于他人，亦为人所称道。其经营天下，治理国政卓越不凡，"孝文"的美谥岂是有名无实？

世宗宣武帝纪

作 为著名改革家孝文帝的儿子，宣武帝没有父亲改革的魄力，却能够无为而治，维护改革成果，使鲜卑族的汉化又前进了一步。

▶【梦日而生】

北魏宣武帝名叫元恪，是孝文帝的第二个儿子，母亲是高夫人。高夫人怀孕前，曾梦见太阳变幻成一条龙，围着自己转了好几圈。她醒后又惊又怕，不久便有了身孕。太和七年(483)，她在平城宫生下元恪。十四年后，元恪被立为皇太子。

元恪年幼时器量宏伟，喜怒不形于色，一向节俭朴素。当初，孝文帝想观察儿子们的志向，于是摆出来许多珍贵的宝物，让他们随意挑选。京兆王元愉等人都抢着拿珍珠古玩，元恪只选了一柄骨质如意。孝文帝觉得这个儿子很独特。

孝文帝最初立的皇太子是长子元恂，无奈元恂不赞成汉化，还反对孝文帝改革。孝文帝一怒之下将元恂废黜为庶人，立元恪为皇储。

太和二十三年（499）四月，元恪在鲁阳（今河南鲁山）即皇帝位，大赦天下。两个月后他便派遣使臣巡视郡国，询问民众疾苦，考察郡守县令，罢黜昏庸的官员，提拔贤明的官员。对那些文武双全、德行闻名于乡里的人，都加以褒奖。

▶【体恤民情】

元恪像他的先祖一样，勤于政事，精明能干，严于吏治，体察民间疾苦，并能够采取有效措施与民休息。

元恪刚开始亲政时，就颁布诏书免去百姓额外的捐税杂役。景明四年(503)，天下大旱，三个多月未曾下雨。元恪下诏减少了自己的膳食，并撤去了悬挂的乐器，以示与民共同承担痛苦的决心。两天后，及时雨大降。

第二年再度发生旱灾，元恪亲自去太庙祭祀求雨，还当众承认旱灾是自己的过失。为了求雨，他派人讯问京城里羁押的囚犯，死罪以下的犯人统统罪减一等，受鞭刑杖刑的犯人一概饶恕。他下诏说："有关部门可查阅旧典章，认真做好六件事：冤枉拖延的案件，公平地加以判决；失去职务的官员，酌情加以推举；鳏寡孤独与贫困的人，各地加以抚恤；劳役赋税繁多，加以免除减省；贤良正直的人，按照礼法提升；贪婪阿谀的人，加以摒弃贬黜……"

这一年九月，元恪下诏，淮水南北的沿河城镇都要秋天播种麦子，春天种植粟米和稻谷，因地制宜地利用水田和旱地，一定要使土地尽其用，士兵尽其力。等到来年庄稼成熟后，使公家私家都能获得利益。还诏令各州停止徭役，不得随便征发。

延昌元年（512），国家又遇到严重旱情，元恪诏令黄河以北受灾严重的百姓可以去灾情较轻的地区谋生。又命令天下存粮较多的家庭除留足家中一年所需的粮食之外，其余粮食都要拿出来赈济灾民。同年，肆州（今山西忻州）发生了地震，元恪下诏令，太医和骨科医生带上必需的药品，前去灾区救济百姓。

【治官有方】

作为一国君主，元恪深知官员对于治理国家的重要性。他十八岁开始亲政时，便下诏废除冗杂的官职。正始二年（505）四月，元恪认为当时实行的选官制度——九品中正制只依据出身门第，而不看个人才能，不能有效选拔出对国家和百姓尽职尽责的官员，于是命令有关部门考察历朝历代擢升贤才的体制，改革选官制度，

❀ 九色鹿本生壁画·北魏

北魏壁画，位于敦煌第257窟西壁中层，全图纵96厘米，横385厘米。此画取材于佛经故事，九色鹿从恒河中救起一溺水者，溺人向鹿保证不露其行止。王后夜梦九色鹿，欲得其皮作褥，得其角为饰，国王悬重赏求鹿。溺人背信告密，引国王捕杀九色鹿。鹿见国王，诉说溺人忘恩负义。国王深为感动，下令保护九色鹿。本图为国王与鹿对话的情景。

使才学和门第都能得到重视。

这一年十二月，元恪为五等诸侯确立了品阶，规定与皇族同姓者初次任官时，公爵为正六品下，侯爵为从六品上，伯爵为从六品下，子爵为正七品上，男爵为正七品下；异姓者初次任官时，公、侯、伯、子、男要比照同姓者，相应降低五个等级。

两年后，元恪又规定官吏任职满三年后，要进行相应的考核，凭借考核成绩来决定职位的升降。

【推广学校】

元恪特别喜欢经史，尤其擅长佛

白话精编二十四史 第五卷

景明四面造像·北魏

教的义理，每到讲论经义时，连夜不睡也不觉得疲倦。他风度仪表好，上朝时端庄静默，像神明一样，有人君的度量。作为孝文帝的继承人，他在国内一力推行学校，推广汉族文化，使孝文帝的汉化改革成果能够长久地保存下来。

正始元年（504）十一月，元恪下诏说："古代贤明的君主，创建基业留给子孙，安定百姓兴立教化，无不修建学校，开导教育皇族后代，宣扬三礼，崇尚《诗》《书》《礼》《乐》四种经书，使道德畅行各地，风范流传宇内。自从皇基迁徙，光芒覆盖中原，军队国家事务众多，来不及修建学校。想起来对先人有愧。现在敕令有关部门仿效汉朝和曹魏的旧制度，兴建国学。"

四年后，元恪再度下诏，要设国子学，立太学，并在四门兴建小学。他希望通过各种学校的设立，传播先进文化，提倡礼仪教化，使远方蛮夷都来归附，同时聚集优秀的人才。魏晋南北朝时期，很少有少数民族建立的政权重视学校、兴建国学，北魏可谓难得。

【对峙齐梁】

元恪在位时，恰逢南齐衰亡、萧梁立国的过渡期，与这两个国家的对峙也不可避免。

景明元年（500），南齐的豫州刺史裴叔业献寿春（今安徽寿县）归附北魏，南齐君主萧宝卷非常愤怒，派水陆两路兵马齐头并进：陆路以将领胡松、李居士率领军队一万余人驻扎在宛城（今河南南阳），陈伯之率领水军逆淮水而上，进逼寿春城。

两国军队对峙两个月后，北魏彭城王元勰和车骑将军王肃大败南齐军队，斩首一万余人。当年七月，南齐又派陈伯之侵略淮南，被元勰打败。北魏逐渐由防御改为主动进攻。四个月后，荆州刺史桓道攻下南齐属地下笮戍（今属湖北襄樊），招降二千余户。此时，南齐国内发生动乱，萧衍起兵东下，进攻南齐君主萧宝卷。第二年萧衍获胜，立萧宝卷的弟弟萧宝融为帝，自己则掌握了南齐的朝政大权。

南齐气数已尽，很多大臣纷纷献城，投靠北魏。萧衍自立为帝、建立梁国后，便取代了南齐成为北魏的主要敌人。双方连年交战，攻城略地，互有胜负。

梁国君主萧衍除了用兵，还崇信佛教，曾多次在庙中舍身出家，大臣们只好凑钱去为他赎身。这笔巨额赎身钱最终转嫁到了百姓身上，民不聊生，于是出现百姓杀掉守将、投降北魏的情形。北魏永平四年（511）四月，琅琊（今山东胶南）百姓王万寿斩杀梁的辅国将军、琅琊东莞二郡太守刘晰，献出朐山投降了北魏。延昌二年（513）二月，萧梁郁州百姓徐玄明等人斩杀镇北将军、青冀二州刺史张稷，献出州城归附。

【平定叛乱】

历代皇帝总免不了征讨国内叛乱，元恪也不例外。正始三年（506），秦州（今甘肃天水）百姓王智等人聚众两千，自己号称王公，不久，叛军又推举秦州主簿吕苟儿为首领，定年号为建明，公然与朝廷为敌。右卫将军元丽等人奉命讨伐吕苟儿。三个月后，元丽大破叛军，斩杀叛军首领王智等五人，将六千多叛军枭首示众。又过了一个月，元丽再度攻破叛军，俘虏吕苟儿及其他王公三十多人，秦州的叛乱平定。

发动叛乱的不仅仅有国内的平民，也有元恪的兄弟。永平元年（508）八月，冀州刺史、京兆王元愉叛乱。尚书李平奉命平叛，一个月后，便在草桥大败元愉。不久，元恪下诏赦免了冀州被元愉连累的民众和工役，如果有人能斩获参与叛乱的人，就有优厚的赏赐。李平很快攻克信都（今河北邢台），元愉向北逃窜，很快便被统军叔孙头捉住，解送信都。冀州的叛乱被迅速平定。

元恪在位时遇到大大小小的叛乱很多次，每次都能够迅速平定。

延昌四年（515）正月，元恪患病去世，享年三十三岁。群臣上谥号宣武皇帝，庙号为世宗，安葬于景陵。

卷十二

孝静帝纪

> 十一岁的元善见从被立为皇帝的那一天起，就注定要做一辈子傀儡。尽管贵为尊主，他却无法自己做出决定，朝廷大事都要听从高欢及其子弟的指挥。这位"狗脚朕"做了十七年皇帝后，被迫禅位。而他也是东魏的唯一一位皇帝。

孝静帝名叫元善见，是清河文宣王元亶的世子，母亲为胡妃。永熙三年（534），被拜任为通直散骑侍郎，当年八月又被拜任为骠骑大将军、开府仪同三司。北魏孝武帝进入函谷关后，权臣高欢三番五次上表迎接皇帝回都，没有成功，于是和百官商议，推举元善见继承帝位，当时，元善见十一岁。

同年十月，元善见在城东北即位，大赦天下，改元天平。北魏从此分为东魏、西魏。元善见听从高欢的建议，将东魏都城从洛阳迁到邺城（今河北临漳），诏令跟从迁徙的百姓，免除三年赋役，能安居邺城的免除五年赋役。

【对峙西魏】

北魏分裂后，东魏和西魏互相攻伐，暂时无暇顾及南方的萧梁政权。而萧梁也没有能力组织北伐，扫荡东魏和西魏，于是南方获得了暂时的安定局面。萧梁武帝萧衍又派人到东魏，表达了请求交往通好的意愿，并时时派遣使者入朝供奉。于是东魏剑指西方，把主要军事力量放在平定叛乱，以及对西魏作战上。

早在北魏孝明帝在位时，山胡刘蠡升自称天子，每年侵扰西部领土，被称为"胡荒"。天平二年（535）三月，高欢假装要把女儿嫁给刘蠡升的太子，趁他不设防备之时，秘密派军队攻打他，捕杀刘蠡升。其后刘蠡升的儿子南海王又称帝，高欢再进兵攻打，俘虏了南海王和他的弟弟西海王、北海王，以及皇后以下四百多人，百姓五万户。

东魏政权在军事上小有成就。天平三年（536）正月，高欢带领一万骑兵袭击西魏的夏州（今陕西横山县西）。将士们星夜兼程，四天就赶到了目的地。他们把长矛捆起来做梯子，连夜进入夏州城，活捉了夏州刺史。适逢西魏灵州刺史曹泥和他的女婿凉州刺史刘丰派使者请求归附，而西魏军队包围曹泥，水灌灵州城（今宁夏灵武西南），没有淹没的地方只有四尺高。高欢出动三万骑兵直接越过灵州，插到西魏军队的后方，俘获五十匹战马，西魏撤军。班师后，元善见下令加给高欢九锡的礼仪，因高欢执意推辞才作罢。

元象元年（538），东魏大都督贺拔仁攻打西魏占据的南汾州（今山西吉县），几天后就打下来，擒捉了南汾州刺史。行台任祥率领豫州刺史尧雄等人和大行台侯景、司徒高敖曹、大都督万俟受洛干等人在北豫州（今属河南荥阳）会合，共同征讨颍州（今安徽阜阳）。颍州军队的首领弃城逃跑。一个月后，尧雄又攻克扬州（今江苏南京），擒捉了西魏的守城官员，解送京城。

高欢去世后，司徒侯景叛变，献城投奔西魏。宇文泰也不相信侯景，一方面接受献地，另一方面诏令侯景去长安，准备解除他的兵权。侯景又转而投降萧梁，梁武帝萧衍接受了他，从此与东魏的联系断绝，两个政权反目为敌。

武定六年（548），大都督高岳等人在涡阳（今安徽亳州）大败侯景，俘房斩获五万多人。侯景逃到淮河以南，不敢再和东魏对抗。

【高氏掌权】

早在元善见迁都时，民间便流

贾思勰

贾思勰，北魏末期至东魏杰出的农学家，著有《齐民要术》一书。《齐民要术》是中国现存最早、最完整的农书，它系统地总结了6世纪以前黄河中下游地区农牧业生产经验、食品的加工与贮藏、野生植物的利用等，对中国古代农学的发展有着重大影响。

传这样一首童谣："可怜青雀子，飞来邺城里。羽翮垂欲成，化作鹦鹉子。"意思是说：可怜青雀的幼子，飞到了邺城里，翅膀快要长成了，却变成了鹦鹉的幼子。多事的人偷偷说，青雀的幼子说的是清河王的儿子（即元善见），鹦鹉指的是高欢。

东魏的大权明明为高欢把持，但高欢还总是要做出一副谦让的样子。天平二年（535），元善见下诏封高欢为相国，赐给黄钺，允许他带剑上殿，入朝时可以不必快步急趋，其他照旧。高欢坚决推辞不接受。三年后，高欢又坚决请求解除自己丞相的职务，元善见勉强答应。一年后，他又下诏任命高欢为相国、录尚书事、大行台，高欢执意推辞相国的职位。

武定五年（547），高欢去世，朝政由他的长子高澄把持。元善见封高澄为使持节、大丞相、都督中外诸军事、录尚书事、大行台、渤海王。高澄也像他的父亲一样，执意推辞丞相的职位。两年后元善见再度封高澄为相国，朝见可以不称名，上朝不必快步急趋，可以带剑上殿。高澄再次推让。这一年，高澄也去世，东魏大权便转移到了他的弟弟高洋手中。

等元善见再封高洋为使持节、丞相、都督中外诸军事、录尚书事、大行台、齐郡王时，高洋未曾推辞便欣然接受。然而这些官职爵位并不能满足高洋的欲望。武定八年（550），元善见下诏将皇位让给高洋，自己迁居到了其他宫室。

▶【傀儡生活】

元善见喜欢文学，仪表堂堂，力气很大，能夹着石狮子翻越墙壁，箭法也颇为高超。每逢群臣宴会，他经常令大臣们作诗。元善见气质从容沉稳，有孝文帝的风度。高澄当时掌权，非常忌惮，于是派大将军中兵参军崔季舒为中书黄门侍郎，监视元善见，大大小小的事情都要让崔季舒知道。

元善见曾经带人去邺城东边打猎，骑马飞快，监卫都督乌那罗受工

🔶 **河北正定开元寺**

原名净观寺，始建于东魏兴和二年（540），隋开皇十年（591）改名解慧寺。唐开元二十六年（738）奉诏改今名。

伐从后边呼唤道："陛下不要跑那么快，大将军（即高澄）会发怒的。"高澄曾经陪元善见饮酒，举杯道："臣子高澄为陛下劝酒。"元善见不高兴地说："自古以来没有不灭亡的国家，朕何必这么活着！"高澄大怒道："朕！朕！狗脚朕！"高澄让崔季舒打元善见三拳，拂袖而去。第二天，高澄派崔季舒向元善见道歉，元善见也表示歉意，赐给崔季舒绢帛。崔季舒不敢接受，还把这件事告诉了高澄，高澄让他拿一段。元善见就捆起一百匹绢给他，说："这也是一段啊！"

元善见不能忍受侮辱，吟咏谢灵运的诗道："韩亡子房奋，秦帝鲁连耻。本自江海人，忠义动君子。"常侍侍讲荀济知道他的心思，于是和华山王元大器、元瑾密谋，在宫内假装造假山，实际上向北城挖掘地道。挖到千

秋门，守门的人感觉地下有响动，报告了高澄。高澄带兵闯入宫内，问："陛下为什么要谋反呢？我们父子对社稷有功，哪里辜负陛下了！"说着就要杀害妃嫔们。

元善见义正词严地说："华山王自己想谋反，跟我有什么关系？我尚且不顾惜自己的生命，何况妃嫔呢？"高澄叩头，大哭谢罪，于是和元善见酣畅饮酒，深夜才出宫。三天后，高澄将元善见囚禁在含章堂，元大器和元瑾等人都在市上被烹煮而死。

将要禅位给高洋时，襄城王元旭、司徒潘相乐、侍中张亮、黄门郎赵彦琛等人请求入宫奏事。元善见在昭阳殿会见他们。元旭说："齐王（即高洋）圣明有德行，众望所归，请陛下仿效尧让位于舜的例子。"元善见就庄重地答道："这件事拖延已久，我会恭敬地让出来。"又说："这样的话需要起草一道诏书。"侍郎崔劼、裴让之奏道："诏书已经写好了！"就递给杨愔，进献给元善见，一共有十条。

元善见又问："把我安置在哪里呢？怎么到那儿去呢？"杨愔说："在北城另有馆舍，还准备皇帝的车辆，按照以往的仪仗离开这儿。"元善见于是起身走下御座，走向东廊，口里吟咏范晔《后汉书赞》道："献帝生不逢时，遭遇艰难国运，结束四百年天下，永做帝王宾客。"官员请他离开，他说："古人尚且顾念遗弃的簪子和穿破的鞋子，我想和六宫嫔妃告别，可以吗？"高隆之说："现在的天下仍然是陛下的，何况后宫呢？"元善见于是和妃嫔们告别，大家叹息流泪。妃嫔赵国人李氏吟诵陈思王的诗道："王其爱玉体，俱享黄发期。"皇后及妃嫔都哭了。

直长赵德牵着一辆牛车在东上阁等候。元善见上车后，赵德跳上车挟持他。元善见用胳膊肘撞他，说："我敬畏天意，顺应民心，把皇位传给相国，你是什么东西，敢来逼我？"赵德还是不肯下车。

驶出云龙门时，朝廷百官穿着礼服叩拜告辞。元善见说："今日的场面不比常道乡公和汉献帝差。"百官都很悲痛，高隆之还流下了眼泪。

高洋即位后，不管到哪儿去，都喜欢带着元善见。皇后被封为太原公主，经常为元善见品尝食物来保护他，最终遇到毒酒，不治身死。公元551年，做了一辈子傀儡的元善见去世，时年二十八岁。

白话精编二十四史

第五卷

论赞

论 曰：孝庄帝后，北魏政权土崩瓦解，开始是被强胡制服，最终权力归于霸政。主持国家宗庙祭祀的，跟做客没什么不同；遭受罢黜侮辱的，比下棋失败还快。孝静帝的命运是由于气数将尽，遵守唐尧、虞舜的禅让之制，也是时势如此啊！

文成文明皇后冯氏列传

北 魏文成帝文明皇后冯氏（后人称作冯太后）是中国古代杰出的女性政治家。她辅佐幼主，临朝听制，挽国家于危局，引社稷向臻盛。在她的统治下，北魏开启了"太和新制"的全新时代；在她的教诲下，孝文帝成为了一代明君。朝堂之上，她是杀罚果狠的太后；红墙深处，她是真挚多情的女人。

▶【从奴婢到皇后】

文成帝文明皇后冯氏（后简称冯后），祖籍长乐信都（今河北省冀县）。祖上曾是五胡十六国时北燕政权的国君。北魏灭亡北燕后，冯后的父亲冯朗归降北魏，被封为西城郡公，官至秦、雍二州刺史。冯后的母亲王氏随丈夫入北魏，在长安生下了冯后。冯后出生时，天降神光以示祥瑞，注定这个女婴将拥有不平凡的一生。

冯后的幼年经历了悲惨的丧父亡家之痛。父亲冯朗因牵扯进一桩朝廷大案被处死，家人也受牵连，年幼的冯后被没入宫中，成为了一名奴婢。多亏太武帝的左昭仪是冯后的姑姑，娴雅慈爱，如生母一般在宫中处处接济照顾她，才使冯后免于劳役之苦。

冯后十四岁那年，年轻的北魏文成帝拓跋濬继位。此时的冯后已出落成一位青春貌美的女子，虽是奴婢，却被文成帝拓跋濬一眼相中，选为贵人，入侍伴驾。她心思缜密，善解人

意，得到了文成帝的宠爱，最终被文成帝立为皇后，入主后宫。从奴婢到皇后，冯后的人生一朝飞跃。

然而，就在帝后二人感情与日俱增之时，不幸再次降临在冯后身上。北魏文成帝和平六年（465），年仅二十六岁的文成帝突发疾病，撒手人寰。这让年纪轻轻就遭丧夫之痛的冯后痛不欲生。按北魏传统，皇宫在文成帝去世的三天后举行仪式，将文成帝生前的衣服器用焚毁，百官和后妃到场哭吊。就在这个仪式上，悲痛至极的冯后决计随夫而去，突然嚎哭着扑进火堆，多亏左右及时将已经昏迷的她从火中救出，才保住了性命。

屡次命运的磨难，让冯后尝遍了人世的艰辛，也让她的性格越发坚毅起来。

▶【独揽朝政】

文成帝死后，由其年幼的长子拓跋弘继位，是为北魏献文帝，尊冯后

为皇太后。献文帝登基时年仅十二岁，这样一对孤儿寡母很快就引来了权臣对皇权的觊觎。当时手握朝廷大权的丞相乙浑见皇帝幼弱，于是阴谋造反篡位。危急时刻，得到密报的冯太后秘密召集一干忠臣，果断地布置了平叛之策，先发制人，出兵逮捕了乙浑等人，诛灭了叛党的三族。

平定乙浑的叛乱后，为避免类似事情再度发生，考虑到朝堂不能无主理政，冯太后宣布临朝听政，统理国事。这是她第一次的"临朝听政"。在这独揽大权的十八个月的时间里，冯太后凭借自己出色的治国才能，迅速地稳定了经历皇帝更迭而产生动荡的政局。

北魏献文帝皇兴元年（467）八月，十四岁的献文帝有了自己的第一个儿子，起名叫做拓跋宏，也就是后来鼎鼎有名的孝文帝。冯太后见献文帝已为人父，于是决定还政于他，不再听政，转而承担起抚养孙子拓跋宏的工作。

然而献文帝亲政后，对冯太后多有顶撞。献文帝本不是冯太后的亲生子，按照北魏"子贵母死"的祖制，皇子被立为太子后，其母就会被处死，因此，献文帝的生母已早早被处死，而由当时的冯后将他抚养成人。冯太

后作风强硬，使献文帝心中积聚了怨恨。当时，冯太后行为不端，宠幸李奕，献文帝寻找事由将李奕诛杀。冯太后因此甚为不快，于是对献文帝萌生加害之意。

北魏献文帝皇兴五年（471），冯太后利用自己在朝廷中的权威，逼迫刚刚亲政四年的献文帝交出皇位，禅位给献文帝还不满五岁的儿子拓跋宏。献文帝别无他法，只得以十八岁的年龄做上了太上皇。但成为太上皇的献文帝为了制衡冯太后，仍然亲理朝政，甚至还亲自领兵征伐。献文帝的做法引起了冯太后更深的嫉恨，又过了五年，冯太后命人将献文帝逮捕，无情地用毒酒杀害了他。

就这样，北魏又一次出现了冯太后辅佐小皇帝的局面。于是，冯太后再一次宣布"临朝听政"。这是她第二次将北魏大权独揽入怀。

🌸 **马头鹿角金饰、牛头鹿角金冠饰·北魏**
这种冠饰是鲜卑贵族妇女戴的步摇冠，当头部摇动时，叶片随之颤动。

【训谕一代明君】

　　年幼的孝文帝继位后，尊冯太后为太皇太后，由冯太后"临朝听政"，处理万机。与献文帝一样，孝文帝的生母也遵"子贵母死"之制被早早处死，冯太后便肩负起培养孝文帝的使命。

　　冯太后对孝文帝的教育可谓用尽心血。她不仅时常查考皇帝的学习，还作出长篇的《劝诫歌》三百余章和《皇诰》十八篇，以教育年幼的孝文帝如何做事做人。为了让孝文帝养成勤俭的习惯，冯太后以身作则，生活朴素，只穿没有花纹的丝织衣服。冯太后用膳的桌案被裁去直径一尺，原本的珍馐膳食也大量裁减。她还以自己对下宽容的态度感染孝文帝。一次，冯太后生病服药，侍从端来的药粥中竟有一只虫子，冯太后用勺匙将其取出。一旁的孝文帝勃然大怒，要立即处死厨师，冯太后却轻描淡写一笑了之。

　　孝文帝在冯太后的教导下，性情儒雅孝顺，从不主动参决政事。事情无论大小，都要禀报冯太后，征求她的意见。冯太后秉政精明强硬，多智猜忍，能倡行大事；杀戮赏罚之事，冯太后往往顷刻之间就做出决定，大多不经过孝文帝的参与。

　　经过冯太后的训导，孝文帝逐渐成长为一位杰出的帝国之君，而这对祖孙之间的感情也越发融洽。这种融洽的关系使得北魏政通人和。在冯太后的辅助下，孝文帝开展了名闻后世的"太和新制"改革，使北魏社会面貌为之一新。

彩绘石雕立佛像·北魏

佛像为青石雕像，高126厘米，山东青州龙兴寺窖藏出土。佛为立姿，但双手已残损。造像丰腴合体，面相圆润，嘴角微上翘，满含笑意，令人感到慈祥亲切。头光圆形，中心是莲花。通身舟形背光，中间是二飞天捧香炉，两侧又各有二供养飞天，体姿灵动曼妙。

【政治作为】

在成功培养孝文帝的同时，总揽朝政的冯太后展现了其高明的政治智慧和刚猛的个人作风。

冯太后天性聪颖练达，自从入宫以后，粗略学习了文书计谋。至登上政权最高极之后，冯太后裁决朝政，积累了丰富经验。

冯太后恩威并重，政治作为令朝野内外震动。她不拘一格提拔人才，常能从微末之中提拔起能臣，所以像杞道德、王遇、张祐、苻承祖等人一年之内就能升到王公一级；她恩威并用，左右犯了很小的过错，都可能会遭到她的责打，多则上百下，少则数十下，但她从不挂怀，被责打之人不多久就又被信任如初，很多人甚至还因此更加富贵，于是臣子们人人争相誓死效命。

冯太后在生活上少有顾忌，先后有数位貌美男子陪侍卧内，但冯太后心仪的大多是富有才干之士：太原的王睿博闻强识，精通天文卜策之术，数年便被冯太后提拔为宰辅；陇西的李冲也是才能卓著，推行"三长制"，营造新都洛阳，堪称一朝股肱。这些人后来都成为了北魏的国之栋梁，而冯太后对他们的赏赐更是不可胜数。但即便如此，冯太后也从不放纵这些人。

在重用宠信新贵的同时，冯太后还不忘厚待朝中老臣，经常赐给他们金帛车马。在褒奖王睿等人的时候，冯太后也都会叫老臣们参加，以示无私，以此来平衡朝中新与旧、汉与鲜卑之间的关系。然而，冯太后杀罚过于果狠，如果有人对她的错误稍有微词，便会遭到杀戮；对有仇之人更是毫不留情，族灭三族，大多连带无辜之人，死者常达数百之多，天下人皆呼冤屈。

北魏孝文帝太和十四年（490），四十九岁的冯太后走完了自己极不平凡的一生。这一日，有雄鸡集于太华殿中，似乎昭示着冯太后不啻为一代雄主的人生。

冯太后的去世让孝文帝无比悲痛，他服衰恸哭，五日水米不进，哀悼的方式超过礼法规制。孝文帝追谥冯太后为文明太皇太后，以皇陵尺寸安葬。按照冯太后遗愿，墓中器物一切从简，不多劳费。过度的悲伤还使得孝文帝形容憔悴，此后，他三年不近酒肉女色，以示对祖母的孝道。孝文帝还在冯太后陵寝的旁边为自己选定了寿宫，以作死后永远陪伴、侍奉祖母之念。

论赞

史官曰：钩弋夫人年轻，其子尚幼，汉武帝为了防止母后专政才行权令她自尽，北魏遂以"子贵母死"为常制。子贵母死，矫枉之义不也过正了吗？高祖（孝文帝）希望改革其弊端，这是很有道理的。

卷二十四

燕凤 许谦列传

正 所谓"凤从虎云从龙",在道武帝拓跋珪建立北魏的过程中,拓跋珪身边涌现出一批经世之士、文武之才,燕凤、许谦就是其中的突出代表。他们辅助拓跋珪创立帝业,成为北魏开国元勋。

燕凤,字子章,代郡(今河北蔚县)人。他从小好学,博览经史,熟习阴阳占卜之术。当时的代国国君、鲜卑族的杰出领袖拓跋什翼犍听闻他的名气,派使臣重礼请他出来做官,但被燕凤拒绝了。拓跋什翼犍求贤心切,于是命令军队包围了代郡,对城里的人讲:"燕凤如果不来,我们就要屠城了。"代郡的人只得将燕凤送出城来。拓跋什翼犍见到燕凤十分高兴,与他宴饮交谈,待之以上宾之礼,而后又任命他为代王左长史,参与军国大事,还让他担任太子拓跋寔的老师。

前秦国君符坚派遣使节牛悉前来代国,拓跋什翼犍命燕凤回访前秦。前秦势力强大,符坚有意刁难来使,他问燕凤:"代王是个怎样的人啊?"燕凤回答说:"我主宽和仁爱,智略高远,是当世的雄主,常有吞并天下的志向。"

符坚笑了笑说:"你们这些北方人,没有钢甲利器,敌弱就进,敌强就逃,还能吞并天下?"燕凤回答道:"北方人彪悍,上马可持三把兵器,驱驰若飞。我主雄姿威武,威服北疆,帐下百万雄师,号令如一。我们的军队没有辎重拖累之苦,疾行迅捷,从敌人手中夺取我们需要的物资。这就是南方军队之所以疲弊而我们北方军队之所以常胜的原因。"符坚听后又问:"你们国家的兵马,到底有多少?"燕凤回答:"骑马射箭的部队有数十万,马有百万匹。"符坚半信半疑地说:"你说你们的军队人数还算可

❀ 嵌宝石金猪带饰·北魏
带饰长 10.8 厘米、宽 5 厘米～5.6 厘米。以嵌宝石的半浮雕金猪作主体图案。金猪形象生动逼真,纹饰精美。

魏书 列传

信，马匹的数量就说得太多了，是假话罢了！"燕凤答道："云中川从东山到西河二百里，北山到南山百余里，每年秋天，马都会集中到此，几乎都把云中川填满了。由此来看，我刚才的数还说少了。"一席话下来，苻坚没有占到一点便宜，倒是燕凤据理力争，为国增威不少。苻坚非常欣赏燕凤的才能，赠送给他很多贵重礼品。

后来，前秦进攻代国，拓跋什翼犍被叛贼谋害，代国灭亡。苻坚要将年幼的拓跋珪押往长安。危急时刻，燕凤面见苻坚，以拓跋珪幼小为理由，请求苻坚说："代国新灭，旧臣叛逃，人心无主，易生叛乱。不如将年幼的拓跋珪留下，待他长大成人立其为王，令他为您安定一方。这将是您对亡国大大的恩泽啊。"苻坚听闻有理，答应了燕凤的请求。已近殆亡的拓跋氏也因此得以保全了血脉，留下了复兴的可能。而燕凤对此有存国之功。因此，在拓跋珪称帝建立北魏后，燕凤功高德昭，得到了很高的尊荣，历任高官，赐爵平舒侯，加镇远将军。北魏太武帝神麚元年（428），燕凤病逝。

许谦，字元逊，代郡人。他少年时期便颇有文才，善于天文占卜的学问。拓跋什翼犍建立代国后，许谦率家人投靠而来。拓跋什翼犍很赏识许谦，提拔他为代王郎中令，兼掌文记工作，还令他与燕凤一起辅导太子读书。

代国败亡后，许谦被押往长安。苻坚的堂弟苻洛镇守和龙（今辽宁朝阳），邀请许谦辅佐自己。许谦看出

苻洛无能，没过几年便辞官回乡。拓跋珪复国后，许谦重投旧主麾下。道武帝拓跋珪很高兴，任命许谦为右司马，参与军国大事。

北魏道武帝登国十年（395），后燕国太子慕容宝率八万大军进犯北魏，拓跋珪派许谦向后秦国君姚兴求援。姚兴派遣将领杨佛嵩救援北魏，但杨佛嵩并不着急，军队行进得很慢。情势紧急，道武帝拓跋珪命许谦给杨佛嵩写信。许谦巧妙示以利益，在信中写道："如今慕容氏无道，侵我国土，兵疲将乏，天将亡之，因此请将军前来支援，必能大胜。将军受国家之托，率熊虎之师，成功机遇，就在此时，千载功勋，一朝可立。然后我们置酒高会，举杯共贺，那时不就更加轻松畅快了么！"杨佛嵩果然被许谦的来信说服，立即昼夜兼程。而后，又由许谦出面，与杨佛嵩歃血结盟，双方合兵一处，最终大破后燕。

许谦在北魏建国前后功勋卓著，被赐爵平舒侯、安远将军。北魏道武帝皇始元年（396），许谦病逝任上，终年六十三岁。

论赞

论 曰：燕凤博识多闻，率先担当礼命；许谦文才术道俱佳，奔走效劳于战前。如果不是这样，帝业何以成就？

崔玄伯列传

北魏国家草创之际，百事待举，终须有一位治世之才，勘定章法，调理宇内，方能给国家扎下后世的根基。此人便是崔玄伯。他辅佐道武帝拓跋珪，一语敲定北魏国号，双肩扛起国务机要，总揽朝政，居功至伟，可谓北魏建国之初至关重要的一大人物。

▶【名门隽才】

崔玄伯，原名崔宏，为避北魏孝文帝拓跋宏的讳改名玄伯，清河东武城人（今河北清河）。崔玄伯出身关东名门大族，其六世祖崔林曾在曹魏政权中位列三公，祖父崔悦在十六国中的后赵政权官至司徒左长史、关内侯，他的父亲崔潜也做过前燕政权的黄门侍郎。在那个王朝更替频仍的年代，崔氏一门能于动荡中不失富贵，足见家族之强盛。

崔玄伯自幼被誉为"冀州神童"。前秦统一中国北方后，国君苻坚的弟弟苻融任冀州牧，他听闻了崔玄伯的才名，于是邀请他做了自己的幕属，令他掌管自己府上的书记事宜。崔玄伯处理各项事宜井井有条，内外之事都办得十分妥帖，没有过丝毫延误。苻坚听说后感到惊奇，旋即任命崔玄伯为太子舍人，但被他谢绝。

前秦灭亡后，崔玄伯转仕后燕国君慕容垂，所在职中颇有声誉，立身端正，不落世俗。虽在兵乱之年，他

仍然励志笃学，不以置办财产为念，一心为公，以至于为官多年，妻儿仍不免忍饥挨饿。

鲜卑首领拓跋珪率领部族兴起后，击败了后燕继主慕容宝，吞并了后燕的大片领土，崔玄伯只得东逃躲避战祸。拓跋珪早就听说过崔玄伯的大名，于是派出骑兵追赶寻求，将崔玄伯带到了自己的军中。拓跋珪召见崔玄伯，与他交谈，十分赞赏，于是重用崔玄伯，命他总管自己的机要事务，并参与草创国家的各项制度。

▶【一语定国号】

当时拓跋珪的魏国虽已建立，但并没有最终敲定到底使用什么国号，朝臣都主张应取意长远，沿用过去的"代"为国号，而崔玄伯却力主用"魏"。他说："三皇五帝确立国号，有的是借用出生的土地，有的是使用封国的名称。所以夏商周开始都是诸侯，等到成就大业，国号也就沿用原来的，没再改变。汉高祖为汉王时平定了三

秦，消灭了楚国，所以也就以'汉'为称号。我国虽然统治北方广袤疆土，但成就大业正是始自陛下在位之时，虽是旧国度，但受命革新，所以在建国初年，我们将国名改'代'为'魏'。'魏'是大气之名，是神州上等之国，这是改朝换代的征候，皇帝即位的吉兆。我认为还是应该称为'魏'。"

拓跋珪觉得崔玄伯言之有理，于是听从了他的建议，国家正式定名为"魏"，史称"北魏"。所以崔玄伯可说是北魏国号的"定名人"。

【开国股肱】

此后，崔玄伯被任命为吏部尚书，总裁负责北魏建立之初的典章制度、爵位品级、礼乐律令等各项国家重要事务的制定，对北魏从部落制向国家化的转变作出了居功至伟的重大贡献。而道武帝拓跋珪对崔玄伯也是无比的信任，不仅平日赏赐不断，还放心地令他总管三十六曹官署，由他一人辖理。当此时，崔玄伯可谓是手握重权，权倾朝野，一个汉人能在鲜卑人的朝廷里拥有如此地位，令人钦羡。

但即便如此，崔玄伯仍能恪守本性，依旧勤俭持家，不营产业，家徒四壁；出入没有车马，每日步行上朝。这让拓跋珪对他更为敬重。拓跋珪还经常召他进宫询问古今故事、王者制度和治世的法则，崔玄伯一一应答，

🔴 **八公图卷（局部）**

唐人陈闳绘，描绘北魏时期的白马侯崔宏（即崔玄伯）、南平公长孙嵩、山阳侯奚斤、北新侯安同等八人共听朝政的故事，今仅存六人，皆平列站立，人物个性鲜明，传神于目。

无不合乎其心意。对待皇帝，他既不激亢顶旨，也不阿谀曲从，拓跋珪晚年因病变得精神失常，虽然经常杀戮无辜的大臣，却从没迁怒于崔玄伯身上。

拓跋珪死后，崔宏又尽心辅佐继位的明元帝拓跋嗣，屡次贡献持重之策，平定了多次国内的事端，稳定了新生的北魏政权。他又由此被拜为天部大人，封白马公。他卒于北魏明元帝拓跋嗣之朝，死后追录前功，被追封司空，谥号文贞公。北魏孝文帝时，追评先朝功臣，将崔玄伯配飨庙庭。

论赞

史 臣曰：崔宏家族世代杰出，遇上国家草创，总揽机要责任重大，保持正道成就大业，最终配享庙庭，不是很适宜吗？

崔浩列传

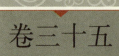

崔浩一生侍奉北魏三位皇帝，功勋显赫，料事如神，谋略过人，三位帝王都非常称许。不料晚节不保，受尽屈辱，家族也受其牵累，皆被诛灭。

崔浩，字伯渊，清河（今河北清河东南）人。他年少时喜欢文学，博览经书史书，还喜欢钻研天象阴阳五行之学，当时无人能及。他二十岁时就担任了直郎。因为他写得一手好字，经常随侍道武帝身边。

道武帝晚年刑罚很严酷，宫中近臣多因小错而被治罪，大家纷纷逃避。唯独崔浩恭敬勤勉不懈怠，有时候终日不回家。道武帝知道后，经常把自己的粥赏赐给他。

【精通五行】

明元帝时，崔浩经常给他讲授经书。明元帝喜欢阴阳术数，听崔浩讲说《周易》和《洪范》五行，觉得非常好，便命他占卜吉凶，观察天象，考定疑难。崔浩考证天人之间的关系，抓住要领，判断多有应验，经常参与国家大事，非常受皇帝宠信。当时，后宫出现一只兔子，守门的官员都不知道是从哪儿进去的，明元帝非常奇怪，便命崔浩推断是吉是凶。崔浩认为将有邻国献来嫔妃，第二年，后秦君主姚兴果然进献了女子。

泰常三年（418），彗星出天津星，进入太微，经过北斗，环绕紫微，冲撞天棓星，八十多天后在银河消失。明元帝又把儒生术士们召集起来询问道："现在天下尚未统一，四方对峙，灾祸应验在哪个国家？希望你们畅所欲言，不要隐瞒。"大家都推举崔浩回答。崔浩说："古人说，灾异都是由人引起的。人如果没有过失，灾祸就不会自己兴起。《汉书》记载王莽篡位之前，彗星出入和今天一样。国家主贵臣卑，上下有序，百姓就没有谋反的意图。晋朝主弱臣强，累世衰败，所以桓玄夺取君位，刘裕执掌大权。这种天象预示着晋朝即将灭亡，刘裕要篡位。"两年后，刘裕果然废了晋恭帝，自立为主。明元帝传召崔浩，对他说："往年你说的彗星的征兆果然应验了，我从今天开始相信天道。"

【谋略过人】

适逢刘裕去世，明元帝想攻取洛阳（今河南洛阳）、虎牢（今属河南荥阳）、滑台（今河南滑县东旧滑县城）三地。崔浩说："现在刘裕去世，趁人之丧讨伐人家，即便取胜也是不义，而且现在也未必一举就能平定江南，所以应该派人去吊祭，抚恤无依无靠的孤儿寡母，传布仁义于天下。如今刘裕刚刚去世，他的党羽还没有离心离德，军队压境，他们一定会奋力抵抗。不如等等，待他们的恶行充分暴露，大臣们争夺权力，一定会发生事变，到时再派军队征讨，就可以不让士兵劳苦而收复淮北之地。"明元帝依然决定南伐，质问崔浩："刘裕趁着姚兴去世，灭了他的国家。现在刘裕去世，我征讨他，为什么不可以？"崔浩坚持自己的意见："姚兴死后，两个儿子争夺权力，刘裕才讨伐他。"明元帝大怒，不听崔浩的话，于是派奚斤南伐。

大家在监国面前商议说："是先攻占城池还是先占领土地呢？"奚斤说："先攻占城池。"崔浩说："南方人擅长守城。苻氏攻打襄阳，一年都没有打下来。现在以大国之力攻打他的小城，如果不能迅速攻克，会损伤军事力量，敌人就能够从容整兵而来。不如分兵占领土地，到达淮河，设置郡守县令，征收赋税。滑台和虎牢都在我军以北，守军对南方的救援绝望，一定要沿着淮河往东走。如果不逃，就会成为我军的囊中之物。"公孙表请求先攻城。奚斤率军渡过黄河，先攻打滑台，很久也没有攻克，上表请求增援。明元帝很生气，亲自南巡，拜任崔浩为相州刺史，加官左光禄大夫，跟随军队为主要谋士。

太武帝始光年间，朝廷计议讨伐赫连昌（威胁北魏的少数民族政权首领），大臣们都觉得很困难，只有崔浩观察天象，主张讨伐。太武帝于是派奚斤等人进攻蒲坂（今山西永济），自己率领骑兵袭击赫连的都城，大胜而还。等太武帝再度讨伐赫连昌，到了城下，集合队伍伪装退却。赫连昌击鼓呐喊而进，阵势分为两翼。适逢东南方风雨大作，天昏地暗。宦官赵倪说："现在风雨从敌军背后袭来，我方迎风，敌军背风，天不助我。何况将士饥渴，请陛下收兵躲避风雨，以后再说。"崔浩呵斥道："这是什么

⚫ 崔浩像

崔浩历仕北魏道武、明元、太武帝三朝，对北魏统一北方起了积极的推动作用，被后世誉为"南北朝第一流军事谋略家"。

恒山悬空寺

话？千里制胜，一天之内怎么能改变？敌军先头部队不断行进，已经脱离后续部队，陛下应该分兵隐蔽行进，出其不意予以打击。"太武帝说："好！"于是分兵奋力而击，大败赫连昌的军队。

朝廷商议进攻蠕蠕（即柔然，北魏疆域北边的少数民族），内廷外朝的官员都不愿出征，太武帝却执意不改，只有崔浩佐助他，反驳其他官员。有大臣说，天象不利于君主。崔浩反驳道，天象预示皇帝三年之内将征服披头散发的部落，而蠕蠕和高车正如此；大臣又说，蠕蠕是边境外没用的部族，即使得到他们的土地也无法耕种。崔浩反驳道，使蠕蠕臣服可以安定边塞，宣扬国威。群臣无言以对，太武帝则非常高兴。

罢朝后，有人责备崔浩道："现在吴地的贼军侵犯我国南部，却置之不顾要去北伐。如果蠕蠕远逃，前去

一无所获，却还要担心南边的叛军，多危险啊？"崔浩答道："刘裕怎么会在我国兵强马壮之时来骚扰？这不是羊入虎口吗？何况蠕蠕自以为地势遥远，国家鞭长莫及，大军从天而降，他们一定惊慌失措，仓皇而逃。若不懈追击，一定大获全胜。"

部队出发前，天师寇谦之问崔浩："这次出征能获胜吗？"崔浩说："我看一定能获胜。只怕将领们瞻前顾后，不肯追击，不能全胜。"军队进入蠕蠕境内后，蠕蠕果然四散而逃，魏军于是分兵搜索。东西五千里，南北三千里，所有俘虏以及缴获的牲畜车辆数百万。将领们担心深入追击会有伏兵，劝太武帝收兵。天师寇谦之引用崔浩的话，苦苦劝说太武帝乘胜追击。无奈太武帝不听，下令收兵。后来有投降的俘虏说，蠕蠕的首领患病，抢了一辆车带着几百人逃跑，因追兵迟迟不至，才得以脱身。后来又听到凉州的胡人商人说："魏军再往前追两天，就把蠕蠕全部消灭了。"太武帝非常后悔。大军班师回朝时，南部的敌军竟按兵不动，和崔浩料想的一模一样。

▶【宠遇优渥】

太武帝非常宠信崔浩，经常去

他家里询问奇怪的事。有时候崔浩接驾匆匆忙忙地来不及系好腰间的带子，进献的饭菜也无暇顾及是否精美。太武帝还是为他拿起筷子和调羹就吃，有时候站着尝一尝就走。崔浩受宠如此。

太武帝曾经从容地对崔浩说："你才学渊博，又侍奉过我的祖父和父亲，忠诚延续三代。你要思量规劝辅助我，不要有所隐瞒。我即使当时愤怒，或者不采纳你的意见，事后也会深思你的话的。"

一次，太武帝召见数百位投降不久的高车将帅，赐给他们酒食，指着崔浩对他们说："你们看这个人，瘦小柔弱，手不能弯弓持矛，胸中所藏的却胜过大军。我起初虽有征讨的想法，却思虑已久不能决断，都是这个人开导我，我才有今天的成就。"于是下令对尚书们说："凡是你们不能决断的军国大事，都先询问崔浩，然后再去施行。"

太武帝曾拉着崔浩的手对别人说："这就是我所说的崔公。谋略的高妙，当今无人可比。我行动前一定询问他，他对成败的判定如同符契般相合，没有失误过。"后来冠军将军安颉班师，献上南方的俘虏，说刘义隆命令诸将，如果北魏的军队出动，就直抵黄河；如果军队不动，就驻扎在彭城不前进。这和崔浩估计的一模一样。太武帝对公卿大臣们说："你们之前都说我用崔浩的计策是不对的，还惊慌地劝阻我。经常打胜仗的人，总觉得自己比别人强很多，实际上远远不如别人。"升迁崔浩为司徒。

【蒙冤而死】

当初，太武帝召集文人编修《国史》，崔浩等人参加，撰成《国史》三十卷。有人想讨好崔浩，便请求将《国史》刻在石碑上，立在道路旁。崔浩所撰《国史》完备却不够典雅，还醒目地立在路边，北人都很怨恨，一同在太武帝面前诋毁他。太武帝大怒，派人调查他，崔浩只好承认收受了贿赂。太平真君十一年（450）六月，崔浩被杀。他的家族清河崔氏，以及姻亲范阳卢氏、太原郭氏、河东柳氏，都被灭族。

崔浩笃通道教，主张废佛。而他的妻子郭氏爱好佛法，经常诵读。崔浩很生气，便把佛经统统烧掉，纸灰扔进厕所里。等他被抓后，装在囚车里送到城南，几十个卫士一起往囚车里撒尿，嗷嗷的叫声始终不断。辅政大臣受刑被辱从来没有像崔浩这样的，人们都认为是报应。

论 赞

史 臣曰：崔浩学识渊博，通晓天文地理人文学说，对政事的筹划当时无双，这是他自比张良的原因。晚年意外，竟不能保全自己。难道是飞鸟尽而良弓藏？难道是满招损，无心结下的仇怨导致了灾祸？为什么这个人遭受这样的灾难？可悲啊！

李顺列传

李顺博览群书，精通谋略，立下赫赫战功。在安抚凉州的过程中，李顺表现出了非凡的才华和对朝廷的忠心。但他在仕途后期屡屡收受贿赂，被人揭发，再加上崔浩的谗言，最后落得个被杀的下场。

【屡立战功】

李顺，字德正，是赵郡平棘（今属河北邯郸）人。他博览群书，涉猎经史，有很高的才能谋略，所以在当时很有名气。北魏明元帝神瑞年间，李顺被任命为中书博士，后来转为中书侍郎。

道武帝在讨伐赫连昌之前，对崔浩说：“我之前征伐北方的时候，李顺屡次献计献策，确实很合乎治国的方略。现在我想派他前去率领军队，总管征战之事，爱卿认为怎么样？”

崔浩回答道：“李顺足智多谋，足以完成国家使命，这确

实如皇上所说。但是微臣与他有姻亲关系，所以非常了解他的性情，他虽有很高的智谋，但是在进退之际他显得过于武断，所以我认为不应该只委托他一个人去总管征伐之事。”道武帝于是放弃了这个想法。原来当初崔浩的弟弟娶了李顺的妹妹，后来崔浩又让侄子娶了李顺的女儿，虽然崔、李两家有两门亲事，但是崔浩一向有些看不起李顺，李顺又不服崔浩。因此两个人私底下相互猜忌，所以在委任李顺这件事上，崔浩诋毁了他。

后来李顺再度征伐统万（今属陕西靖边），这次他升任为前将军，并统领一支军队。这次战役中，赫连昌出城迎战，李顺率军击败了赫连昌的左路军。攻克统万之后，道武帝赐给众将各种珍奇的宝物，李顺却一再推辞，只拿几千卷书卷，为此得到道武帝的赞许。等到回京城论功行赏时，道武帝任命李顺为给事黄

鼓琴菩萨像·北魏

门侍郎，并且赐给了他十五户奴隶和一千匹帛。

后来李顺又跟随军队到平凉（今陕西平凉）去攻打赫连定的军队。等到三秦被平定后，李顺被升迁为散骑常侍，爵位晋升为侯，又被加授为征虏将军，升任四部尚书。由此可见当时李顺十分得宠，很受重用。

【威震凉州】

过了几年，沮渠蒙逊献出了黄河以西的地盘来归附北魏，于是道武帝想精心挑选使者来联系沮渠蒙逊，崔浩推举李顺。道武帝说："李顺是朝廷重臣，所以不适合首先担任这样的使节。如果蒙逊亲自拿着玉帛到朝廷来拜见我，我还有什么更高的礼仪呢？"崔浩说："当年邢贞出使吴国的时候，身份也是魏国的太常。如果这样做有利于解决问题，那就不必顾忌使臣的身份过高。当年邢贞出使吴国之前，吴王也没亲自进见魏王啊！"于是道武帝听从了崔浩的意见，任命李顺为太常，册封沮渠蒙逊为太傅、凉王。李顺出使回朝后，被升迁为使持节、宁西将军、开府、长安镇都大将，统一监督秦州（今甘肃天水）、雍州（辖今湖北北部与河南的一小部分）、梁州（辖今陕西南部和四川、贵州的一部分）、益州（今四川成都）四个地方的军事，爵位晋升为高平公。不久，李顺又被任命为四部尚书，加授散骑常侍。

延和初年（432），李顺再度出使凉州（今甘肃武威）。沮渠蒙逊派中兵校郎杨定规对李顺说："凉王年老体衰，麻疹发作，旧病复发，腿脚不便，所以不能对您叩拜见礼。等过三五天身体状况有所好转后再来拜见您。"李顺说："凉王年老这件事朝廷已经知道了。但是凉王是朝廷的臣子，应该遵循臣子的礼数，更何况另有皇帝的圣旨约束他，他难道能心安理得地不见皇上的使臣吗？"

第二天，蒙逊邀请李顺进入宫中，李顺走到庭院中间时，蒙逊竟然靠着几案，又开两腿端坐着，丝毫没有起身相迎的样子。李顺严肃地大声说："想不到这个老头子不讲礼节竟到了这等地步！现在不顾虑自己是否灭亡，竟然侮辱朝廷的圣使，灵魂都不见了，何必要见他！"说着李顺就要拿着使节出去。蒙逊连忙派定规去庭院追李顺，追上后蒙逊说："太常您已经原谅了我年老体弱，我又听说朝廷中有可以不跪拜的诏令，所以才敢心安理得地不见您。如果您说'你必须跪拜，并且要恭奉诏命'，那这就是微臣的罪过了。"李顺更加生气地说："齐桓公多次联合各诸侯，一统天下，周王赐给他们祭肉，并且下令说：伯舅不用下拜了。但是齐桓公遵守臣子的礼节，仍然跪拜着接受了祭肉。朝廷虽然看重你，但是从没有让你不拜的诏令。你现在妄自尊大，这正是在为自己招致祸患啊！这可不是谋求长久安定的办法。如果朝廷对你动怒，而后讨伐并吞并你，那你后悔也来不及了！"蒙逊说："您用古代的有成就的人的例子来规劝我，用朝廷的威严来镇服我，我怎么能不翘首以待，恭敬地等待圣旨呢？"于是跪在地上行进礼数。

行礼完毕，蒙逊说："依仗德行治国，国家会长盛不衰；依仗武力治国，国家就会灭亡。朝廷近一段时间征战屡屡得胜，领土已经得到了扩大，只要以德治民，就能把国家治理得很好很兴旺。但是如果只是一味地征战讨伐，恐怕不能总是胜利。"李顺说："当年太祖（即北魏道武帝）占领中原，奠定江山基石；太宗（即北魏明元帝）继承旧业，帝业更加巩固。自从皇上登基，志向就是平定四海，所以经常发动战争，皇帝亲自冒着风霜，在三秦灭掉了赫连，把蠕蠕赶到了漠北。扩充领土，不计其数；战死的士兵，到处都是。除暴安良，名声在外，威望极高。从古至今，还没有哪位帝王在军事上取得这么大的成就。所以边疆蒙昧之民，全都热切期待早日归顺朝廷。朝廷的士兵到达四方，除暴安良，怎么能说依仗武力？皇上用兵，攻打南方时北方就埋怨，讨伐东方时西方就怨恨，皇上怎么能停下来呢？"蒙逊说："如果真像你所说的那样，那么凉州的百姓，也应该盼望道武帝的军队从远方杀来，那他们又为什么不分昼夜地骑马传递敌军来袭的消息呢？所以我觉得您说的话大概是假的。"李顺说："古代苗民背叛帝舜而顺从暴君，有扈

违背了后启而亲近逆天行事的君主。这都是因为受到恶势力的牵制。受恶势力牵制的人，自古就有，哪里只是凉州的百姓呢？"

李顺一共出使了十二次凉州，道武帝很赞赏他的才能。蒙逊多次和李顺游览宴饮，偶尔说些傲慢的话语，说过之后又害怕李顺回去后在朝廷中泄露他说的话，经常贿赂李顺，所以蒙逊的恶行朝廷并不完全知道。崔浩听说这件事后，就悄悄地告诉了道武帝，但道武帝不信他说的话。

【失宠被杀】

太延三年（437），李顺再次出使凉州，等他回来之后，道武帝说："前几年我跟你密谋的事情，预定时间也快到了。但是过去几年一直征战东方，没有顾及西方，时光荏苒，到了现在。现在和龙已经平定，各地没有战事，到处都在修理兵器，这不正是经营黄河以西的时候了吗？爱卿这些年去过很多次凉州，看透了其间的兴盛衰败，你看我这次要是攻打凉州，能不能成功？"李顺答道："我之前禀奏的确实如此，但是这些年因为征战太多，百姓已经厌倦，又得不到休息。所以我觉得不能过于频繁地发动战争，以免增加死伤人数。我希望过几年再讨伐凉州。"道武帝听从了他的意见。

太延五年（439），道武帝又和李顺商议讨伐凉州之事，李顺认为凉州缺少水草，不适合征战，而崔

浩坚决地认为应该攻打，于是两人在朝中激烈地争论起来。最后道武帝听从了崔浩的意见。士兵到达姑臧（今甘肃武威）后，发现水草丰美。道武帝对李顺很不满。后来道武帝对崔浩说："爱卿当年的话果然是对的。"崔浩说："我说过的话，都是这么准确。"

当初，蒙逊那里有一个叫昙无谶的西域僧人，略微知道一些神仙方术。道武帝命令李顺让蒙逊把僧人送到朝廷。但是李顺收受了蒙逊的贿赂，听任蒙逊把僧人处死了。道武帝平定凉州后，听说了这件事，于是对李顺更加不满了。凉州平定后，道武帝命令李顺给群臣排列位次，分封爵位。李顺由于收受了贿赂，分封爵位时并不公平。凉州人徐桀告发了这件事。后来崔浩又对道武帝诋毁李顺道："过

🔹 凉州古城城楼

凉州古城位于今甘肃武威，历来为军事战略重镇，兵家必争之地。

去李顺收了沮渠牧犍父子很多钱财，每次都说凉州水草不丰，不能攻打。而陛下打到姑臧后，亲眼看到了那里水草丰美。李顺就这样欺骗陛下，差点儿耽误了国家大事。这么不忠不义，却反过来向陛下诬陷我。"道武帝听后大怒，于是在太平真君三年（442）在京城西部处死了李顺。

论 赞

史 臣曰：李顺器宇轩昂，才华出众，受到当时统治者的重用。他的谋略在中原有美名，他的正气又使边疆折服，所以得到了道武帝的赏识，受到了崔浩的忌恨。

卷四十八

高允列传

北魏有一位侍奉过四朝帝王的老臣，他敢于当面指出君王的过失，勇于承认自己的过错，清正廉洁，刚直不阿，得享近百岁寿辰，没有谁能比得上他。他就是高允。

高允，字伯恭，渤海（今河北沧州）人。他年少丧父，少年老成，有一种非凡的气度。清河崔玄伯看见他后非常惊异，感叹道："高允颖慧天然，蕴含于内；文采光明，显扬于外，必能成为大器。只恐怕我看不到那一天了。"十多岁时，高允护送祖父灵柩回到家乡，把财产让给两个弟弟，自己出家当了和尚，不久又还俗了。他博通经史、天文、术数，尤其喜欢《春秋公羊传》。本郡召他做了功曹。

【公平正直】

神䴥四年（431），高允和卢玄等人同受征召，官拜中书博士。不久，高允以本官担任秦王元翰的师傅，后来太武帝下令让他为太子拓跋晃讲授经文，很受礼遇。太武帝召高允来与他谈论刑政，高允的言谈很合太武帝的心意。太武帝问道："我日常要处理纷繁杂多的政务，什么应该放在最前边呢？"当时国内有很多被禁封的良田，京城里有很多流浪乞食的人。高允于是答道："我小时候身份微贱，只知道种田的事，就让我说说农业吧！古人说：方圆一里的土地，可耕种三顷七十亩，方圆百里则可耕种三万七千顷。如果勤快些，每亩就多收三斗粮食，不勤快每亩就少收三斗。方圆百里的土地，就能有二百二十二万斛粮食的差异，何况这么广大的天下呢？如果公家私人都有存粮，即使遇到饥荒的年头，又有什么可担忧的呢？"太武帝觉得他说得对，于是解除田禁，把田地都分给了百姓。

辽东公翟黑子受太武帝宠信，奉命出使并州（今山西太原），受贿一千匹布，不久事情败露。翟黑子向高允问计，高允说："您是皇帝的宠臣，应该如实上奏。"中书侍郎崔览、公孙质等人都说应该隐瞒。翟黑子认为崔览等人对自己好，反而怒斥高允道："像你这么说，是引诱我送死，多么不值！"于是和高允断交。翟黑子对皇帝说了谎，被太武帝疏远，最终获罪被杀。

当初崔浩被收捕后，高允正在中

书省当值。太子召来高允，让他留宿宫中。第二天，太子入宫见太武帝，命高允跟随。到了宫门外，太子对高允说："进去见皇上，我来引导你。如果皇上问话，你只要按照我说的去做。"高允问："是什么事？"太子说："进去就知道了。"入宫面见太武帝，太子说："中书侍郎高允在我的宫中，我和他相处多年，知道他为人小心谨慎。虽然和崔浩同事，但高允身份微贱，要听命于崔浩。请赦免他。"太武帝召见高允，问："《国书》都是崔浩所作吗？"高允答道："《太祖记》是前著作郎邓渊写的，《先帝记》和《今记》是我和崔浩一起写的。然而崔浩处理的事务很多，只是总体裁决。至于注疏，我撰写的比崔浩多。"

太武帝大怒道："他的罪行比崔浩还要严重，怎么可能有生路？"太子说："皇上威严庄重，高允只是一个小臣，这只是他胡言乱语。我以前详细问过他，他都说是崔浩写的。"太武帝再问："是像太子说的那样吗？"高允答道："我才能微浅，错误地参与写作，冒犯了皇上的威严，罪过应该灭族，已经料定必死，

不敢胡说。太子因为我侍讲的时间很长，哀怜我，为我求得一条性命罢了。他确实没问过我，我也确实没说过这样的话。我说的都是实话，没有昏乱。"太武帝对太子说："这个人正直啊！这是常人难以做到的，何况在死亡面前不改变，不是更难了吗？况且对君王说实话，真是忠贞的臣子。难道能因为一次罪过而失去这样忠贞的大臣吗？应该赦免他。"高允最终得到赦免。

太武帝又召来崔浩，让人诘问他，崔浩惊慌恐惧而不能对答。高允则每件事都能阐述明白，很有条理。太武帝非常气愤，命令高允草拟诏书，崔浩以下、僮吏以上的一百二十八人统统诛灭五族。高允犹豫着不肯写，皇帝频频下诏催促。高允请求面见皇帝，然后再写。他对太武帝说："受崔浩连坐的人如果还有其他罪行，我不敢知道。如果仅犯了这个罪过，罪不至死。"太武帝大怒，命卫士抓起高允。太子下拜求情。太武帝醒悟后说："如果没有这个人阻拦我，会有几千人被杀啊！"崔浩最终被灭族，其他都只处死本人。

太子去世后，高允长时间没有晋

🔴 **红陶龟形砚台·北魏**

砚台是古代文房重器，向来备受文人士大夫的重视，其审美意趣和文化含义远远超过一般生活用品。这方龟形砚台形制奇特巧妙，实用性强，堪称同类中的精品。

见。后来太武帝召见他，他上阶哭泣，不能自制。太武帝流泪不止，命令高允出去。左右侍臣不知是何缘故，互相交谈道："高允无缘无故地哭泣，让皇上哀伤，为什么呢？"太武帝听见了便召他们前来，说道："崔浩被杀时，高允也应该处死，太子苦苦劝说才免去了他的罪过。现在太子已去世，高允看见我就会悲伤啊！"

【敢于进谏】

到了文成帝时期，给事中郭善明性情奸诈机巧，想炫耀自己的才能，劝说文成帝（太武帝的孙子）大修宫殿。高允进谏道："太祖道武皇帝建立宫殿，都要趁着农闲时。现在建国日久，宫殿修了很多，如果要修建宽广壮丽的宫室，应该慢慢规划，不可仓促。预计需要杂役两万人，再加上给他们送饭的老弱之人，共计四万人，半年的时间才能建成。古人说：一个男子不种田，有人就要挨饿；一个女子不织布，有人就要受冻。何况四万人呢！这是圣明的君主应该考虑的。"文成帝采纳了他的意见。

高允不止一次坦率地指出君主的过失，文成帝很从容地听取。有时有所触犯，皇帝不想听，就让左右侍臣把他扶出去。政事有不适宜的，高允

铜牛车·北朝

这套牛车由牛、轭、长辕双轮车厢组合而成。拉车的黄牛身躯壮硕，头上套有络具，颈上有轭，轭两侧各有半圆形环扣接车辕。车厢作长方形，后开门，前厢板上铸出直棂窗格。厢顶覆篷盖，前后出檐于车厢。双轮作圆形16辐。此式铜牛车，目前发现仅此一例。

时不时求见，文成帝知道他的心思，屏退左右侍臣等着他。文成帝对他礼待有加，高允早晨入宫黄昏退出，有时候整天待在宫里，大臣们都不知道他们谈些什么。

有人上书陈述皇帝的过失，文成帝看完对群臣说："现在国家有短处不能当面陈述而是上表进谏，这不是显示皇帝的过失，表明自己的美德吗？像高允这样的人才是真正的忠臣。我有过错，他经常当面指出，我不喜欢听的，他也从不避讳。这个人用笔匡正国家，才做个郎官，你们不羞愧吗？"于是拜任高允为中书令。

【清廉自立】

神麚三年（430），太武帝的舅舅阳平王杜超镇守邺城（今河北临漳），任命高允为从事中郎，当时高允已经四十多岁了。由于当时正是春季，而各州的囚犯还有很多没有判决，杜超于是上表请求让高允和中郎吕熙等人分别去各州参与判刑。吕熙等人都因为贪污获罪，只有高允因为清廉正直获赏。

当初，和高允同时征召的游雅等人，大多官位显赫，册封王侯，高允的部下近百名小吏也做到刺史一类的官，食禄二千石。而高允做郎官二十七年却未曾升迁。当时官员们没有俸禄，高允经常让几个儿子打柴，供给生活。

自从高允被文成帝升迁为中书令后，司徒陆丽上奏说高允家非常贫穷，妻子儿女难以生存。文成帝大怒道："为什么不早说？现在见我重用他，才说他贫困。"当天，文成帝去高允家，见只有几间草屋，床上是粗布被，妻子儿女们穿着以乱麻组成的袍子，厨房中只有咸菜而已。文成帝叹道："古人之清贫哪里有这样啊！"于是赏赐绢帛五百匹，粟一千斛，拜任高允的长子高忱为绥远将军、长乐太守。高允频频上表，坚决推让，文成帝不答应。

孝文帝时，特别赐给高允蜀牛一头，一辆四面有窗可以观望的蜀车，不加修饰雕刻的几案手杖各一个，一口蜀刀。又赐给他美味的食物，早晚供给膳食，每月初一、十五要送牛酒和衣服布料。高允把这些东西都分给亲戚朋友。当时显贵大臣家中都有很多人做大官，而高允的子弟都没有官爵。这个人的廉洁谦让就是如此。

孝文帝即位后，高允多次告老还乡，皇帝都没有允许，依然给他显赫的官职和优厚的礼遇，朝廷大事大多要向他询问。

高允去世之前十几天，身体不太舒服，既没有卧床休息，也没有请医生看病，行动和平常一样。孝文帝派医生去看，医生秘密上奏说血气异常，恐怕活不了多长时间了。于是皇帝赏赐大量御膳珍馐，从酒米到腌肉酱有一百多种，都是时鲜美味。还有床帐、衣服、被褥、几案、手杖等物品，在院子里摆着。官员们来来往往地慰问。高允非常高兴，对别人说："皇上因为我年老，赏赐了太多东西，我都可以用来养客人了。"他上表致谢，并没有往别处想。几天之后，他在夜里去世，享年九十七岁。

论赞

史 臣曰：依于仁游于艺，坚持正义，很有才干，这就是司空高允的写照吧？身处危险之地，抗衡天子雷霆之怒气，处于死地而平静坦然，忘记生死解救危难，最终使明君醒悟，也保全自己。无怪荣耀四代，终享百龄。自北魏以来只有这个人罢了。

白话精编二十四史

第五卷

51

卷五十三

李冲列传

人们津津乐道于北魏孝文帝改革，却很少有人知道这一系列改革的主要策划人之一——北魏的著名改革家李冲。他谋划了"太和新制"中重要的"三长制"改革，他拟定了北魏之集大成的律法《太和律》，他设计营造了北魏迁都后的新都洛阳，他还是孝文帝的岳父、太子的老师。他是北魏当之无愧的国之栋梁。

【李冲与"三长制"】

李冲，字思顺，陇西（今甘肃东南部）人。李冲出身名门，陇西李氏是当世大族。李冲的曾祖是十六国时期西凉国国君武昭王李暠，他的父亲李宝也受封北魏敦煌公。但李冲幼年丧父，由长兄荥阳太守李承抚育成人。

李冲自小便有过人之才，性格沉稳，有雅量。李承经常自豪地对外人讲："此儿气量非凡，日后定为我家光耀门楣。"李冲跟随做太守的哥哥生活，当时地方官员的子弟多仗势欺压百姓，强取豪夺，唯有李冲清廉俭约，毫无求取，皎然一身，时人多称赞之。

北魏献文帝年间，李冲入朝为中书学生。他喜爱交游，但不妄自放纵耍闹，因此为同辈所敬重。孝文帝即位后，李冲按选拔制度晋升为秘书中散，主管宫中文字事务，因此也就有了接触皇帝的机会。他办事得力，心智机敏，逐渐得到皇帝和太后的信任，被提拔为内秘书令、南部给事中。

真正让李冲得以展现卓越才能的是他提出和推行的"三长制"改革。当时实行"宗主督护制"，豪强地主大量地隐匿户口，逃避赋税，带来了很多的社会弊端。李冲便提出仿照汉族的"三正治民"，规定五家为一邻，五邻为一里，五里为一党，邻、里、党各设一长，合谓"三长"，由本乡能干守法又有德行声望的人担任，来管理户籍、赋役和生产。

李冲将"三长制"的建议上书皇帝和冯太后。求变图强的冯太后看后非常赞赏，将之拿到朝堂上让群臣讨论。因为新制度损害了豪强地主的既得利益，所以当场遭到了一干重臣的激烈反对。中书令郑羲、秘书令高祐等人认为："李冲谋立'三长制'，乃是想搅乱天下的法度。说起来看似可行，实际上根本行不通。"郑羲甚至还威胁道："如果太后不信臣言，那就请试着推行来看。等失败之后，就知道臣所言不假了。"著作郎傅思益则说：

"一旦改变成法,恐成扰乱!"太尉元丕虽认为新法于公于私都有益,但也认为新法不宜急令推行,应等农民忙过农时,到冬天闲下来以后再徐徐推广。李冲却说:"民可使由之,不可使知之。若不在征调赋税的当下农忙时节进行改革推广,百姓只能看到户籍变更带来的繁琐,却看不到赋税减轻的收益,心里必定生怨。所以最好立即实行,既让百姓了解新法的目的,又让他们得到实惠。顺其所欲,推行不难。"冯太后听了李冲所言,力排众议:"设立'三长制',则朝廷的统计有了准确的数字,百姓的赋税有了公平的分担;被包庇藏匿的户口得以曝出,心存侥幸的人可以被制止。有什么不可以推行的呢?"

北魏孝文帝太和十年(486),冯太后下令全国实行"三长制"改革。

【君臣"情义无二"】

由于在设计推行"三长制"中体现出的卓越才能,李冲很快飞黄腾达。他随即被任命为中书令,加散骑常侍,赐爵顺阳侯。不仅如此,由于他相貌俊美,才干过人,所以深为孀居的冯太后所欣赏和宠幸,每月常有数十万的封赏。冯太后还加封李冲为陇西公,秘密地赐给他无数的珍宝御物。李冲本来家贫,自此陡然而富。但李冲谦逊自律,钱财能聚能散,亲族乡里无

🐾 **鲜卑人舞乐俑一组·北魏**
这组陶乐俑共8件。舞乐俑都头戴风帽,身上穿着窄袖拖地长袍。他们各具姿势,以优美的造型表现出吹、拉、弹、舞的动作。

不沾光。他虽已地位显贵,仍能虚己接物,不忘根本,不徇私情,因此广受朝野尊重。

冯太后死后,孝文帝对李冲的信赖倚仗有增无减,每有议定律法、润色辞令等帝王事务,虽是孝文帝自己下笔,也要听听李冲的意见。而李冲也是竭忠尽力,知无不言,殚精竭虑。就算是朝中的旧臣贵戚,也都为李冲精明果断而又缜密细致的工作所折服。孝文帝更是对李冲亲敬至深,君臣二人之间"情义无二",堪称君臣相得的典范。孝文帝模仿汉制对北魏官制进行改革后,封李冲为荥阳郡开国侯,食邑八百户,拜廷尉卿。不久又晋升他为吏部尚书、咸阳王师。在册立太子后,李冲又被任命为太子少傅,教导太子元恂读书。孝文帝还依《周礼》,娶李冲的女儿为夫人,亲上加亲。

在孝文帝即位之初,北魏的法律

体系还不健全。于是，致力于学习汉制完善典章的孝文帝任命李冲为起草者，对魏国的律令进行了大规模地修改。李冲不辱使命，新拟定的北魏新律法《太和律》内容更为完善合理，废除了五胡十六国时期各国实行的车裂、腰斩等残酷刑法，对规范北魏的社会秩序起到了关键作用。

【营建洛阳】

北魏孝文帝太和十七年（493），心中盘算迁都洛阳的孝文帝以讨伐南齐为借口，举兵三十万南下。李冲被任命为辅国大将军，统率众人跟随。大军走到洛阳，天降暴雨，多日不晴，孝文帝仍急令三军前进。"不明真相"的李冲率群臣跪倒在皇帝的马前，请求放弃南伐计划，却遭到孝文帝一顿责骂。群臣们苦苦哭劝，孝文帝见时机成熟，声言不能劳而无功，于是道出了迁都的本意。群臣本心不愿南迁，但更怕南征，于是无人再敢异议，众口高呼万岁，迁都之事遂定。孝文帝加任李冲为镇南将军，主抓新都营造之事。

李冲不仅治国有方，而且是个心思机敏灵巧之人。早在旧都平城之时，他就主持营建和修复过平城的明堂、圆丘、太庙等大型建筑，堪称是一位出色的建筑师。到了洛阳后，他更加孜孜不倦地投入工作，平日处理公务，同时兼顾工程，经常是案头文件叠加，手中还拿着测量用的工具。在他兢兢业业的管理下，新都洛阳壮丽重生，成为了当时世界上最伟大的都城之一。

几年后，孝文帝发动了真正意义上的南伐。李冲被任命为左仆射，孝

🔴 **炳灵寺石窟 172 窟的石雕佛像·北魏**

"炳灵"，是藏语，意为"千佛山"、"万佛洞"。炳灵寺石窟正式营建始于西秦建弘元年（420），后历经北魏、北周、隋、唐，不断进行开凿修造，元明时期仍有修妆绘饰。现存窟龛 183 个，石雕造像 694 身，泥塑 82 身，壁画约 900 平方米。图为开凿于北魏时期的第 172 窟的石雕造像。

文帝将留守洛阳的重任交给了他。虽不在前线，但李冲多次为孝文帝出谋划策，避免了北魏军队很多无谓的损失。

令朝廷政通人和的李冲在家中也是家庭和睦的缔造者。他兄弟六人本为四母所生，原来并不和睦。李冲富贵之后，将所得利益与兄弟分享，家庭自此融洽起来。后来兄弟几人又一同生活了数十年，友爱无间，全是李冲的功劳。但李冲也有为人诟病之处，飞黄腾达的他将自己的亲族都提拔做了官，一家人每年的俸禄就有万匹之多，哪怕是家中的残疾亲属，也能得到高于应得的官职。这使他的名声受到不少损害。

【李冲之死】

北魏孝文帝太和二十年（496），太子元恂因谋反罪被废黜，后遭毒杀。作为太子老师的李冲深感愧疚，孝文帝却安慰他说："朕尚不能阻止我儿的胡作非为，做师傅的何必太自责呢？"然而，李冲始终对此深以为恨，不能释怀。

让李冲更不能接受的是，告发太子的人也是自己的门生，名叫李彪。李彪最初入京求官，孤立无依，就归附在礼贤下士的李冲门下。后来经李冲举荐，李彪逐渐得到了皇帝的宠信，当上了中尉兼尚书。谁知显贵之后的李彪矢口否认李冲的提携之恩，还处处轻蔑怠慢，见到李冲只是整理一下袖子就算行礼了，毫无尊敬之意。李冲原本就颇有恨意，待到太子被杀，

新仇旧恨一起涌上，终于让心胸一向宽厚的李冲爆发了。他亲笔上疏弹劾李彪，列举其罪状，文辞激烈，孝文帝看后都颇感吃惊。但孝文帝偏心李彪，只是说了一句："李彪是太过分了，但仆射（不直呼李冲其名）也极端了些。"有司按律应治李彪死罪，但孝文帝只是将他免为庶人。处罚结果一出，李冲震怒，瞋目大呼，气得把几案都掀翻在地。他还把办理此事的御史们都抓了起来，一个个跪绑在地，在他们脸上涂上泥巴，对他们破口大骂，由此可见李冲怒火之大。

李冲平素性情温和，这一次陡然爆发，结果一病不起，神志不清，言语错乱，但口中仍大骂李彪小人。请来医治的大夫都束手无策，声言是怒气导致肝脏伤裂，无力回天。李冲不久辞世，时年四十九岁。

孝文帝对李冲的死无比悲痛，泪不自胜，追谥李冲为"文穆"，还专门为其选定葬在西晋开国名臣杜预之墓的旁边，以彰显其对北魏的功绩。

论赞

史 臣曰：李冲早年承蒙宠眷，成为心腹之臣，见识学业出众，当然是一代才俊。他终能辅佐圣主（孝文帝），致力于太和新政，位居百官之首，身任栋梁之臣，德行昭著，家门融洽，对王室功劳卓越！

王肃列传

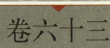

王肃少仕南齐，后投奔北魏，与孝文帝一见如故，得到了极高的信任。孝文帝对待他如同一位老朋友，为他施展才能提供了平台。

【与帝交好】

王肃，字恭懿，琅琊临沂（今山东临沂）人，是东晋王导的后代。他自幼聪慧，能言善辩，博览群书，胸怀大志。孝文帝太和十七年（493），因父亲和兄弟都被南齐武帝所杀，王肃于是投奔北魏。孝文帝当时在邺城，听说王肃到了，召见他询问归顺的原因。王肃口才好且举止有礼，孝文帝非常同情他。谈及治国之道时，王肃陈述治乱的办法，谈吐不俗，说理透彻，深合孝文帝的心意。孝文帝赞叹不已，和他一直谈到日影西移，也未曾感觉到久坐的疲倦。王肃趁机说南齐有灭亡的征兆，这是可以利用的机会，劝孝文帝讨伐南齐。孝文帝对他越来越器重，皇亲贵戚都不能离间他们。

有时候，孝文帝屏退左右和王肃对谈，直至深夜。王肃也尽忠表明诚意，无所隐讳，自以为君臣之间的关系就像刘备遇到了诸葛孔明。不久，孝文帝授予他辅国将军、大将军长史的职位，赐爵开阳伯。王肃坚持辞去伯爵，得到了批准。

孝文帝诏令王肃讨伐南齐的义阳（位于今河南信阳），允许他招募勇士作为自己的亲信。他招募的勇士如果立功，赏赐比其他勇士要高出一等。跟从王肃出征的人，六品以下官员可以先任命，再上表奏知。如果是投诚的人，五品以下职位可以先授职再上

🐎 **牵马陶俑·北魏**

内蒙古呼和浩特市出土，北魏时期文物。陶俑头戴风帽，身穿窄袖长衣，腰束带，足穿靴，手作持缰状。马俯首直立，形体健壮，四肢短而有力，背披甲、备鞍，鞍上系有马镫，脖上挂铃。陶俑造型雄健朴拙，为北魏时少见的彩绘陶塑珍品。

奏。王肃到义阳后，屡次打败敌军，招降一万多人。不久孝文帝征召王肃入朝，亲手写诏书道："看不到你，我的心中像醉酒一样，一天像三年那样漫长，我是何等的想念！修建馆舍，清扫坐席，你打算何时出发？"

因为打败南齐将领裴叔业有功，王肃晋封为镇南将军，加官都督豫、南兖、东荆、东豫四州军事，封为汝阳县开国子，食邑三百户。王肃频频上表辞让，孝文帝不答应，还加赐了一部鼓吹。

太和二十二年（498），平定汉阳（今属湖北武汉）后，孝文帝诏令王肃说："最近抓获南齐辅国将军黄瑶起，才知道是你的仇人。不久就交给你处置，希望你能稍微疏泄愤恨……"当初，南齐武帝追捕王肃的父亲王奂时，黄瑶起攻杀王奂，所以孝文帝的诏书这么说。

【忠心为国】

孝文帝去世后，遗诏封王肃为尚书令，与咸阳王元禧等人共同辅政，诏令王肃到鲁阳（今河南鲁山）会集。但是任城王元澄认为王肃本是远方投奔之人，现在地位在自己之上，颇为不满。王肃听说后，经常自降身份，避开任城王。不久，元澄又弹劾他，说他谋反，事情很快就审理清楚了。

王肃没有受到这件事太大的影响，还为考核官员的政绩而忧心。他上奏道："考核以表彰贤能，升级因政绩卓著，提拔贤明者，贬黜无能者，

原因就在这里。百官已经四年没有考察，请按照旧制度予以考核。"宣武帝采纳了这个建议。

南齐将领裴叔业献寿春（今安徽寿县）归附，宣武帝命王肃和彭城王元勰率军十万去接应他。此时，南齐豫州刺史萧懿统领三万兵马驻扎在小岘（今属安徽含山），交州刺史李叔献要谋取寿春。王肃进军征讨，大胜，斩杀数千人。进而征讨合肥，生擒李叔献。萧懿放弃小岘，向南逃跑。王肃班师回京后，宣武帝接见慰劳他，问江南有何消息，王肃说："最近听说南齐谋臣崔慧景已死，萧宝卷依靠的人不是奸邪就是佞臣，上天大概以此助陛下，平定他们的日期不远了。"

王肃经常在边境任职，尽心安抚接纳，远近百姓都来归附，非常得民心。他清廉节约，不好声色，家里没有多余的钱财。但他性情轻佻，喜欢夸耀自己的功名，护短称功，很少将功劳让给下属。孝文帝也经常说到他的这个缺点。景明二年（501），三十八岁的王肃死于寿春。

崔光列传

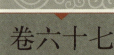

崔光一生事奉三位皇帝，均得到重用。他死后，孝明帝为之悲伤哭泣，还亲自送葬到建春门外。这在鲜卑族执政的北魏，成为儒士的荣耀。

【学业渊长】

崔光原名崔孝伯，字长仁，北魏孝文帝赐名为"光"，是东清河鄃县（今山东夏津县城）人。慕容白曜平定三齐那年，崔光十七岁，跟着父亲迁到了代郡（今山西大同）。虽家境贫寒，但崔光喜欢学习，白天耕种，夜晚读书，还替人抄书来供养父母。太和六年（482），崔光官拜中书博士，又转任著作郎，参与编撰国书，不久又升迁为中书侍郎、给事黄门侍郎，为孝文帝所看重。孝文帝经常夸赞他道："孝伯的才能，浩浩荡荡如同黄河东流，确实是现在文坛的领袖。"

崔光从小就有大的度量，喜怒不形于色。有人诋毁他，他一定会好言回报，即使被诽谤也从不为自己辩解。皇兴初年（467），有两个和他同乡的人被掳掠为奴婢，拜见崔光求情，崔光用自家的奴婢将这两人赎出。孝文帝听说之后非常赞许。

崔光虽然处于机密中枢，却不留心公文案卷的内容，只不过从容地参与讨论，辅助政事罢了。孝文帝每每对群臣说："以崔光的才学和度量，如果没有意外，二十年后应该成为司空了。"对他如此看重。

【见识过人】

永平元年（508），宣武帝要杀死谋反的京兆王元愉的小妾李氏，朝廷百官没有人敢进谏。宣武帝命崔光起草诏书，崔光犹豫半天，没有起草，还上奏道："听说要处死元愉小妾李氏，并加以屠割。她曾参与叛乱，罪该如此。但外边的人都说李氏已经怀孕，即将分娩。况且我从旧制度中查寻，又推考近代的实事，杀人挖胎是酷刑，只有桀纣那样的暴君才会做出这种事情。君主的一举一动都要被记录下来，残酷而违背法令，怎么昭示后人呢？何况陛下年纪大了，没有皇储，皇子在襁褓中就夭折了。我见识愚昧，请求暂缓对李氏行刑，等她生育。"宣武帝采纳了他的建议。

延昌二年（513），宣武帝去东宫，召来崔光和黄门侍郎甄琛、广阳王元渊等人，并赐坐。宣武帝对崔光说："你是我的西台大臣，现在应该做太子的师傅。"崔光起身下拜，坚决推辞，宣武帝不听，命令太子出见，告诉他要拜崔光为师傅，令他下拜行礼。崔光再次下拜推辞，说不应该接受太子的行礼。宣武帝又不听，太子于是面向南再次下拜。詹事王贤启请求跟随太子叩拜，于是宫里的大臣们全部下拜，崔光面向北站着，不敢行答拜之礼，只向西拜谢出宫。宣武帝于是赏赐崔光彩帛一百匹，并任命他为太子少傅。

延昌四年（515）正月，宣武帝在夜间去世。太子即位，即孝明帝。崔光和侍中、领军将军于忠从东宫迎接太子，安抚宫廷内外，崔光功不可没。宣武帝去世后两天，广平王元怀抱病入宫，以宣武帝同母弟弟的身份，直接到太极殿西廊，放声痛哭，呼唤侍中、黄门等大臣，说要亲自上殿哭宣武帝，又要进殿面见新帝。大家都吃惊地对视，没有人敢拒绝。只有崔光提起丧服并以丧杖顿地，引用东汉光武帝刚去世、太尉赵熹拔出宝剑挡住玉阶并把亲王推下玉阶的故事，声色严厉，听到的人纷纷叫好，认为崔光有理有据。元怀不再号哭，说侍中拿古代的故事来教育我，我不敢不服，于是回府，不断派手下人前来表示歉意。

▶【以身殉职】

崔光年老事多，疾病越来越多，但他自强不息，经常在官署，病重也不回家。正光四年（523）十月，孝明帝亲自去看望崔光，诏令断绝宾客

来往，并为他停止了一切娱乐活动。一个月后，崔光愈发病重，对自己的子侄们说："我蒙先帝厚恩，得到今天这个地位，然而史书没有写完，我死也难瞑目。你们因为我而得到现在的名利地位，要努力啊！寿命长短都是天意，有什么好说的。快送我回家吧！"他说话虽然有气无力，神智却不昏乱。到家后，崔光就去世了，享年七十三岁。

孝明帝听到崔光的死讯后悲伤不已，赏赐大量钱帛，并亲自去崔光的府第，抚尸痛哭，坐车回宫的路上还不断流泪。他还因此吃不下饭，一说起来就伤心。每次走到崔光就座讲书的地方，他总是悲伤哀悼。孝明帝还为崔光送葬到建春门外，儒士们都以崔光为荣耀。

崔光性情宽和，不管进退沉浮，只要自己怡然自得就好。他本来为人信重，但当郭祚、裴植被杀，清河王元怿遇害时，他随波逐流，竟然不想办法解救，终被天下人讥笑。

白话精编二十四史

第五卷

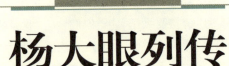

杨大眼列传

作 为北魏乃至南北朝时期响当当的名将，杨大眼的经历和他的名字一样充满传奇色彩：他身形敏捷，奔走如飞，速度古今称绝；他面目不异于常人，却被当时的人传为"眼大如轮"的怪物；他的威名震怖敌国，孩童闻其名不敢再啼；他目不识丁，却会独特的"耳读法"……

▶【少年奇人】

杨大眼，出身北魏时西北少数民族氐族的豪族家庭，祖父杨难当受封北魏南秦王，官拜征南大将军、秦州梁州二州州牧。出生在这样一个豪强大族之中，杨大眼自幼习染祖上彪悍之风，练就一身好武艺，身形骁捷，奔走如飞。然而在这样一个尊贵的家族中，杨大眼由于是庶出子，所以地位卑下，不仅不被宗亲们喜爱照顾，还不时会挨饿受冻。

北魏孝文帝太和年间，杨大眼跟随家族迁至新都洛阳。适逢孝文帝要起兵南伐齐国，尚书李冲负责选拔将官。杨大眼求见李冲，毛遂自荐，李冲嫌他无名，予以拒绝。杨大眼说："尚书您还不了解我，请允许下官展现一项技艺。"他拿出一根三丈（约10米）的长绳，一端系在自己的发髻上，然后疾行飞奔，系在头后的长绳竟然笔直地飘飞起来，其速度之快，骑马都追之不及。旁观的人无不看得目瞪口呆，连李冲都不由得叹服道："千载

以来，还没有过这等奇才！"于是任命杨大眼为军主（从七品官，主领一军）。抱负得以施展的杨大眼对从前的同僚们说："我有今日，正所谓蛟龙入海。自今以后，我再不是与你们同列的人了。"一句话，道尽了他的远大志向。

自此，杨大眼跟随北魏的军队征讨南朝，历经大小百战，凡是他参加的战斗，无不身先陷阵，勇冠六军。他的威名在军中也越发响亮，军职不断被提升。

▶【壮士功名】

北魏宣武帝初年，南朝齐国发生皇位交替，齐明帝萧鸾驾崩，其子萧宝卷继位，史称齐东昏侯。萧宝卷是出了名的昏君，残暴荒淫，滥杀功臣，搞得齐国政局动荡，社会混乱，人人自危。时任齐国南兖州刺史、都统五州军事的齐国重臣裴叔业担心祸及自身，于是暗中与北魏联络，举寿春（今安徽寿县）一地降魏。萧宝卷闻知寿

春有变，立即下令出兵平叛。北魏急令彭城王元勰、车骑将军王肃等率步骑十万接应裴叔业，又派大将军李丑、杨大眼率领骑兵两千人先入寿阳协防。杨大眼统军有度，协防有方，北魏军队成功接管寿春，尽占淮南地界。杨大眼因功封安成县开国子（爵位），食邑三百户，并擢升为直阁将军，不久又加任辅国将军、游击将军。而后，朝廷又拜杨大眼为征虏将军，命其出任东荆州刺史。蛮夷首领樊秀安等率众造反，杨大眼被任命为别将，辅助都督李崇，一举将叛军剿平，杨大眼战功尤多。

南朝梁武帝萧衍灭齐建梁后，派遣自己的江州刺史王茂先率数万兵马北上攻魏，同时诱降北魏的蛮族和边民叛魏自立宛州，令自己任命的宛州刺史雷豹狼、军主曹仲宗等领众二万偷袭夺取河南城（今河南新野）。北魏宣武帝命杨大眼为武卫将军，代行平南将军之职，持节都统诸路兵马讨伐王茂先等。杨大眼不辱使命，身先士卒，大破敌军，斩杀萧梁辅国将军王花、龙骧将军申天化，俘获敌军七千余人。梁武帝萧衍又派自己的舅舅张惠绍总率各路军马进攻宿豫（今江苏宿迁），杨大眼受命迎击，行平东将军之职，与都督邢峦共同迎敌，再次大破梁军，追斩敌将蓝怀恭，消灭梁军数万之众，南梁惨败而归。

北魏军队于是乘胜南下，长驱直入，意图一举灭掉萧梁。杨大眼奉命与中山王元英共同围攻钟离（今安徽

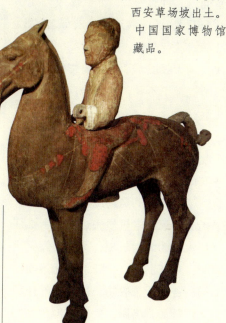

凤阳），北魏军马汇聚数十万之众。梁武帝萧衍也命右卫将军曹景宗领兵二十万对峙，这就是史上有名的"钟离之战"。元英命杨大眼率军驻扎城东，把守淮河上的东西两座浮桥，自己则率主力强攻钟离城。梁军拼死抵抗，魏军昼夜轮攻仍不能克。此时，梁武帝萧衍派名将韦睿领兵增援，韦睿与曹景宗合兵一处，战场形势扭转，钟离城内的梁军也是信心倍增。杨大眼率万余骑兵强攻韦睿的营帐，韦睿结车为阵，以两千强弩一时齐发，魏军死伤惨重，杨大眼也中了箭，只得退走。而元英的主力部队连攻不克，军心动摇。梁军旋即发动反攻，魏军大败。韦睿派兵绕道焚烧淮河上的浮

桥，魏军见后路有失，彻底崩溃，争相逃命，杨大眼节制不得，也只得烧营而退。钟离一战，北魏惨败，死伤几十万人，为北魏建国后未有之惨败。北魏宣武帝震怒，主帅元英被贬为庶民，杨大眼虽不承担主要责任，但也因节制部下不利，被降为营州的普通士兵。

过了几年，宣武帝怒气稍平，追念起杨大眼以前的功勋，重又提拔他，令其试做中山内史，以观后效。当时，宣武帝派自己的舅舅高肇征讨西蜀，又担心萧梁会趁机侵犯边境，于是任命杨大眼为太尉长史、持节、假平南将军、东征别将，跟随都督元遥前往淮河、合肥一带驻防。杨大眼前往都城洛阳领命，洛阳百姓怀念他勇武的威名，为他能被重新启用感到高兴，都争相跑到街上来一睹他的风采，一时观者如市。

不久，梁军果然北上，梁武帝萧衍派遣其将康绚在浮山筑堰蓄水，企

瓷钵·北魏

北魏宣武陵出土，现藏于河南洛阳古墓博物馆。

图用淮河水来淹灌扬、徐二州。此时，北魏宣武帝已死，孝明帝即位。孝明帝加封杨大眼为光禄大夫，恢复了他的封邑，命其统率诸军镇守荆山。又派镇东将军萧宝寅与杨大眼一道攻击浮山围堰，虽未能攻克，却在堰上凿开水渠使水决出，解了扬、徐二州之危。杨大眼因此加封平东将军。

【传奇人生】

杨大眼武艺高强，擅长骑射，披甲临阵，雄豪飒爽，被世人称颂。他善于领兵，而且爱护士卒，深得拥戴。他看望自己的兵士，都以对自己孩子的口吻称呼他们，看到兵士们受伤患病，他会为之落泪。领兵打仗多年，他都是身先士卒，冲在最前面，勇猛绝伦，无坚不摧。南朝派去和他对战的将领，还没渡河，心中就充满畏惧。当时还传说江南一地的孩童啼哭，只要说"杨大眼来了"，没有不被吓止的，足见杨大眼威名之著。

因为杨大眼的名字古怪，又兼之威名远播，所以当时的人们都传说他是一个"眼大如轮"的怪物。曾有南朝降魏的人士对他说："我在南朝的时候听说过将军之名，都说你的眼睛有车轮那么大。今日一见，不异于常人啊！"杨大眼听后笑着说："两军之间旗鼓相望，我双眼怒睁，呐喊奋发，就足以吓得你目不能视了，何必要大如车轮？"当时的世人都推崇他

魏书·列传

骁勇异常，认为名将关羽、张飞也至多如此。

杨大眼晚年出任荆州刺史。他命人编一个草人，穿上布衣用箭射之。然后他召来辖地内的各少数民族首领，指着草人喝令他们说："你们若是做贼为祸，我就用这种办法杀了你们。"当时域内有猛虎为患，杨大眼以暮年之身手搏猛虎，将其擒获，砍下虎头悬于集市。由此各少数民族首领奔走相告："杨大眼是个狠角色，把草人编成我们的样子射箭。连深山的猛虎，都不能幸免。"于是不敢再做匪盗之事。

杨大眼不识字，但常让人为他读书，书中的内容皆能牢记。他给朝廷的上书和下发州郡的文告，都是口授命人记录，但自始至终也不多认识几个字。这种不识字却不耽误事的本事，后人戏称为"耳读法"。

▶【三子叛魏】

杨大眼在荆州做了两年刺史，卒于任上。然而没过多久，他的三个儿子就因"家庭矛盾"背叛了北魏，投靠了南朝。

杨大眼的原配夫人姓潘，是位奇女子，擅长骑射，经常骑着马到军中去看望杨大眼。不论是作战还是游猎，潘氏都是一身戎装，与杨大眼共同冲杀驱驰。回到营帐，与将领们同坐，潘氏也毫不避讳，谈笑自得，连杨大眼都风趣地指着她对众人说："这是潘将军啊！"但在杨大眼被贬为营州

士兵以后，潘氏不守妇道，与人偷情。杨大眼获悉后，怒而将潘氏杀死，娶元氏为继室。

潘氏为杨大眼生了三个儿子，长子杨甑生，次子杨领军，三子杨征南。杨大眼死后，三个儿子关心父亲爵位的继承问题，向继母元氏询问父亲爵位的印绶所在。元氏当时已有身孕，指着自己的肚腹对三个儿子说："爵位应该是我的儿子承袭，你们这几个小子别指望了。"这三人听后怀恨在心，遂生离家叛国之念。等到杨大眼的灵柩启程回京，夜宿城外之际，三个儿子打开了父亲棺椁，一旁的赵延宝不解询问，被三人射杀。元氏惊慌奔走，三子杨征南弯弓将射，被长子杨甑生拦下："天下岂有害母之人？"于是放了元氏一条生路。三子从棺椁中取出杨大眼的尸体，抱在马上，一起奔逃梁国去了。荆州官兵惧怕三子的武艺，竟不敢苦追。

北魏名将杨大眼之子叛降萧梁，为他传奇的一生画上了戏剧性的结尾。

论赞

史臣曰：帝王听到鼙鼓响声，就会思念将帅之臣。这是为什么？夷平暴乱艰难，抵御侵犯侮辱，这是国运之所系。杨大眼等以熊虎一般的身姿，振奋征伐之气，亦是一代骁勇刚猛之将，成就壮士之功名。

尔朱荣列传

王朝之末，必有奸雄出。尔朱荣就是这样一位让人又畏服又憎恨的人。他是军事作战的天才，几次力挽狂澜于既倒，救朝廷于危难，功劳举国无二；他又是北魏王朝的掘墓人，是酿造"河阴之变"的刽子手，是殃害天下的魔鬼。后人对他的评价是——"功盖孟德，祸比董卓"。

【崛起乱世】

尔朱荣，字天宝，北秀容（今山西朔县）人。尔朱氏是五胡十六国时期少数民族羯人的一支，尔朱荣的祖上世袭部落的酋长，因有功被朝廷赐爵梁郡公。尔朱荣生来面色白皙，仪容俊美，小小年纪就聪明善断，长大后更是秉承族风，好射猎，善于御众，深得族人敬重。尔朱荣承袭爵位后，被朝廷任命为直寝将军、游击将军。

当时已是北魏末年，朝廷昏乱，各地兵祸四起，天下攘攘。野心勃勃的尔朱荣顺势而起，他散尽家资，招募义勇，组建起一支自己的武装，替朝廷征讨各地起义的叛军。尔朱荣凭借出众的军事才能，先后击败了包括北方强大的柔然部落在内的多股强敌，剿灭了很多让朝廷头疼不已的反叛势力，功勋卓著。朝廷对他一再封赏，累迁官至光禄大夫、武卫将军，封博陵郡公，食邑一千五百户。

但尔朱荣拥兵自重，逐渐显露出他残暴跋扈的本性。尔朱荣曾因肆州刺史不让其入城就派兵攻打肆州城池，还私自任命自己的叔叔接任肆州刺史，根本不把朝廷权威放在眼里。朝廷虽然不满他的嚣张，但又要依靠他来攘外安内，所以也不敢罪责于他。此后，尔朱荣又陆续击溃了六镇起义余党鲜于修礼等人，朝廷晋升他为车骑将军、右光禄大夫、位同三司，声势显赫至极。

【河阴之变】

所谓乱世出奸雄。北魏政权在内忧外患的挣扎之中，终于让虎视眈眈的尔朱荣抓住了窃取国柄的机会。

当时北魏的朝政由昏淫的胡太后把持，孝明帝不满胡太后对权力的操控，母子之间矛盾渐深。胡太后有意废掉孝明帝再立新君，孝明帝得知后，走了一步"驱虎吞狼"的错棋，密令手握重兵的尔朱荣率兵进京，逼迫胡太后交权。

这是尔朱荣梦寐以求的机会，他马上应允下来。然而还未等他出兵，

陶马俑·北朝

这匹马高大威武，低首长嘶，整装待发，应是仪仗行列的组成部分。

已经有所察觉的胡太后就残忍地毒杀了自己的儿子孝明帝，另立年仅三岁的元钊为皇帝。消息传来，尔朱荣大怒，宣称这是胡太后身边宠臣郑俨、徐纥所为，于是与众将密议，出兵匡正朝廷，讨伐贼臣。尔朱荣发出檄文，率领所部杀向京城，同时派遣侄子尔朱天光进京密谋废帝另立的计划。尔朱荣率大军一路势如破竹，轻松进入京城，随即命人将俘获的胡太后和小皇帝元钊沉入黄河溺死。在尔朱荣的拥立下，长乐王元子攸继承皇位，史称北魏孝庄帝。尔朱荣因拥立有功，受封太原王，食邑二万户，任尚书令、大将军，都督天下兵马。居一人之下，万人之上。

虽然已入主京师，位极人臣，但尔朱荣却感到朝廷还是世家大族的天下，自己有被反对甚至推翻的危险，于是他听从部属费穆之言，设下了一条为其招致滚滚骂名的毒计：就在新帝登基的第三天，尔朱荣假借祭天为由，召集百官来到行宫西北河阴之陶渚（今河南孟津）的一片空场当中。等百官们都到齐了，尔朱荣突然下令骑兵将人群团团围住，自己登上高台，冲着百官大声责骂，说天下丧乱、孝明帝驾崩都是因为百官贪虐，不知匡扶朝廷所至，罪皆当死。接着，他悍然下令兵士开始屠杀在场百官。诸位王公大臣们手无寸铁，猝不及防，皆惨死在尔朱荣的屠刀之下。一场大屠杀下来，杀死的官员多达一千三百余人，连皇室亲族都未能幸免，朝中鲜卑族和汉族的大姓一朝尽灭。后世将这场在整个中国古代史上都骇人听闻的惨案称作"河阴之变"。

"河阴之变"后，已是肆无忌惮的尔朱荣有了篡位当皇帝的心思。他让属下以皇帝的口吻写好了禅位的诏书，还派遣数十个人将皇帝从宫中轻易地领出来，到夜晚四更天才放回去。形同傀儡的孝庄帝忧愤不已又毫无办法，只得写信哀告尔朱荣手下留情。尔朱荣有心篡位，但他很迷信，于是依照传统铸造金人来占卜自己有没有"皇帝命"，结果铸了数次都不成功。身边善于占卜的人也说天时不到，于是尔朱荣才没敢篡位称帝。但他深知自己已和孝庄帝决裂，且在洛阳杀人太多，积怨太深，留在朝中十分危险，于是他上表请求出镇晋阳。孝庄帝自然求之不得，不仅同意了他的请求，还加封他为柱国大将军。当时，民间

☀ **嵩岳寺塔**

河南登封嵩岳寺塔，位于郑州登封市城西北5千米处嵩山南麓峻极峰下嵩岳寺内，初建于北魏正光四年（523），是中国现存最早的砖塔。嵩岳寺塔为砖筑密檐式塔，也是唯一的一座十二边形塔，塔身分为上下两段，是密檐塔的早期形态。

传言有的说尔朱荣要迁都晋阳，有的说他又要纵兵抢掠，于是百姓惊恐万分，没人敢出门，洛阳的士人也全都逃跑一空，京城守军全无，官府像被废弃了一样。可见时人视尔朱荣如同魔鬼一般。

【军事天才】

就在北魏朝廷一片混乱之际，早先六镇起义余部的一支在首领葛荣的率领下逐渐壮大，不断攻陷北魏的城池。葛荣号称拥有百万之师，浩浩荡荡杀向洛阳，意图灭亡北魏。

已经回到晋阳的尔朱荣立刻请命征讨。面对敌人大军，尔朱荣只带七千精锐骑兵，每位骑兵配两三匹马换乘，昼夜兼行。时人都认为双方寡众悬殊，葛荣听说尔朱荣的兵力后更是大笑着对属下说："这是手到擒来的事罢了。你们都去准备好长绳，到时捆人就是了。"葛荣还让大军横展数十里，箕形列阵前进。

尔朱荣面对敌众我寡的局面，充分展现了他绝伦的军事才能。交战当日，尔朱荣派军埋伏在山谷之中作为奇兵，将数百骑兵为一组，令他们扬尘鼓噪，使敌人难测兵力多少。考虑到人马近战刀不如棒，他又让军士在马的一侧备上袖棒一枚，命令他们到了交战之时，不以割下敌人首级为准，只以袖棒棒击，以打乱敌军为目的。布置妥当后，他亲率将士奋勇冲入敌阵，身先士卒，在穿过敌阵后，回马里外夹击，最终竟大败敌人大军。葛荣当场被擒，敌军悉数投降。冷静的尔朱荣并没有马上纳降，他考虑到降卒人数远远多于己方，若是立即分开监控起来，担心降卒会因疑虑和恐惧而发生哗变。于是他先是普告降卒，任由他们各自归乡。等到数十万降卒已经三三两两地散到百里以外以后，他派押领官员在各个要道收拢降卒，再进行妥善安置，用大而化小的方法顺利地解决了纳降的问题。经此一战，无人不佩服他高超的军事禀赋。朝廷加升他为大丞相，进位太师，食邑十万户。

又过了没多久，叛逃萧梁的原北魏北海王元颢趁北魏大军平定三齐邢杲之乱之际，率军北上偷袭洛阳，孝庄帝被迫出京北撤。天下即将动摇关头，尔朱荣又一次力挽狂澜。他率军驰援洛阳，将敌军压至黄河南岸，又用小船偷渡黄河，奇袭敌军，一举将元颢打回了南朝。朝廷为此晋封他为天柱大将军，食邑增至二十万户。尔朱荣还派部属击败了长期割据关西的万俟丑奴、萧宝夤的势力，荡平了幽、平二州。自此，北魏境内大的反叛势力全部被剿灭，这全是尔朱荣的功劳。

【奸雄末路】

尔朱荣虽然长期在外征战，但朝政实际仍然操纵在他手中。他在朝中广布自己的亲戚下属，任何风吹草动他都了如指掌。朝廷任免官员，尔朱荣不同意，便可强行替换。不愿甘做傀儡的孝庄帝为此极为愤怒，身边的官员劝他："天柱大将军有大功，如果他想换掉全天下的官，陛下怕也不能阻止。"孝庄帝听后大怒："尔朱荣若是不想再当人臣，那我的位子他也可以替换。如果他还知道臣子的规矩，就没有换掉天下百官的道理。这事还

有什么可商量的？"话传到尔朱荣的耳中，他极为愤怒，"天子是谁立的？今天倒不听我的话了！"君臣之间的关系变得势同水火。

孝庄帝被尔朱荣压迫，渐生除掉尔朱荣之心，但常因他部属在场而不得实施。有人将皇帝的意图告诉了尔朱荣，尔朱荣当面质问孝庄帝，却被孝庄帝一句话噎了回去："也有人说你要害我，你说我能信么？"尔朱荣无言以对，自此不再怀疑皇帝用心，每次面见皇帝，身边只带数十个随从，也不带兵器在身。

北魏孝庄帝永安三年（530），孝庄帝抓住一次机会，伏兵在殿中围杀尔朱荣。尔朱荣惊起，径直扑向孝庄帝，谁想孝庄帝早就在膝下藏有利刃，于是一刀手刃了尔朱荣。一代奸雄尔朱荣毙命，时年三十八岁。他的死讯传来，京城"内外喜叫"。

白话精编二十四史

第五卷

论赞

史臣曰：尔朱荣在孝明帝暴亡、民怨神怒之际，有了匡拯颓弊的志向。如果不是尔朱荣效力，则不知几人称帝，几人称王。然而他窥望非分之想；胡太后和小皇帝被他沉入河底；河阴之变，百官屠戮，衣冠满地。这是他之所以得罪人神、终被夷戮的原因。如果尔朱荣没有狡诈残忍的过失，以德义之风行事，那么古来的功臣良将又有谁比得上呢？

刘聪 石勒 苻健列传

西晋末年，匈奴、鲜卑、羯、氐、羌等五个少数民族的首领先后建立了十六个国家，开创了中国古代史上的"五胡十六国"时期。其中，前赵国君匈奴刘聪依靠自己的才干，灭亡了曾短暂统一中原的西晋；后赵国君羯族石勒出身奴隶却开创了属于自己的基业，实行改革，网罗人才，雄踞中原；前秦国君氐族苻健果断夺取地势险要、能攻能守的关中地区，为后世子孙奠定了开拓疆域的基础。他们都是这一时期少数民族首领的杰出代表。

【匈奴刘聪】

匈奴人刘聪，又叫刘载，字玄明，是汉朝冒顿单于的后代。当年汉高祖采取和亲政策，把王族的一个女儿嫁给了冒顿，所以冒顿的子孙都随了母姓，改姓刘。刘聪是匈奴人刘渊的第四个儿子。他自幼聪慧好学，喜欢钻研汉家经典，十四岁时已经通读经史，尤其喜欢孙吴兵法。他不但能文，而且善武。他手臂很长，臂力过人，善于射箭，能拉开三百斤的弓。太原王浑见到他后很高兴，对他的父亲刘渊说："这个孩子深不可测啊。"

刘聪二十岁时去京城交游，和当朝很多名士结交。晋朝新兴太守郭颐任命他担任主簿一职，让他处理本郡的一些事务。后来推举良将时，他又被提拔为骁骑别部司马。后齐王司马冏任命他为国中尉，历任左部司马、右部尉、赤沙中郎将。

当时刘聪的父亲刘渊在邺城（今河北临漳），刘聪担心父亲会被成都王司马颖陷害，于是自愿投奔到了司马颖处。司马颖得到这样一员骁将十分高兴，于是任命刘聪为右积弩将军，让他参与谋划前线的战事。

过了几年，刘聪跟随父亲回到了左国城（今山西离石）。刘渊在那里称帝，任命儿子刘聪为大司马，封为楚王。后来刘聪僭位称帝，年号光兴。称帝后，刘聪派遣王弥、刘曜攻克了洛阳（今河南洛阳），捉住了晋怀帝，改年号为嘉平。

此后，刘聪却变得骄奢淫逸，暴虐无常，大开杀戒，曾有一次屠杀朝廷大臣，竟持续杀了十几天才停止。有一次刘聪的都水使者因为没有按时供应鱼蟹等水产品，将作大匠望都公没有按时完成工程，都被砍头。刘聪的残暴，可见一斑。

后来，刘聪又把他的太保刘殷的两个女儿娶来做左右贵嫔，还把刘殷的四个孙女纳为贵人。这六个刘氏女子受到的宠爱，超越了后宫所有妃嫔。由于刘聪很少管理朝政，所以一切奏章都由中黄门接受，由左贵嫔处理。

刘聪喜欢出游打猎，游乐无度，经常是早晨出去，晚上才回来。他在汾河旁边赏鱼时，有时甚至通宵不归，天黑以后点燃蜡烛继续观赏。

刘聪崇尚武力，每年都要用兵，但从来不赏赐将士，赏赐后宫却十分大方，经常连童仆都能惠及，赏赐金额动辄几千万。他宠信的中常侍王沈等人的车马衣服华丽程度都超过亲王，很多子弟担任官职，残害忠良，鱼肉百姓。他的弟弟刘乂、儿子刘粲抬着棺材，哭着恳切地劝说刘聪，准备以死相谏。刘聪大怒，骂道："我难道成了商纣王了吗？你们两个来冒死劝谏什么？"

后来刘聪派遣刘曜攻克了长安（今陕西西安），捉住了晋愍帝，改年号为麟嘉。

刘聪纵情玩乐，荒淫殆政。他在后宫中设立了一个繁华的集市，供自己和妃子宴饮游玩。他爱上了皇后的婢女樊氏，便立樊氏为上皇后。当时宫中有四位皇后，佩戴皇后绶带的竟有七人之多。刘聪的生活日益奢靡，对他阿谀奉承的人越来越多，大臣都敢公开地收受贿赂。有的大臣犯颜上谏，反而遭到刘聪的斥责。太宰刘易坚持进谏，被刘聪当场撕毁奏章，自己回家后愤怒而死。御史大夫陈元达痛哭一场，说道："人说到死，国家

🌸 **羊皇后像**

羊氏原本是晋惠帝的皇后，洛阳城破后，刘聪将俘获的羊氏赏赐给了战功赫赫的族弟刘曜。

遇难。我既然不能说话，还要这样沉默地活着吗？"于是自杀。

国家混乱到这个地步，发生了很多不祥的征兆，人心惶惶。北方大闹饥荒，出现了人吃人的惨状。河东地区发生严重的蝗灾，治理不见效。刘粲又设计陷害刘乂，让刘聪误以为刘乂谋反，废除刘乂的皇太弟身份。刘粲又杀掉了和刘乂来往密切的大臣们，自己如愿以偿地成为太子。

各种怪事依然不断出现，刘聪非常厌恶，对刘粲说："我卧病在床，怪事特别多。让什么人死是神灵的愿

望，我对死并不感到悲伤。现在灾难未曾平息，不是为我服丧的日子。我早晨死了，晚上就入殓，十天后就下葬。"他还任命了一群辅政大臣，然后去世，伪谥号为昭武皇帝，庙号烈宗。

【羯胡石勒】

石勒，字世龙，小字匐勒。石勒的祖先是匈奴的一支，曾散居在上党（今山西东南）羯室（当时一少数民族）所在的武乡（今四川汉中东北），所以这支匈奴部被称作羯胡。

后来并州刺史司马腾在北方抓了很多胡人，要把他们押送到崤山以东贩卖充军，石勒也在被贩卖的行列。

石勒被卖给了一户师姓人家做奴隶。师家旁边是一片牧场，在马场放马的汲桑和石勒往来密切，结为同盟。

过了几年，成都王司马颖被废爵位，司马颖原来的将领公师藩等人自称将军，在赵魏之地起兵反叛，不久就纠集了几万军队。石勒听说这件事后，和汲桑一起，率领诸多牧马人骑着马场的良马前去投奔公师藩。

刘聪为赵国国君后，以石勒为征东大将军、并州刺史和汲郡公。晋朝太傅、东海王司马越率领洛阳的二十万大军前去讨伐石勒。结果没过多久司马越便死在军中，于是军中将士推举太尉王衍为军队主帅。王衍率

🔴 **锁谏图**（局部）·唐·阎立本

此图表现的是十六国时期，匈奴汉国的廷尉陈元达，向皇帝刘聪冒死进谏的情景。刘聪是个荒淫奢侈而又残暴的君主，除兴建宫殿四十余所外，还要为其宠爱的刘贵妃建一座华丽的凤仪殿。陈元达为此追踪到逍遥园内进谏，刘聪大怒，命令将他全家处斩。陈元达用预先准备的铁链把自己锁在一棵大树上据理力争，画面表现的正是这一紧张时刻。事发后刘贵妃在后堂听见，便写条子向刘聪劝谏，刘聪这才接受并赞扬了陈元达，改逍遥园为纳贤堂。

领军队向东推进。不料石勒掌握了他们的行军路线，于是派兵追击晋朝军队。双方在苦县（今河南鹿邑）展开激战，战中石勒派骑兵把晋朝军队包围并向他们射箭，结果晋朝军队损失惨重，伤亡十几万人，尸骨堆成了山，王衍和襄阳王司马范双双遇害。

司马越的世子司马毗听说自己的父亲去世，要想继承父业，就和全城的支持者从洛阳出发前去讨伐石勒。石勒在洧仓（今河南许昌故城东）迎战，大败司马毗。司马毗、晋朝宗室的二十六王以及公卿大臣全被俘虏，进而被杀。

石勒随后攻克了洛阳，然后派出军队抓住了晋朝大将军苟晞，并任命苟晞做左司马。石勒由于作战有功，被刘聪提拔为镇军大将军、幽州牧，兼任并州刺史。

前赵国君刘聪听从了张宾的计策，一路北上定都襄国（今河北邢台）。过了几年，刘粲继承皇位，却被靳准杀害。石勒率军前去平阳（今山西临汾）讨伐靳准。不久刘聪的族弟刘曜僭位称帝，任命石勒做大司马、大将军，爵位晋升为赵公。石勒兵至平阳后，靳准的弟弟靳明出城迎战，结果大败而归，于是石勒派遣左长史王脩、主簿刘茂回都城向刘曜报捷。

石勒焚烧了靳氏在平阳的宫殿，设兵把守平阳城，然后带着平阳的乐器浑仪回到了襄城。刘曜听说后很高兴，把石勒升调为太宰，同时保留大将军的职位，爵位晋升为赵王，又分封给他了七个郡。

不料，王脩的一位舍人曹平乐在刘曜那里做官，对刘曜说："上一次攻打平阳的时候石勒派遣王脩等人回来，表面上是给您报捷，实际上是想看看您势力的强弱。"当时刘曜势力衰微，担心王脩把自己的老底儿告诉石勒，于是大发雷霆，不仅取消了对石勒的封赐，而且杀掉了王脩。

刘茂见势不妙，于是逃回石勒那里，把王脩被杀的消息告诉了石勒。石勒气愤异常，不仅杀掉了曹平乐的父亲兄弟，而且诛其三族。后来石勒又收到了取消封赐的消息，他气愤地说："赵王、赵帝的称号，你不给我，我自己夺取；我的名号是大是小，你们谁也限制不了！"于是他自称大都督、大将军、大单于、赵王，以自己控制的二十四个郡为地盘，成立赵国——这就是五胡十六国时期的后赵政权，定年号为赵王元年。这一年是公元319年。

称王后，石勒派遣使者前去向晋朝求和，想和晋以兄弟相称。结果皇帝杀掉了石勒的使臣，打破了石勒的幻想。从此在朝会的时候，石勒常常冒用天子的礼乐制度，招待各位大臣。

公元 330 年，石勒僭位称帝，做了四年皇帝后死去。

【临渭氐苻健】

苻健是略阳临渭人，一开始名叫苻罴，字世建，为了避讳石虎的外祖父张罴的名字，于是改叫苻健，字建业。他弓马娴熟，善于和人交往，深为石虎所喜爱，历任翼军校尉、镇军将军。

他的父亲苻洪曾统治秦州（今甘肃天水）、雍州（辖今湖北北部与河南的一小部分）一带，聚集了十几万军队，自称大将军、大单于、三秦王。苻洪误饮毒酒，临死前对苻健说："关中地区是周代和汉代的首都，地势险要，进可以一统天下，退可以保全秦雍地区。我死后，你可以擂起战鼓向西行军。"苻健将此话牢记在心。

当时京兆杜洪占据长安，关中的英雄豪杰都响应他。苻健密谋夺取关中，又怕杜洪察觉，于是在枋头（今河南浚县西）修建宫室，监督百姓种麦子，以示没有向西挺进的意思，来迷惑杜洪。如果有人知道他的意思而不愿种麦，就会被杀掉。

兵强马壮之后，苻健自称征西大将军、雍州刺史，率领全部部众向西行进。到了盟津（今河南孟津），架起浮桥渡过黄河，派弟弟辅国将军苻雄率领步兵、骑兵共五千人马进入潼关（今陕西渭南），侄子扬武将军苻菁率领七千人马从轵关（今河南济源城西）进入河东。苻健握着苻菁的手说："如果事情不成功，你死在黄河以北，我死在黄河以南，只有到达黄泉才能再次相见。"渡河之后，苻健下令烧掉浮桥，自己率领大军，沿着苻雄行军的道路往前行进。

杜洪派将军张光在潼关阻击苻健，被苻雄击败。杜洪慌了，连忙召集关中所有的士兵，一起抵抗苻健。苻健听说后便占卜了一卦，抽到了泰卦中的临爻。苻健自己解释道："小从大中来，是吉兆。以前在东边，算是小；现在回到西边，算是大。各位知道吗？这是汉高祖灭亡秦朝的机会啊！"于是他带兵长驱直入，直至长安，杜洪逃往司竹。苻健于是进入长安并定都于此，派使臣去京师报捷，并想办法讨好桓温。

杜洪兵败后，驻扎在宜秋，被部将张琚杀害。张琚自立为秦王，设置文武百官。苻健率领两万兵马攻打张琚，并将其斩杀。苻健到了宜秋，派苻雄、苻菁率领军队在关东抢掠，并去许昌支援张遇，和东晋的镇西将军谢尚在颍水上交战。东晋军队大败。苻雄乘胜追击，杀伤大半敌军，于是带着军队和俘虏回到长安，拜任为司空、豫州刺史，镇守许昌。

东晋穆帝永和七年（351），苻健僭号称天王，年号皇始，国号大秦，设置文武百官，不久又自称皇帝。桓温率兵讨伐长安，驻扎在灞上（今陕西西安市东）。苻健派六千老弱士兵镇守长安，派三万精锐部队出战桓温。当时，关中地区的郡县大多向桓温投降了。

苻健命苻雄率兵七千，和桓温的部将桓冲在白鹿原（今属陕西西安）大战，取得大胜，桓温领着军队往东逃跑。苻健派太子苻苌追击桓温，追到潼关，两军再度交战，苻苌再度取胜。当初苻健一听说桓温要来讨伐自己，便命令百姓收获田间的小麦，坚壁清野。桓温的军队缺少粮食，士兵饥饿难耐。然而哀兵必胜，在桓温的指挥下，军队连战连捷，苻苌自己也身中流箭，不治身亡。

后来新平出现一个巨人，对百姓张靖说："苻氏顺应天命，现在即将太平，边疆地区的人应该归顺中原才能安居乐业。"新平的地方官报告了这件事，苻健认为是妖孽作祟，将张靖关进了监狱。不久大雨，黄河、渭河的水涨得很高，蒲津监冠登在河里捞出来一只木屐，长七尺三寸，脚趾有一尺多长。苻健叹口气说："这一年中什么都有，张靖所见一定不假啊！"于是赦免了张靖。

就在这一年，关中遇到大饥荒，华泽爆发蝗灾，向西一直到陇山，所有的草都被吃完了。牛马互相啃咬身上的毛，老虎豺狼等野兽以人为食，路上冷冷清清，没有行人。苻健免去了百姓的租税，减少自己的饮食，撤去悬挂的乐器，穿着朴素的衣服，希望上天能够免去这场灾害。

苻苌战死后，苻健立儿子苻生为太子。在苻健病重时，侄子苻菁带兵闯入东宫，要杀掉苻生，自立为储君。恰巧，苻生在宫中侍奉苻健，苻菁以为苻健已经去世，便回兵攻打东掖门。苻健听说发生了兵变，自己拿着兵器出现在端门，士兵们都扔下武器四下逃散，苻菁被抓住处死。几天后，苻健就去世了。在位四年，享年三十九岁。

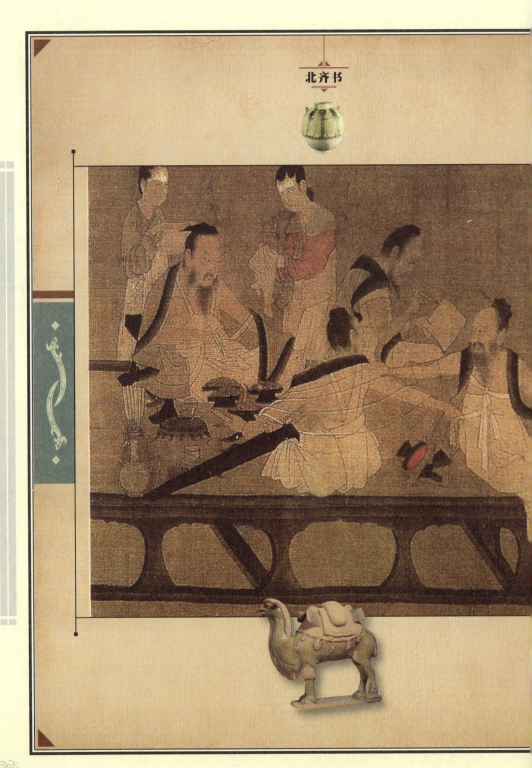

北齐书

中国社会科学院历史研究所博士
戴卫红

　　《北齐书》，唐代史家李百药撰，纪传体断代史，共 50 卷，其中《纪》8 卷，《列传》42 卷，记载上起北魏分裂前十年左右，接续北魏分裂、东魏立国、北齐取代东魏，下迄北齐亡国，前后约 50 年的史实，而以记北齐历史为主。成书时原名《齐书》，为区别于南朝梁萧子显所撰的《齐书》，于是改称为《北齐书》，而称后者为《南齐书》。

　　李百药（565～648），字重规，定州安平（今属河北）人，唐代史学家。其父李德林是北齐的史臣，曾参与撰"国史"；入隋后，奉诏继续撰《齐史》。李百药在隋炀帝时仕桂州司马职，迁安郡丞。唐朝以后，拜中书舍人、礼部侍郎、散骑常侍。李百药人品耿直，曾直言上谏唐太宗取消诸侯，为太宗采纳。在唐太宗时还参加了制定《五礼》及律令的工作。

　　《北齐书》突出的特点是以史为鉴。李百药亲身经历过朝代更迭之时的盛衰变化，因此注重总结政治得失的经验教训。他在书中集中揭露了以高洋为代表的北齐统治者的淫逸残暴，总结了北齐灭亡的教训。还详细记载了当时阶级斗争的情况，有很高的历史价值，同时也是研究东魏、北齐时期有关农民起义的重要史料。这些史料在《北史》中多被删除，更可见其价值的珍贵。

神武帝纪

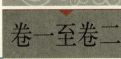

高欢从归附尔朱荣开始发迹，他利用自己的谋略，逐渐建立起一支效忠于自己的军队，并通过反击尔朱氏，另立新君，逐渐掌握了朝廷大权。他始终未曾称帝，却为自己的子孙建立帝业铺平了道路。

【吉谶瑞兆】

北齐高祖神武帝高欢，字贺六浑，是渤海蓨（今河北景县东）人。他们家世代住在北疆，习惯了那里的风俗，逐渐鲜卑化。高欢长大后，气质深沉，器度宏大，轻财重士，受到勇猛侠义之士的推重。

高欢家境贫寒，一直到娶妻之后才有了马，能够在镇上做队主。镇将辽西段长觉得高欢相貌不俗，便对他说："您有安民济世的才能，一定不会徒劳一生。"还把自己的子孙托付给他。后来高欢显贵后，段长常已经去世，他追赠段长为大司空，还提拔他的儿子段宁予以重用。

高欢在发迹之前，就有许多吉谶瑞兆表明其身世不凡。他曾经和几位朋友去郊外打猎，因追击一只红兔子，来到了沼泽地的一座茅屋附近。正在此时，从屋里跑出一只狗，把兔子和猎鹰都咬死了。高欢大怒，一箭射死了狗。两个年轻人闻讯出来，抓住高欢的衣襟不放。这时，一个双目失明的老妪拿着拐杖呵斥

两个儿子："怎么能触犯贵人！"她还舀出瓮中的酒，烹煮一只羊来招待客人。老妪自称会摸骨算命，摸遍了在座的客人，都说是贵人，但将来都要受高欢的统率。高欢一行人离开后，觉得事有蹊跷，再折回去看，茅屋早已不见了，才知道他们所见并非凡人。由此，众人对高欢越发敬重。

高欢投奔尔朱荣后，去了并州（今山西太原），来到同乡庞苍鹰家里。每次他从外边回来，庞苍鹰都能远远听见脚步声震动大地。一天晚上，苍鹰想进入草屋，有青衣人拔刀呵斥："为什么触犯大王？"说完就不见了。庞苍鹰偷偷地往屋里看，只见到一条红色的蛇盘踞在床上，惊异不已，从此将高欢待若上宾。

【崭露头角】

高欢尚未发达时，在家乡担任函使，经常去洛阳（今河南洛阳）办事。有一次，他回到家乡后便散尽家财，结交宾客。亲戚们觉得很

奇怪，便问他原因。高欢答道："我到洛阳后，皇上的卫队相继焚烧了领军张彝的住宅，朝廷怕卫队作乱而不管不问。要是这样执政，国家大事就可想而知了，难道能长久守住自己的财产吗？"从此，高欢立下肃清天下之乱的志向。

带着这个志向，他归附了尔朱荣，并说服他建立天下霸业，深受信任。他在尔朱荣手下屡立战功，逐渐升为第三镇人酋长。不久，北魏孝庄帝杀掉了尔朱荣。他的侄子尔朱兆领兵杀入洛阳，俘虏了孝庄帝。高欢听说后大吃一惊，命孙腾假装为尔朱兆道贺，偷偷地观察孝庄帝被关在哪里，想把他夺回来，但没有成功。于是，高欢给尔朱兆写信，说不应该挟持天子，在国内留下恶名。尔朱兆不听，杀了孝庄帝，另立长广王元晔，封高欢为平阳郡公。之后，高欢又协助尔朱兆打败进犯的纥豆陵步藩，尔朱兆与他盟

🔥 烽火楼
黄崖关长城位于天津蓟县北 30 千米的崇山峻岭之中，始建于北齐。图为太平寨北齐时期的烽火楼东段。

誓结为兄弟。

取得尔朱兆的信任后，高欢趁机提出要统率曾参与六镇造反的残余军队，获得了许可。于是高欢离开尔朱兆，竖起军旗，公开招兵，逐渐建立起一支忠于自己的军队。

等到尔朱兆醒悟过来，已经没办法控制高欢了。高欢有了军队和属地，渐成气候，和尔朱兆反目为敌。高欢治军有道，约束军队号令严格，秋毫无犯。军队经过麦地时，高欢步行牵马过去。周围的人听说后，都说高欢的军队军纪严明，投奔他的人就更多了。

【讨伐尔朱兆】

高欢实力逐渐强大之后，便想取得更大的权力，而挡在他前面的

阻碍便是尔朱兆。高欢于是制作假文书，说尔朱兆要把六镇士兵都发配给契胡做下属，士兵都愁眉不展。高欢又向并州发令，要征召士兵向西讨伐，征发了一万人，要派遣他们出征。出征前，高欢亲自把军队送到郊外，在雪地里哭着告别，士兵们都放声大哭。高欢才说："我和你们都是背井离乡的人，就像一家人，没想到上面要征召你们。现在向西出征也是死，耽误了行军日期也是死，发配给契胡还是死，怎么办呢？"士兵们说："只有造反了！"士兵们一致奉高欢为主。高欢道："现在我做统帅，和以前不一样，不能欺压汉族人，不能触犯军令，生死任我决断。"士兵们都叩首，表示听从。第二天，高欢杀牛犒赏士兵，

仪卫出行壁画·北齐
壁画长160厘米、宽202厘米，山西太原王郭村出土。

要讨伐尔朱兆，说："讨伐贼人，顺应天命；拯救时局，建立大业。我虽然不够勇武，也要拼死承接这个事业，怎么敢推辞呢！"

北魏普泰元年（531）六月，高欢在信都（今河北邢台）举起义旗，不久后上书天子，写清尔朱氏的几大罪行，与尔朱氏为敌。这年十月，他尊奉渤海太守元朗为皇帝，年号中兴，这就是废帝。

这年十一月，高欢攻打邺城（今河北临漳），相州刺史刘诞在城墙四周都布下兵马，牢固守卫。高欢在城外筑起土山，挖地道，在地道里竖起很多柱子。地道挖成后同时焚烧柱子，城墙便陷入地下，不久就攻下了邺城。

永熙元年（532），高欢对阵尔朱兆。尔朱兆谴责高欢背叛自己，高欢说："我和你本来合力辅助王室，现在皇帝在哪里？"尔朱兆道："孝庄帝冤枉并杀害了我的父亲，我报仇罢了。"高欢责问道："我当年亲自听见你父亲谋反的计策，你就在门前站着，还能说不是造反吗？何况君主杀掉臣子，天经地义，有什么仇好报呢？我和你今天情义断绝了。"

双方交战，尔朱兆大败。高欢很快到了洛阳，废黜节闵帝和中兴主，立孝武帝，然后继续派兵追击尔朱兆，大获全胜，尔朱兆上吊自杀。高欢逐渐掌控朝廷大权。

【无冕之帝】

由于功高震主，高欢和孝武帝逐渐疏远。永熙三年（534），孝武帝进入函谷关，高欢三番五次上表迎接皇帝回都，没有成功，于是和百官商议，推举元善见作为孝明帝的后嗣，继承帝位，不久迁都邺城，史称东魏，北魏自此分裂。元善见就是孝静帝。

高欢常年征战，战功赫赫，在朝野中威信很高，朝廷大事都要经过他的裁决，成为事实上的无冕之帝，孝静帝不过是个傀儡罢了。

东魏和西魏在对峙的过程中，连年攻战。东魏的军队由高欢统领，战争也由他亲自指挥。天平三年（536）正月，高欢带领一万骑兵袭击西魏的夏州（今陕西横山县西）。将士们星夜兼程，四天就赶到了目的地。他们把长矛捆起来做梯子，连夜进入夏州城，活捉了夏州刺史。适逢西魏灵州刺史曹泥和他的女婿凉州刺史刘丰派使者请求归附。西魏军队包围曹泥，水灌灵州城（今宁夏灵武西南），没有淹没的地方只有四尺高。高欢出动三万骑兵直接越过灵州，插到西魏军队的后方，俘获五十匹战马，西魏撤军。班师后，

孝静帝下令加给高欢九锡的礼仪，高欢执意推辞才作罢。

武定四年（546）八月，高欢又要讨伐西魏。殿中将军曹魏祖说："不可以出征。今年八月西方为王，用死亡之气悖逆生长之气，对客方不利。如果出征，会对大将军有害。"高欢不听。九月，高欢包围玉壁（今山西稷山西南），西魏晋州刺史韦孝宽防守。高欢在城北筑起土山，挖地道攻城，又派士兵让汾水改道，断绝城中水源。韦孝宽夺取了土山，东魏军队失去地理优势，连攻五十天，没能攻破城池，阵亡者达到七万人。这时，高欢营里落入流星，士兵们恐惧不已。高欢生病，只得撤军。

第二年正月初一发生日食，高欢说："日食是为我发生的吗？我死了还有什么遗憾呢？"几天后，高欢在晋阳（今山西太原）去世，享年五十二岁。孝静帝赏赐丰异，还亲去送葬。高洋称帝后，追尊高欢为献武帝，庙号太祖。齐后主在位时，又改谥号为神武皇帝，庙号高祖。

文宣帝纪

北 齐文宣帝高洋（529~559），虽生得其貌不扬，却聪慧过人，胸怀大志。他继承父兄遗产，继续把持东魏朝政，迫使魏孝静帝禅位，成为北齐的开国之君。即位之初，他以法治国，征伐四方，威震海内。但高洋在位中后期却放纵饮酒，暴虐成性，甚至以杀人取乐，成了历史上有名的暴君，最终饮酒过量而死。

【貌丑心细】

北齐显祖文宣帝高洋，字子进，是高欢的次子，高澄的同母弟。一次，高欢曾试着考察儿子们的能力见识，让他们各自整理一堆杂乱的蚕丝，只有高洋一人抽出刀来将丝斩断，说："对待混乱就应该当机立断。"高欢表示赞同。他又让儿子们带兵四散而出，同时指使铁甲骑兵佯装攻击他们。高澄等人见此情况都很惊恐，高洋却率领部众与彭乐对阵。彭乐摘掉盔甲跟高洋讲明实情，高洋还是把他抓起来交给了父亲高欢。后来，高洋跟随大哥高澄路过辽阳山，只有他看到了天门大开，其余人都没见到。

高洋内心虽聪明睿智，却其貌不扬。高澄常讽刺他说："如果这个人都能大富大贵的话，相学要如何解释呢？"只有高欢对其另眼相待，曾对薛琡说："这个儿子的见识超过了我。"高洋幼年时师从范阳人卢景

裕，高洋记忆力超群，连卢景裕都没有料到。

东魏孝静帝天平二年（535），高洋被授官散骑常侍、骠骑大将军、仪同三司、左光禄大夫、太原郡开国公。武定元年（543），加侍中。二年（544），转尚书左仆射、领军将军。五年（547），授尚书令、中书监、京畿大都督。

【受禅登基】

武定七年（549）八月，高澄遇害，事发突然，内外震惊。高洋神色不变，指挥部署，亲自将叛贼千刀万剐，并将凶手的头颅用漆涂抹，然后才不慌不忙地宣布："有奴隶造反，大将军高澄只是受了一点伤，并无大碍。"当时朝廷内外没有人对他不佩服的。接着高洋赶赴晋阳，亲自总揽朝政，务从宽厚，有不合理的制度和政策全部省减。

武定八年（550）春正月十八日，

🔶 齐高洋纵酒妄杀

魏孝静帝晋升高洋为使持节、丞相、都督中外诸军事、录尚书事、大行台、齐郡王，食邑一万户。

三月十二日，孝静帝又晋封高洋为齐王，享有冀州的渤海、长乐、安德、武邑和瀛州的河间五郡，食邑十万户。自从入居晋阳，高洋卧室内夜里就会发光，亮如白昼。等晋封为王后，高洋曾梦到有人用笔在他额头上点了一下。天亮后，高洋就梦的内容咨询门客王昙哲说："这是说我应该隐退了吗？"王昙哲拜了两拜后道贺说："'王'上加点，就是个'主'字，是应当进取啊！"

夏五月初三，高洋前往邺城。初六，晋升为相国，总领百官，以渤海、河间、中山等十郡为其封地，食邑二十万户，齐王的爵位依然保留。随后，孝静帝发布诏书，宣布

退位禅让。初十日，高洋在南郊即皇帝位，大赦天下，改武定八年（550）为天保元年。

【征伐四方】

天保元年（550）十一月，北周文帝率军兵临陕城（今河南三门峡市西），分派骑兵向北渡河，到达建州（今河南固始县）。二十日，高洋亲自领兵出发，驻扎在城东。周文帝听到北齐军军容整齐的报告，感叹着说："高欢没有死。"于是退兵。二十六日，高洋班师还朝。

天保三年（552）春正月，文宣帝高洋亲征库莫奚，将其打得大败，缴获各种牲畜十万余头，分赏给将士，并将俘虏的库莫奚人编入山东户籍。

天保四年（553）九月，契丹人进犯边塞。文宣帝到北方巡视，随后征讨契丹。

冬十月丁酉，文宣帝抵达平州，于是从西面取道奔赴长堑，并下诏令司徒潘相乐率领精骑五千从东面取道奔赴青山。其后又下诏令安德王韩轨率领精骑四千向东进发，切断契丹人的退路。大军抵达阳师水后，日夜兼行，大举进攻契丹。文宣帝亲自翻越山岭，身先士卒，指挥大军奋勇进攻，大败契丹，俘虏十万余人、各种牲畜十万头。潘相乐又在青山大败契丹另一部落。将俘虏的人口分别安置在各个州郡。此次行军，文宣帝不戴头盔、光着

🔴 **北齐校书图**（摹本局部）

北齐杨子华作。画中所描绘的是北齐天保七年 (556) 文宣帝高洋命樊逊等人刊校五经诸史的故事。画面有三组人物，居中的是坐在榻上的四位士大夫，或展卷沉思，或执笔书写，或欲离席，或挽留者，神情生动，细节描写也很精微，旁边站立服侍的女侍也表现得各具情致。

胯子，日夜兼程，奔袭千里，只吃肉喝水，气壮山河。

除此之外，文宣帝在位期间还屡次征讨契丹、山胡、茹茹、突厥等周边部族，威震海内。

天保十年（559）冬十月初十，高洋暴亡于晋阳宫德阳堂，时年三十一岁，谥号为文宣，庙号显祖。

▶【判若两人】

文宣帝高洋自幼胸怀广阔，志向见识沉稳敏锐，外柔内刚，坚决果断。他喜好处理政事，善于推测事情发展的趋势，处理紧急繁琐的事务，终日不倦。登上帝位后，留心为政之道，以法治国，公平为先。有人触犯法律，即使是关系亲密的宗室老臣，也绝不宽恕，朝廷内外一新，无不严肃谨慎。至于军国大计，独自决断，规模宏远，有杰出帝王的雄才大略。又因齐、周、梁三足鼎立，四方少数民族还没归附，便修缮甲兵，训练士卒，设置百保军士作为左右宿卫。他每次临阵指挥作战，亲自冒着刀兵的攻击，与敌军短兵相接，唯恐前面的敌人不够多，屡次面临艰难危险，百战百胜。他曾在东山宴游，因尚未平定关陇，于是摔杯大怒，召魏收到御前，立刻写下诏书，宣布远征，称将西伐北周。这一年，周文帝病逝，北周臣民非常惊恐，而高洋也常有袭击陇地的打算。

经过几次成功的征讨，高洋威

震四方，六七年后，以功业自傲，于是流连沉湎于享乐，开始肆意妄为，荒淫暴虐。他有时亲自击鼓起舞，歌唱不止，通宵达旦，夜以继日。有时裸露身体，涂脂抹粉，散着头发，身着胡服，披着各种颜色的锦缎丝绸，拔刀张弓，在街市上游荡。不分早晚，常常闯到勋臣宗室家去。不论严寒酷暑，有时竟在烈日下脱掉衣服，光着身体纵横驰骋，随从人员都不堪忍受，他却泰然处之。他还征集淫荡的妇人，分给跟从的近侍官员玩乐，不时前去观看，以此为乐。凡是被他杀害的人，大多被下令肢解，尸体或放在火上焚烧，或投入河中。由于沉迷于酗酒太长时间，更加重了狂暴猜忌的病症。到了统治末期，他常称见到了很多鬼怪，还说听到了一些奇异的声音。稍不如意，便大肆杀戮，永安王、上党王都被冤杀，高隆之、高德政、

杜弼、王元景、李蒨之等都无罪被加害。他曾在晋阳开玩笑用长矛去刺都督尉子耀，随手就将其杀死。还有一次在三台大光殿上，用锯子锯死了都督穆嵩。其余滥杀无辜的例子，不可胜记。朝野上下都对他怀恨在心。

高洋一向用严刑对待臣下，加上他天生记忆力超强，百官都恐惧不已，丝毫不敢为非作歹，文武近臣都恐朝不保夕。高洋还喜好营建，各项工程不断，举国骚扰，官府民间都疲惫不堪。凡是赏赐，也毫无节制，致使国库的积累很快消耗殆尽。自皇太后诸王以及内外勋臣，无不担忧恐惧，却又毫无办法。到了后来，他已经无法进食，只能饮酒度日，终于酒精中毒，断送了性命。

论赞

论曰：北齐显祖高洋继承恢宏的帝业，朝廷上下，协力追随，内外臣民，众望所归。东魏国土，为举世所推重。不到一个月，天命就已经集结完成。开始时还能留心军国政事，风气严肃，数年之间，几乎达到治世的高度。从那之后，却开始放纵饮酒，肆意妄为，猖狂到了极点，昏庸邪恶残酷暴虐，近代以来从未有过。高洋在位时间不长久，实际由于这些恶行导致，断绝后嗣，也实在是这些遗留下来的灾害导致的。

段韶列传

段 韶在东魏、北齐年间先后辅佐高氏七代统治者，出将入相，功勋卓著。他足智多谋，指挥若定，性情温和，处事谨慎，堪称北齐最有威望的元老重臣。

▶【心腹谋臣】

段韶，字孝先，小名铁伐，自幼精通骑射，有做将领的天分。因为他是高欢的外甥，所以备受器重，常伴高欢左右，被视为心腹。建义初，领受亲信都督之职。中兴元年（531），随高欢抵抗尔朱兆，在广阿（今河北隆尧县城东）交战。高欢问他："敌众我寡，该怎么办？"段韶答道："所谓众，是得众人效死力；强，是得天下人心。尔朱兆轻狂狡诈，路人皆知，他以下犯上。邙山之会，官员有何罪而尽杀？况又弑主立君，不出半月，天下大乱。您申明大义，清除君侧的恶人，何往而不胜！"高欢说："我虽以顺讨逆，奉命诛伐罪人，但弱小在强大之中，恐无上天的庇佑，你没听说过吗？"段韶回答："尔朱兆在外祸害天下，在内疏远善人，智者不为其谋，勇者不为其斗。不肖的人失位，贤能者取得，还有什么疑虑？"于是和尔朱兆交战，兆军溃逃。后又在邺地攻打了刘诞。韩陵之战中，段韶率领部众

最先冲锋陷阵。不久随高欢离开晋阳，追赶尔朱兆至赤洪岭，将其斩杀。

兴和四年（542），段韶跟从高欢于邙山抵御周文帝。高欢在行伍之中，被西魏将军贺拔胜识出，率领精锐逼来。段韶从旁骑马拉弓回射，一箭就射死敌军的前锋，追兵被吓到，不敢向前。西魏军队退走，朝廷赐段韶马匹和黄金，晋爵为公。

▶【受托辅政】

武定四年（546），段韶随军征讨玉壁。当时高欢患重病，城久攻未下，召集诸将，商讨进退事宜。高欢对大司马斛律金、司徒韩轨、左卫将军刘丰等人说："我每每与段孝先论兵，他都有好的战略，如当初让他参谋，也就没有今日的劳累了。我病势危急，恐有不测，想把邺下之事托付给孝先，如何？"斛律金等人说："知臣莫若君，确实是孝先最合适。"高欢即刻下令段韶跟从高洋镇守邺城，召高澄赶赴军中。高欢病情加重，遗令高澄说："段孝

先忠正仁厚，智勇兼备，亲戚之中，唯有此人可用，军旅大事，最好和他商议。"五年（547）春，高欢逝世于晋阳，秘不发丧。此后，高澄继任及高洋受禅建齐，段韶均受重用。

天保三年（552），段韶任冀州刺史、六州大都督，行惠政，深得吏民之心。四年（553）十二月，梁将东方白额秘密来到宿预，诱降边民，杀害长吏，扰乱淮、泗。五年（554）二月，朝廷诏令段韶讨伐他。段韶抵达后，恰逢梁将严超达等围攻泾州；且陈武帝将要率众攻打广陵，刺史王敬宝遣人告急；还有尹思令聚集万人，谋划袭击盱眙。三军畏惧。段韶对诸将说："自梁氏作乱，国无定主，人心动摇，追从强者。陈霸先等人智小谋大，政令不齐，表面一心，其实离心，诸位不需担心，我已计划好了。"于是留下仪同敬显俊、尧难宗等守住宿预，自己率领数千步骑兵急速奔赴泾州。途经盱眙，尹思令没想到大军猝然而至，望风而逃。段韶率军继续前行与严超达作战，大破敌军，缴获其舟船器械。他对诸将说："吴人轻率浮躁，心无大谋，如今打败超达，

陈霸先必会逃走。"即刻回师广陵。陈武帝果然逃走。段韶率兵追到杨子栅，看到扬州城才返回，缴获大批军资器物，旋即回到宿预。六月，段韶派说客劝降白额，白额开城门请求结盟。段韶与行台辛术等人商议，暂且同意结盟。结盟完成，考虑到白额不会为我所用，趁机将他抓住斩杀，和他弟弟们一起被传首到京师。江、淮安宁，民皆安乐。

【运筹帷幄】

太宁二年（562）十二月，周武帝派大将率领羌、夷与突厥合众逼近晋阳（今山西大同），北齐武成帝从邺出发兼程奔赴救援。突厥从北面结阵向前，东距汾河，西抵风谷。事发突然，兵马没准备好，武成帝见此状况，也想东逃避开他们。

不久，武成帝接纳了河间王高孝琬的请求，命赵郡王护卫诸将。当时正是大雪之后，周人用步卒为前锋，从西山向下，离城二里。诸将都想迎战。段韶说：

❀"武平二年"款观音菩萨像·北齐

观音头戴发冠，面庞长圆，修眉细目，鼻梁挺直，双耳大而贴面，威仪清净，睿智安祥。着宽衣博带，衣纹流畅飘舞，身姿绰约优美。手当胸，火焰形大背光，中间部位为身光和头光，头光中间錾刻莲花纹样，精美庄严。整尊造像比例精准，工艺精湛。

"步兵的气势本来就有限，如今积雪深厚，不便迎战，不如严阵以待。彼劳我逸，必能打败他们。"不久交战，北齐军大胜，周军前锋全被消灭，无人生还，其余部众连夜逃跑。段韶受命率骑兵追击，出塞而返。武成帝褒奖其功，另封段韶为怀州武德郡公，进位太师。

北周冢宰宇文护之母阎氏因动乱留在了齐国，被安置在中山宫。宇文护听说其母还在世，便借边境两国互通文书的机会，请求归还其母，并通两国之好。当时突厥屡次扰乱边地，段韶驻军于塞下。武成帝遣黄门徐世荣把周的文书传给段韶并问他的意见。段韶认为：周人反复，没有信义，从晋阳之役，就能知道。宇文护表面是丞相，其实是王。既然因母请和，却不派使节来申其情怀，依据交换的文书，便送还其母，恐怕是向周示弱。以臣之见，姑且表面同意，等以后再放也不迟。帝不听，遣使依礼送还。宇文护得其母后，便派遣将军尉迟迥等突袭洛阳。武成帝命兰陵王高长恭、大将军斛律光率军迎战，驻军在邙山下，逗留未进。武成帝召见段韶说："如今我想派你去解救洛阳，但突厥驻军在此，必须派人防御，

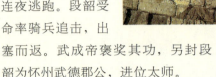

● 公牛与神兽图·北齐

图像残高约80厘米，山西太原王郭村出土。

你说怎么办？"段韶说："北虏侵扰边境，如同皮肤之病，如今西羌的窥视逼近，才是心腹大患，请求奉诏南行。"武成帝说："我也是这意思。"便命韶督率一千精骑，自晋阳出发，段韶只用五天就渡过了黄河。段韶与大将们共商好进退之策，天明时率帐下两百骑兵与诸军一起登邙阪，想观看周军的阵势。到达大和谷，就遇到周军，立即遣人驰告诸营，集合兵马。韶便同诸将布开阵势以待敌军。段韶为左军，兰陵王为中军，斛律光为右军，与周军相对抗。段韶对着周军喊："你们宇文护有幸找到母亲，却不感恩报德，今日前来，是何用意？"周军说："老天派我们来，有什么可问的？"周军把步兵列在前，上山迎击。段韶认为敌方徒步我方骑马，就边退边引，等敌军力尽，才下令下马攻击。

短兵刚相接，周军溃散。所应战的中军，也顷刻瓦解，投坠溪谷而死的人很多。围困洛城的士兵，也一哄而散。武成帝临幸洛阳，亲自犒劳将士，在河阴大摆宴席，又论功行赏，任段韶为太宰，封灵武县公。天统三年（567），授段韶为左丞相，封为永昌郡公，俸食沧州干。

武平二年（571）正月，段韶由晋州道到达定陇，建威敌、平寇二城后返回。二月，周军来犯，帝遣段韶与右丞相斛律光、太尉兰陵王长恭一同去抵御。三月末抵达西部边境。柏谷城，是敌人的要塞，石城高千仞，诸将都不愿围攻它。段韶说："汾北、河东必定为国家所有，如不除去柏谷，就像患上痼疾。估计敌方援兵，会在南道，今日拦截这一要路，援兵无法赶来。城墙虽高，但城中狭窄，用火弩射它，很快就能攻下。"诸将认为此法很好，于是击鼓攻之。城守溃散，擒获仪同薛敬礼，斩获许多首级，又在华谷建城，置戍后返回。段韶因功被封为广平郡公。这月，周又遣将扰边。右丞相斛律光首先率军出讨，段韶也请求同行。五月，攻克服秦城。周人在姚襄城南重建城镇，东连定阳，又挖深堑，断绝行道。段韶就偷偷派出壮士，从北边突袭。又派人悄悄地过黄河，告诉姚襄城中人，使内外互应，已有千余人渡河，周人才发觉。于是开战，北齐军大破周军，擒获其仪同若干显宝等。诸将都想

进攻新城。段韶说："此城一面临河，三面地险，不能强攻，就算攻下来，也只不过是一座城池。不如再建一城堵塞其出路，攻破服秦，再合力进击定阳，这是长久之计。"将士都认为是这样。六月，转围定阳，城主师开府仪同杨范闭城固守，久攻不下。段韶登山观望城中的形势，便令兵猛攻。七月，屠杀外城，斩获大量首级。这时段韶病倒在军中，因内城还未攻下，他对兰陵王高长恭说："此城三面是深涧险阻，没有出路，只有东南一处可以进出。敌军如果突围，必会从这出去，只要挑精兵把守，自会擒住逃敌。"高长恭便命一千多壮士埋伏在东南涧口。当夜果然像预料的那样，敌人出城，伏兵伏击了他们，周军溃散，杨范等被缚，兵众全都被俘。段韶病重，提前返回，因功被封为乐陵郡公。武平二年（571），段韶病死在任上，谥号忠武。

卷十七

斛律光列传

北齐名将斛律光（515～572），自幼武艺高强，精通骑射，有"落雕都督"之称。他戎马一生，未尝有败绩，功勋卓著，晚年却遭小人陷害和君主猜忌，最终死于非命。而北齐政权也在自毁长城后，很快走向灭亡。

【射雕英雄】

斛律光，字明月，自幼精通骑射，以高强的武艺著称于世。魏末，他跟随父亲斛律金西征。当时宇文泰的长史莫者晖正在敌军阵中，斛律光飞马疾驰，一箭命中，将其活捉于阵前，当时斛律光才十七岁。高欢十分赏识他，将其擢升为都督。高澄作世子时，任斛律光为亲信都督，后提升为征虏将军，累加卫将军。武定五年（547），封永乐县子爵。一次，他陪高澄在洹桥狩猎，看见一只大鸟正在云端飞翔，于是搭弓射箭，正中要害。只见那只鸟像车轮一样旋转着往下坠，落到地上大家才看清是只大雕。高澄拿过雕来，惊叹于斛律光的武艺。丞相属邢子高也感叹道："这真是射雕手啊！"于是斛律光被时人称为"落雕都督"。

【常胜将军】

高洋受禅立国后，斛律光升任开府仪同三司，加封西安县子爵。天保三年（552），斛律光随大军出塞，作为先锋攻破敌阵，斩获敌将甚多，还缴获了一些牲畜。班师后，授晋州刺史。与北齐东部接壤的是北周的天柱、新安、牛头三戍所，经常召引叛军，屡次进犯齐国边境。天保七年（556），斛律光率五千步骑将其击溃。随后他又大败北周仪同王敬俊等，虏获五百多人、各种牲畜千余头。九年（558），他又领兵攻取了北周的绛川、白马、浍交、翼城等四戍，升任朔州刺史。天保十年（559），拜特进、开府仪同三司。二月，统领万骑征讨北周开府曹迴公，将其斩首。栢谷城主、仪同薛禹生弃城逃跑，于是斛律光攻取文侯镇，立戍置栅后班师。皇建元年（560），孝昭帝高演（高洋之弟）即位后，斛律光晋爵巨鹿郡公。当时乐陵王高百年是皇太子，肃宗认为斛律光家世代淳厚清谨，而且为皇室立有功勋，便纳其长女为太子妃。太宁元年（561），官尚书右仆射，以中山郡为其食邑。二年，除太子太保。河清二年（563）四月，斛律光率二万步骑在轵关以西筑勋掌城，又修筑了二百里长城，设置了十三个戍。三年（564）正月，北周派大将达奚成兴等来进犯平阳，齐武成帝令斛律光率三万步骑抵御，达奚成兴等闻风而退。斛律光乘机追赶，进入了周境，俘获二千余人而返。四月，斛律光率骑兵北讨突厥，获马千余匹。

这年冬，周武帝派遣柱国、大司马尉迟迥、齐国公宇文宪、柱国庸国公可叱雄等，拥众十万，进犯洛阳。斛律光率五万余骑急行军赶来参战，两军在邙山大战，尉迟迥等大败。斛律光亲自射死了可叱雄，斩获敌军首领三千多级，尉迟迥、宇文宪仅以身免。所有的甲兵辎重均被齐军缴获，敌军死尸被堆在一起给京城人观看。武成帝亲临洛阳，论功行赏，晋升斛律光为太尉，又封冠军县公。这之前武成帝纳斛律光第二女为太子妃，齐后主天统元年（565），拜为皇后。同年，斛律光转为大将军。三年六月，因父去世，斛律光辞官归家。当月，诏令斛律光及弟斛律羡起复，仍为前任。秋，除太保，袭爵咸阳王，并袭第一领民酋长，另封武德郡公，改赵州为其食邑，迁太傅。

十二月，北周又派将领围攻洛阳，截断粮道。武平元年（570）正月，后主诏令斛律光率领三万步骑征讨北周。军队驻扎于定陇，周将张掖公宇文桀、中州刺史梁士彦、

开府司水大夫梁景兴等又屯驻于鹿卢交道，斛律光披甲执锐，身先士卒，短兵相接，大败宇文桀部，斩首两千多级。斛律光又进军宜阳，与周齐国公宇文宪、申国公擒跋显敬相峙百日。后来，斛律光修筑了统关、丰化二城，用来打通宜阳的道路。军还，驻扎在安邺，宇文宪等率军五万，紧跟在后。斛律光率骑兵回击，打得宇文宪军大败，俘虏了开府宇文英、都督越勤世良、韩延等人，又斩首三百多级。宇文宪依然下令宇文桀、大将军中部公梁洛都与景兴、士彦等三万步骑在鹿卢交截断要道。斛律光与韩贵孙、呼延族、王显等人合兵猛击，大获全胜，斩

🔆 响堂山石窟佛头像·北齐

杀景兴，得马千匹。诏令加斛律光右丞相，并州刺史。这年冬，斛律光又率五万步骑在玉壁修筑了华谷、龙门二城，同宇文宪、显敬等相持，宇文宪等不敢轻举妄动。斛律光趁机围攻定阳（今山西吉县），又筑南汾城，设置州郡来进逼北周，各民族部众万余户前来归附。

【谗言杀身】

武平二年（571），斛律光又率众筑平陇、卫壁、统戎等镇戎十三所。周柱国枹罕公普屯威、柱国韦孝宽等，率领步骑万余，进逼平陇，与斛律光在汾水之北交战。斛律光获胜，俘斩千余人，受封中山郡公，增邑一千户。班师后，帝诏令斛律光率五万步骑沿平阳道进攻姚襄、白亭等城戎，全部攻克，俘虏城主、仪同、大都督等九人及数千士卒，又受封长乐郡公。当月，周派其柱国纥干广略围宜阳。斛律光率五万步骑赶往援救，两军在城下大战，斛律光又夺了周建安等四戎，俘获千余人而归。他所率军队还没有抵达邺城，朝廷便敕令兵众解散回家。斛律光认为兵士多立有军功，尚未得到慰劳奖赏，如果立刻解散，就不能显示朝廷恩泽，于是秘密上表请求派人宣旨，军队则继续前进。朝廷迟迟不发使，军队已行至紫陌，斛律光就地驻营等待。后主听说斛律光军营已逼近都城，很不高兴，急派舍人召斛律光入见，然后慰劳

⊙ **青釉陶骆驼·北齐**

该骆驼为双峰驼，四肢粗短，前肢较短，颈部特别粗壮。骆驼体态雄健，造型传神。驼峰间铺垫有椭圆形毡毯，上有两夹板，夹板外为驮囊。骆驼的造型准确，表现出骆驼耐苦负重的特点，显示出工匠对事物较强的表现力和写实主义手法。通体施青釉，驼鬃、鞍座、褥垫和四足底板无釉。

奖赏兵众后解散。拜光左丞相，又别封清河郡公。

斛律光入朝，常在朝堂垂帘而坐。权臣祖珽不知道，骑着马从他面前走过。斛律光见后大怒，对人说："这人竟敢如此无礼！"后来祖珽在内省，大模大样地高声讲话，斛律光正好路过，听到后，又十分恼怒。祖珽听说斛律光对他忿恨，向斛律光的随从奴仆行贿，询问道："相王真的很讨厌我吗？"仆人答道："自从您当值以来，相王每夜抱膝长叹说：'瞎子入朝，国家一定破灭！'"此外，宠臣穆提婆请求娶斛律光的庶女为妻，斛律光不同意。齐帝要

将晋阳田地赏给穆提婆，斛律光在朝上反对说："晋阳的田地，神武帝以来常种禾草，能养马几千匹，用来防备敌人的侵犯，如今赏赐给穆提婆，这不是破坏军务吗？"因此，祖、穆二人跟他结了仇。

北周的将军韦孝宽忌惮斛律光的英勇，就制作歌谣，让间谍到邺城散布，称："百升飞上天，明月照长安。"又称："高山不推自崩，槲树不扶自竖。"祖珽与穆提婆勾结，将歌谣向齐后主汇报，称："斛律氏累世为朝廷大将，明月威震关西，丰乐威行突厥，女为皇后，男娶公主，谣言十分可怕。"后来，祖珽又在后主面前挑拨，近臣何洪珍也进言说："若您本无杀斛律光之心还好；既有此意又不立即施行，万一泄露出去可如何是好？"后主表示赞同，但仍犹豫不决。适逢丞相府佐封士让密奏称："上次斛律光西征回京，陛下敕令放散兵卒，他却率军进逼京师，欲行不轨，幸亏没有成功就中止了。可斛律光家藏有大量武器，拥有数千奴僮，常派人与斛律丰乐、武都等人暗中勾结。如不尽早图谋，恐怕会有不测！"密奏上恰好有"军卒进逼京师"之语，与后主的怀疑相符，于是认定斛律光有反叛之心。后主性格怯懦，担心会发生大变乱，命令何洪珍找祖珽商量。后主忧心斛律光不肯从命。祖珽趁机进言："正式召他，怕他会起疑心不肯来。应该派人赐给他一匹骏马，对他说'明

天要去东山游玩，您可乘这匹马同行'，如此斛律光必定要入宫谢恩，就可乘机抓住他。"后主采纳了他的计策。不一会儿，斛律光果然来了，有人把他引进凉风堂，刘桃枝从后面突袭，将其击杀。这年斛律光五十八岁。后主下诏称斛律光谋反，现已伏法，其余家口一律不问，但很快又发诏书，将斛律氏满门抄斩。

斛律光话不多而性格刚毅急躁，严于御下，统领兵众，全靠威刑。役使人们筑城时，常常鞭挞民夫，以残暴著称。他自幼从军入伍，未尝败绩，使敌人闻风丧胆。斛律光无罪却被朝廷处死，朝野都很痛惜。北周武帝得知斛律光死讯后大喜，下令大赦，以示庆祝。后来周军攻占邺城，追赠斛律光为上柱国、崇国公。周武帝指着诏书说："如果斛律光还活着的话，我怎么能占领这里呢？"

论赞

史臣曰：斛律光出身将门，天资沉稳刚毅，善用兵法韬略，临敌制胜，变化无穷。太宁元年（561）以后，齐弱周强。幸亏斛律氏治军严明，扼守边关，战无不胜，使北齐有劲旅拱卫，而北周无法东出。然而乱世小人以谗言取胜，诬陷斛律氏功高震主；昏庸的齐君竟亲手毁灭了国家的藩篱。内使将士寒心解体，外为强敌报仇雪恨。呜呼！后世君子可要深以为戒啊！

高昂列传

北 魏末年，本是地方豪强的高昂（491～538）兄弟起兵乡里，辗转追随高欢，在高氏同宇文氏争夺天下的斗争中，立下汗马功劳。高昂自幼豪迈勇武，侠气凌人，所部乡兵训练有素，作战勇猛，连一贯轻视汉人的鲜卑兵都敬佩不已。

▶【豪侠之士】

高昂，字敖曹，是东魏徐州刺史高乾的三弟。他自幼气度不凡，长大后倜傥豪迈，英姿雄壮。他自幼无心读书，却专心于骑术，常说"男儿当横行天下，自取富贵，哪能端坐读书，作老学究呢？"高昂还倾尽家资，招募剑客，乡里人都很畏惧，从不敢得罪他。父亲高翼常对人说："这个儿子要么招致灭门之灾，要么光耀门第，绝不仅仅是个州县豪强。"

北魏建义元年（528），高氏兄弟起兵，后来归顺朝廷，遣散部众，被授予通直散骑侍郎，封武城县伯，食邑五百户。其兄高乾辞官回家后，与高昂在乡里暗中蓄养壮士。尔朱荣获悉后，密令刺史元仲宗诱捕高昂，送到晋阳（今山西太原）。永安末年，尔朱荣进入洛阳，将高昂囚禁于驼牛署。尔朱荣死后，魏庄帝接见并慰劳了高昂。当时，尔朱世隆进逼皇宫，魏庄帝亲临大夏门指挥部署。高昂被释放后，披甲执戈，带着侄儿高长命等冲锋陷阵，所向披靡。魏庄帝赞赏他的英勇，于是任命他为直阁将军，赐帛千匹。高昂请求返乡招募家丁。朝廷于是任命他为直常侍，加平北将军。各地勇士都来投奔他。不久，京师沦陷，高昂

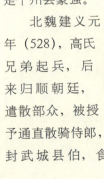

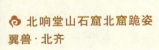
🔸 北响堂山石窟北窟跪姿翼兽·北齐

就与父兄占据信都（今河北冀县）起义。殷州刺史尔朱羽生领军偷袭，攻至城下。高昂来不及披甲，就带着十余骑兵杀出，尔朱羽生败走，人心始定。

【汉家勇将】

后废帝即位，任高昂持节、终身冀州刺史，仍为大都督，率部追随高欢，在广阿（今河北隆尧东）大败尔朱兆。平定邺城（今河北临漳县西南）后，高昂又率领所部进据黎阳（今河南浚县）。高昂随高欢到韩陵（今河南安阳市东北）征讨尔朱兆，高昂亲率乡兵王桃汤、东方老、呼延族等三千人从征。高欢要分千余鲜卑兵随他一起作战。高昂却说："我率领的家兵都训练已久，历经战阵，并不弱于鲜卑兵。如果他们混编在一起，不能互相配合，胜了就相互争功，败了就推卸责任，所以我还是率领自己的汉兵，不劳烦再分配军队了。"开战以后，高欢初战不利，尔朱兆乘势追来。高岳、韩匈奴等率五百骑兵冲锋在前，斛律敦收揽散兵断后，高昂与蔡俊率一千骑兵从栗园冲出，横击尔朱兆军，尔朱兆大败。此战如果没有高昂等人，高欢几乎命丧于此。

北魏太昌初年（532），高昂才到冀州，不久晋升侍中、开府，晋爵为侯，食邑七百户。高乾被杀后，高昂率十余骑奔赴晋阳，投靠高欢。后来斛斯椿挑起争端，高欢南下征讨，派高昂为先锋。魏武帝西逃时，高昂率五百骑兵日夜兼程，一直追到崤陕而返。东魏天平初年，高欢准备进攻关、陇，任命高昂为西南道大都督，直捣商、洛。山道险峻，敌人据险固守，高昂从侧翼进攻，所向披靡，攻克上洛，俘虏西魏洛州刺史泉企等将帅数十人。适逢窦泰失利，高欢召高昂班师。

高昂回京后，官拜军司大都督，统领七十六都督，与行台侯景一起在武牢（今河南荥阳汜水镇）练兵。那时，鲜卑人都看不起汉人，唯独佩服高昂。高欢每次对三军训话，常说鲜卑语，但只要高昂在列，就改说汉语。高昂曾到高欢相府，门卫不让他进去，高昂大怒，竟用箭射门卫。高欢知道后也不怪罪他。

元象元年（538），高昂进封京兆郡公，食邑千户。他与侯景等一起到金墉城攻打独孤如愿，周文帝宇文泰派兵来救。两军在邙阴大战，高昂所部失利，左右被打散，独自骑马向东逃，想入河梁南城避难，可城门紧闭，高昂最终被西魏兵杀死，时年四十八岁，谥号忠武。

卷三十六

邢邵列传

邢邵（496～561）自幼博闻强记，善于作文，所撰章表为世人传诵，一时"洛阳纸贵"。他藏书丰富，无书不读，特别强调思考的重要性，堪称北朝第一流的文学家、思想家。

【博闻强记】

邢邵，字子才，河间鄚（今河北任丘北）人，是魏太常邢贞的后人。父邢虬，任魏光禄卿。邢邵五岁时，魏吏部郎清河人崔亮见到他后惊异地说："这孩子将来一定大有作为，官位名声会通达显要。"他十岁时便能作文，才思敏捷，博闻强记，一天时间就能背诵一万字的文章。邢劭年轻时在洛阳，适逢天下太平，就同当代名流们一起游山玩水，并未勤于学业。曾因连降大雨，便阅读《汉书》，五天时间，就能大体记诵下来。

后来他厌倦了饮酒谑戏的生活，开始广寻经史，读书一目五行，看一遍就能记住，无丝毫遗漏；文章写得典雅华丽，又好又快。邢邵不到二十岁，在士人中就有相当影响了。他曾和几个朋友到北海王昕家留宿饮酒，相互赋诗，有几十首诗本，都放在一个仆人处保管。第二天一早，仆人出外办事，众人找不到诗本，邢邵便一首首地背了出来，有人不承认某诗为自己所作，等仆人归来，拿出诗本对照，果然一字不差。众人把他比作才子王粲。吏部尚书陇西人李神俊钦佩邢邵的才学，与他结成了忘年之交。

【洛阳纸贵】

邢邵入仕之初担任魏宣武帝的挽郎，后任奉朝请，升著作佐郎。邢邵深得领军元乂礼遇。自孝明帝之后，文学风气大盛，邢邵的精美文章，独步当时，每有一篇文章问世，便洛阳纸贵，远近传诵。当时，陈郡人袁翻与范阳人祖莹名望显贵，文笔华美，被时人所称颂。由于邢邵文章辞藻华美，遭到二人嫉妒。每次洛阳贵人升迁，多请邢邵作谢表。曾有一位贵人初次拜授官职，大会客宾，设宴庆贺，袁翻与邢邵都在坐。袁翻自以为主人会请自己作谢表。可主人却向邢邵求文。袁翻很不高兴，常对人说："邢家小儿常受人雇佣作章表，自己买来黄纸，写完之后再给人送去。"邢邵担心受袁翻陷害，便托病辞了官。适逢尚书令元罗出镇青州，让邢邵做了府司马。到青州后，邢劭终日沉醉于游玩之中，尽情享受山水之乐。

永安初年，邢邵任中书侍郎，其所作诏诰，文辞恢宏华丽。太昌初，特令他长期在内省当值，供给御用饭食，负责审查尚书门下事，凡朝廷任命高官，都要先来征求他的意见，然后再作处理。后升任卫将军、国子祭酒。因父母年迈还乡，朝廷请他每年入朝一次，以备顾问。累迁太常卿、中书监，兼任国子祭酒。后授特进，不久去世。

【思重于学】

邢邵生性简朴，在家行事谨慎，兄弟亲姻之间，能和睦相处。他博览群书，无不通晓，晚年尤其留意《五经》章句，试图完全理清它的要旨。吉凶礼仪，公私都向其咨询，质疑去惑，成为世人的指南。每当公卿会议，事关典故，邢邵挥笔即成，征引适当。皇帝命他撰写朝廷表章，俄顷而就，辞藻宏远，独占鳌头。邢邵与济阴人温子昇并称文士之冠，世间称之为"温、邢"。巨鹿人魏收，虽天资勃发，但年龄在二人之下，温子昇去世后，才称"邢、魏"。

邢邵虽名望贵重，却不傲视他人，生活简朴，不讲究威仪，车马服饰，够用即可。他不住

大宅院，坐卧都在一个小屋里。果饼等食物，常放在梁上，有客人来，便取下来共同分享。天资质朴，平易近人，士人无论贤愚，都能平等对待。与客人谈话时甚至会一边解开衣服抓虱子，一边高谈阔论。

他藏书甚丰，却不喜校勘文字，看别人校勘，就笑道："真是愚蠢至极啊！天下的书到死都读不完，怎么可以把时间花在校勘上呢？而且思考错误的书，更是一种快乐啊！"妻弟李季节，是个有才学的人，他对邢邵说："世上的人多不聪明，思考误书能得到什么？"邢邵说："如果思考都无所得，就更不需要浪费精力读书了。"邢邵天性喜好品评鉴赏，不能闲暇独处，办完公事回家休息，常须宾客陪伴。他情操高尚，见识广博，开导启发，排疑解难，东门吴以来，还没有过。著有文集三十卷，流传于世。

北响堂山石窟菩萨坐像·北齐

周书

武帝宇文邕在
八年五帝兴廿五年
佛法□□

96

周书

中国社会科学院历史研究所博士
戴卫红

《周书》，纪传体史书，成书于贞观十年（636），共 50 卷，其中《本纪》8 卷、《列传》42 卷。本书记载了西魏及北周宇文氏建立的周朝（557～581）的史事，内容兼顾了同时代的东魏、北齐、梁与陈四朝的重大史事。

《周书》由唐令狐德棻主编，参加编写的还有岑文本和崔仁师等人。令狐德棻（583～666），宜州华原（今陕西耀县）人，在唐初颇有文名，多次参加官书的编写。祖父令狐整为北周大将军，父亲令狐熙北周位至吏部中大夫、仪同大将军。唐高祖时，令狐德棻任大丞相府记室，后迁起居舍人、礼部侍郎，国子监祭酒，太常卿、弘文馆、崇贤馆学士等职。

《周书》体例特殊。在西魏史的表述上，《周书·文帝纪》中以西魏皇帝年号记事，详细记述了西魏文帝、废帝、恭帝共二十二年的政治、军事大事。后梁是梁朝宗室萧詧在西魏扶持下建立的一个封建小朝廷，都江陵（今湖北江陵），先后是西魏、北周和隋的附庸，传三世，历三十三年（555～587），灭于隋。《周书·萧詧传》及其众多的人物附传，记载了后梁政权的历史。

《周书》文笔简洁爽劲，清人赵翼说它"叙事繁简得宜，文笔亦极简劲"。《周书》视野开阔，它所记内容兼顾了同时代的东魏与北齐、梁与陈等四朝的重大史事，如帝位更迭、重大动乱，皆一一载明，因而在一定程度上反映了当时全国历史发展的大势及纷繁的历史事件。

白话精编二十四史 ◆ 第五卷

文帝纪

宇 文泰和高欢一样，出身卑微，依靠军功才逐渐达到显赫的地位。他把持朝廷大权之后，立了傀儡皇帝元宝炬，和东魏政权相对峙。自己对朝政大包大揽，成为事实上的君主。

▶【炎帝子孙】

北周太祖文帝名叫宇文泰，字黑獭，是代武川（今内蒙武川）人。他的先祖出身于炎帝神农氏，被黄帝灭掉，子子孙孙在旷野里居住下来。有一个叫普回的首领，狩猎时得到三枚玉玺，印文是"皇帝玺"。普回很奇怪，认为是上天授予的。鲜卑的风俗是称天为宇，称君为文，于是他自号为宇文国，并以宇文为姓氏。

宇文泰出生时，有一团黑气像盖子一样覆盖住他的下半身。长大后，他身高八尺，额头方正宽广，胡须俊美，发长拖地，手垂下去可以超过膝盖，背上有黑痣，好像龙盘踞的形状，脸上有紫光，令人心生敬畏。宇文泰年轻时就器宇宏大，不管家事，也不经营产业，轻视钱财，乐善好施，以求结交贤明的士大夫。

宇文泰的先祖们都以富有军事谋略见称。宇文泰少年时，跟着父亲在鲜于修礼的军队当兵，后来又归附了尔朱荣。尔朱荣认为宇文泰兄弟雄武有力，害怕他们背叛自己，于是找了个借口杀掉了宇文泰的三哥，还要杀宇文泰。宇文泰自己陈述冤情，言辞恳切慷慨。尔朱荣被感动了，于是放过了他，对他更加礼待。

▶【树立威信】

万俟丑奴在关西作乱时，孝庄帝派尔朱天光和贺拔岳讨伐。宇文泰跟随贺拔岳出征，作为先锋，能征善战。叛乱平定后，他的功劳最大，升迁为征西将军、金紫光禄大夫。当时关陇地区经盗贼破坏，百姓生活凋敝，宇文泰用恩德信义来抚慰他们，百姓都心悦诚服，高兴地说："要是早遇上宇文使君，我们怎么会跟着叛乱呢？"

北魏节闵帝普泰二年（532），尔朱天光向东抵抗高欢的军队，留弟弟尔朱显寿镇守长安。秦州刺史侯莫陈悦被尔朱天光召唤，要率众东下。贺拔岳知道尔朱氏一定会失败，想留下侯莫陈悦一起图谋尔朱显寿，却苦于没有计策。宇文泰说："现在天光走得不远，侯莫陈悦未必有二心，如果告诉他这件事，怕他会惊慌。何况侯莫陈悦虽然是主将，却不能控制部下，如果先说动他的士兵，肯定会有人想留。到时候，侯莫陈悦面临两难：进，会耽误尔朱氏规定的日期；退，害怕人心变动。趁这个机会劝说他，肯定会成功。"贺拔岳非常高兴，令宇文泰去劝说，侯莫陈悦果真没有东下。贺拔岳于是和他率军袭击长安，令宇文泰率领骑兵为先锋。宇文泰知道尔朱显寿秉性怯懦，听说大军来到一定会向东逃跑，怕他跑远了，于是日夜兼程，在华山追上了尔朱显寿，并将其生擒。

北魏永熙三年（534）二月，贺拔岳被侯莫陈悦害死，军队无主，商议推举宇文泰为主将。当时，宇文泰在夏州（今陕西横山县西）做刺史，知道这个消息后要奔赴平凉，统率军队。夏州的官员和百姓都哭着请求道："听说侯莫陈悦现在水洛城（今属甘肃庄浪），和平凉相距不远。如果他占有了贺拔公的军队，图谋他就太难了。希望您在这里停留一段时间，静观时局变化。"宇文泰却认为侯莫陈悦害死贺拔岳后，应该乘势占据平凉，他却在水洛驻兵，显出了无能。"如果我不早去平凉，恐怕将士们人心涣散。"

于是，宇文泰率领骑兵奔赴平凉。当时高欢派侯景去招抚贺拔岳的

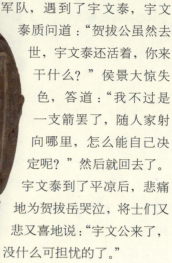

军队，遇到了宇文泰，宇文泰质问道："贺拔公虽然去世，宇文泰还活着，你来干什么？"侯景大惊失色，答道："我不过是一支箭罢了，随人家射向哪里，怎么能自己决定呢？"然后就回去了。宇文泰到了平凉后，悲痛地为贺拔岳哭泣，将士们又悲又喜地说："宇文公来了，没什么可担忧的了。"

收罗军队后，宇文泰着手准备讨伐侯莫陈悦。这年四月，他率领军队前往关陇地区，一路上军纪严肃，秋毫无犯，有见识的人都说他能成功。几场战役过后，侯莫陈悦大败，率领几十名骑兵逃走，宇文泰命将领追击。他的侄子宇文导在牵屯山追上了侯莫陈悦并杀掉了他。宇文泰率兵进城，收缴了侯莫陈悦的府库，将像小山一样堆积的财物都赏赐给了士兵们，自己一点都没拿。有个侍卫偷偷地拿了一个银瓮回家，宇文泰知道后治了他的罪，还把银瓮打碎分给将士们，大家都非常高兴。

【拥帝掌权】

宇文泰地位显赫之后，不肯依附于高欢。当时北魏孝武帝和高欢疏远，倚重宇文泰。两人的交战不可避免。

白石佛头·北周

佛头高16厘米，面带微笑，双目微闭，有一种超凡脱俗的怡淡与自然。

永熙三年（534）七月，宇文泰率领军队从高平（今宁夏固原）出发，先头部队到了弘农（今河南灵宝东北）。高欢逼近京城，孝武帝亲自统率六军，驻扎在河桥，命令左卫元斌之、领军斛斯椿镇守武牢（今属河南荥阳），派使者去告诉宇文泰。宇文泰对左右说："高欢几天行军八九百里，是兵家所忌惮的，要趁机攻打他。皇上不能决战，只能据守渡口。长河万里，防守起来非常困难，敌军只要从一个地方渡河，我们就大功告成了。"孝武帝立即命令大都督赵贵从蒲坂（今山西永济）渡河，逼近并州，大都督李贤带领一千精锐骑兵奔赴洛阳（今河南洛阳）。

当时，元斌之和斛斯椿争权夺利，元斌之于是抛弃了斛斯椿跑回洛阳，欺骗孝武帝道："高欢的兵到了。"几天后，孝武帝就率领骑兵离开洛阳，进入了函谷关，去依附宇文泰。从此孝武帝定都长安，军国大政交给宇文泰来决定。他给宇文泰加官晋爵，还把冯翊长公主嫁给宇文泰。这样，宇文泰就成了西魏事实上的君主。

但战争还没有结束。这年八月，高欢攻下了潼关（今陕西渭南潼关县），侵犯华阴（今陕西华阴），宇文泰率领君主驻扎在灞上（今陕西西安市东）等着他。高欢留下将领薛瑾守关，自己撤军。宇文泰于是征讨薛瑾，俘虏了七千士兵，回到长安后升为丞相。

【东西对峙】

永熙三年（534）十月，高欢拥立元善见为君，建立东魏政权。北魏分裂，东西对峙开始。在两个政权的交战中，双方各有胜负。对于西魏来说，一场比较漂亮的胜仗发生在西魏文帝大统四年（538）。

这一年七月，东魏派几员大将将独孤信围困在洛阳，高欢随后也到了洛阳。此前，文帝要去洛阳拜谒园陵，正赶上独孤信被围困，于是诏令宇文泰救援独孤信，文帝自己也向东挺进。八月，宇文泰的军队打败高欢的两员大将，俘虏了他们的士兵送到弘农。当天晚上，文帝去了宇文泰的大营，东魏的大将连夜解除包围离去。

第二天早上，宇文泰率领骑兵追击，到了黄河边上。东魏大将侯景等人北据河桥，南依邙山摆下阵势，合力作战。宇文泰的战马中了流箭，受惊奔逃，不知所踪，于是军中混乱。都督李穆将自己的战马交给宇文泰，军队的士气才振作起来，取得大胜，斩杀数员东魏大将，俘虏了一万五千甲士，跳河而死的士兵数以万计。

这天战阵规模宏大，首尾相距很

远，从早上到黄昏，双方交战数十个回合，战场上灰尘满天，烟雾弥漫，将士们相互不知道战争的情况。西魏将士纷纷败退，宇文泰只能班师，洛阳也失守了。军队到弘农时，守将都已经弃城西逃了。城里原来被俘虏的东魏降卒关上城门，据守城池。宇文泰攻下弘农，杀掉了为首的几百个人。

西魏大军都去参加对东魏的战争，关中留守的士兵很少，而前前后后被俘虏的东魏士兵都散落在民间，图谋作乱。李虎等人回到长安后，只好和公卿大臣辅佐西魏太子出城，驻扎在渭水北边。关中的百姓大为震惊，以为朝廷要放弃长安，于是怀着一种末日心理，互相抢劫。在这种混乱的局面下，沙苑之战中被俘的东魏士兵赵青雀、雍州百姓于伏德等人趁机造反。赵青雀占据长安的附属子城，于伏德占领咸阳（今陕西咸阳东北），与咸阳太守慕容思庆分头收罗投降的士兵，以抵抗班师的军队。

长安城的百姓相继抵抗赵青雀，每天都要交战。文帝留在阌乡，派宇文泰前去讨伐。长安的百姓看见宇文泰，悲喜交集地说："没想到今天还能见到您！"百姓们相互庆贺。华州刺史宇文导率领军队袭击咸阳，斩杀慕容思庆，生擒于伏德，向南渡过渭水和宇文泰合力攻打赵青雀，大胜。太傅梁景睿之前因为疾病留在长安，和赵青雀同谋，这时也被杀。关中地区终于平定下来。

弘农之战好比历史上的城濮之战，西魏凭借这场战争，取得了和东魏政权相抗衡的基础。后来，这两个政权相继进行了很多场战争，无论胜负，任何一个政权都没有能力灭亡另外一个。宇文泰和高欢这一对冤家，分别执掌着两个朝廷的大权，谁也没有称帝，却都为子孙建立帝王的基业铺平了道路。

宇文泰平生崇尚古代的礼节，一心想恢复上古的风俗。西魏恭帝三年（556），他仿效周礼，设置天、地、春、夏、秋、冬六官，分派各项事务，要求百官各司其职。十个月后，他就去世了，享年五十二岁。他的儿子宇文觉即位后，追尊他为文王，庙号为太祖，两年后又被追尊为文皇帝。

论赞

史臣曰：太祖起家时，田地没有一成，军队没有一旅，驱驰于战场之上，奔走于军队之间。适逢施展才能的时机，聚集义勇同盟的人，一举就消灭了仇敌，两次出征匡扶皇室。于是对内请教于帷幄之中，对外依仗贤才之力，以至诚对待他人，用礼法训教万民。英明的计策如闪电一般，神勇的军队如风般飞驰而进，于是树立威信建立霸业。恩德和刑罚一起使用，有功勋和贤能的人同时选任，远方安定近处安乐，民风淳朴百姓和睦。万民众望所归，揖让帝位的时期已到，功业如此，仍以人臣的身份而终，难得啊！

卷五至卷六

武帝纪

北周武帝宇文邕（543～578）是南北朝首屈一指的明君，他韬光养晦十三年，终于抓住机会，诛杀弑君权臣宇文护；亲政后力行节俭，限制佛、道；身先士卒，用兵如神，以五年时间攻灭北齐，统一北方。可惜天不假年，他未能完成"平突厥，定江南"的大业，真是"出师未捷身先死，长使英雄泪满襟"。

【锄奸灭佛】

北周高祖武皇帝宇文邕，字祢罗突，是宇文泰的第四子。母亲是叱奴太后。大统九年（543），宇文邕生于同州，自幼孝顺恭敬，聪明机敏，气度不凡。宇文泰曾说："能完成我志向的，必定是这个孩子。"十二岁时，被封为辅城郡公。孝闵帝登基后，拜为大将军，出镇同州。世宗即位，升柱国，授蒲州诸军事、蒲州刺史。武成元年（559），入都为大司空、治御正，晋封鲁国公，兼任宗师。世宗宇文毓与他十分亲近，朝廷有大事，多找他商议。宇文邕性格深沉，识见宏远，如果无人问询，从不主动发表意见。世宗常叹道："此人轻易不言，开口必能说到点子上。"

武成二年（560）夏四月，周世宗宇文毓被权臣晋国公宇文护毒死，临终前将帝位传给四弟宇文邕，即后来的周武帝。次年元旦，武帝改元保定，朝廷大权依旧把持在弑君权臣宇文护手中。

🪙 **永通万国篆书折三赏赐金钱·北周**

北周武帝大象元年（579）始铸，面文"永通万国"，"永通"意为永远通行，"万国"示天下万国可用。字廓深峻，形体厚重，钱文和铸工均臻妙境。

天和七年（572）三月十四日，隐忍十三年之久的武帝终于抓住机会，亲手将宇文护杀死，并将其党羽一网打尽。从此武帝开始掌握实权。

为了扩大收入，实现统一大业，武帝决心向佛、道二教开刀。建德二年（573）十二月一日，他召集群臣以及和尚、道士等人，亲自主持辩论三教的先后次序，最终确定以儒教为首，道教为次，佛教最末。这是"灭佛"的第一步。

次年五月十七日，武帝终于找到"灭佛"借口，下令禁止佛、道二教，毁掉全部佛经和佛像，令和尚、道士统统还俗。此外，他还禁止一切不符合儒家礼制的祭祀活动，凡是儒家经典没有记载的，全部予以废除。

"灭佛"为国家节约了大量开支，增加了赋役人口，是实现武帝富国强兵志愿的关键。

【励精图治】

周武帝是南北朝时少有的勤政爱民的杰出君主。他曾在正武殿亲自听理诉讼，从早到晚，不知疲倦。一有水旱灾荒，他就率领群臣自我反省。还常鼓励百官军民上书言事，允许指责其政治得失。

当然，武帝最大的德政还是提倡节俭，特别在其亲政之后，更是将节俭作为基本国策加以推行。

建德元年（572）三月，武帝下诏说："要想政事平稳，首先要做到不骚扰百姓；要想使政治安定，首先要停止过多的徭役。之前大兴土木，没有节制，征调百姓，没有休止，加上年年兴兵打仗，农田荒废。去年秋天蝗灾，收成不好，有不少百姓逃亡，家中无人纺织。我每日严于律己，常怀戒慎之心。从现在起，除了法令规定的赋役之外，不许随意征发。将来实现国富民强，才符合我的意愿。"不久，他下诏取消了四方非常规的贡献。

建德二年（573）九月，武帝又下诏说："为政的关键在于节约财用，典礼仪式务必宁静节俭。而近来官民婚嫁竞相奢靡浪费；祭祀的费用，也耗尽国家资财，这都是严重违背经典训诫的。有关部门要严加宣传制止，使人们都能遵守礼制。"

一次，武帝驾临道会苑，认为上善殿建筑陈设过于华丽，便下令将其焚毁。平定北齐后，武帝便试图将节俭之风推广到齐地。他下诏痛斥齐主奢靡腐化和齐国臣民放纵淫荡的风气，将齐国的东山、南园和三台这三处皇家园林一并拆毁，砖瓦木料，凡是还能用的，都赐给百姓小民。园林占用的田土，也都归还旧主。

此外，武帝在位期间还改革币制、统一度量衡、释放奴隶、加强法制建设。

建德三年（574），武帝诏令重新铸造"五行大布钱"，与之前铸造的"布泉钱"同时流通，以一当十。不久，又规定禁止五行大布钱出入潼关，布泉钱则允许流入国内而不许外流。最后，在建德五年（576）下诏废除了布泉钱，并严令禁止私人铸钱。这些措施对稳定物价，维持政府收入都有相当意义。

建德六年（577）八月，武帝主持商定了新的度量衡制度，颁布天下。那些不符合新制度规定的，全都追缴，停止使用。

此外，武帝还先后下令，那些因父辈犯罪而世代沦为奴婢的人，以及在北伐南征期间被虏获到周国为奴的外地百姓，都恢复他们的平民身份。

除此之外，武帝还试图以严刑酷法来限制犯罪。他颁布的《刑书要制》规定：手持武器抢劫一匹布以上，徒手抢劫五匹布以上，监守自盗二十匹布以上，偷盗及诈骗官布三十匹以上，地方官隐瞒人口达五户或十丁以上，隐地三顷以上的，都处以死刑。《刑书》上没记载的，都依据相关律令处理。

在武帝这一系列励精图治的努力下，北周政权走上了富国强兵的道路，并逐渐具备了统一天下的实力。

【三伐北齐】

武帝即位不久，就将统一北方作为首要目标。为此，他不断对北齐用兵，先后组织了三次大规模东征。

从保定三年（563）九月二十七日至次年十二月，武帝先后派遣柱国杨忠、郑国公达奚武、晋国公宇文护、蜀国公尉迟迥、齐国公宇文宪等重臣率兵东征，掀起了第一次伐齐战争。此役周军虽攻占了北齐一些城池，但自身也损兵折将，铩羽而归。

到建德四年（575）秋七月二十三日，经过充分准备，周武帝在大德殿召集大将军以上官员，确定伐齐大计。随后下诏伐齐，御驾亲征。

八月二十一日，周军顺利进入齐国境内，武帝下令禁止砍伐树木，践踏庄稼，违犯者以军法处置。不久，武帝亲率诸军攻占河阴大城，但在进攻子城时受阻。武帝又恰在此时突发重病，于是东征大军被迫于九月初九开始撤退，已经攻占的齐国三十余座城池也都放弃。就这样，第二次伐齐战争也以失败而告终。

建德五年（576）冬十月，武帝召

集群臣说："去年因我突发疾病，没能完成平齐大业。但那次攻入齐国境内，我详细观察了敌情，发现敌军行动，简直就是儿戏。又听说他们朝政昏乱，小人当政，百姓生活在水深火热之中。这是天赐良机，如果不趁机将其攻取，恐怕将来追悔莫及！但这次如果还像往年一样，出兵到河阴，那只不过是碰触到敌人的后背，并未扼住他们的咽喉。然而晋州本是高欢发迹的地方，是齐国的军事重镇，这次我们出兵将

千佛碑（局部）
北周武帝保定五年（565）制，河南洛宁县文物。

其攻克，敌军主力必然前来救援，我们就严阵以待，一举将其击溃。然后趁势挥军东进，统一天下。"由于前两次伐齐战争的失败，朝中文武大都不愿再战。武帝力排众议，说："机不可失！有谁敢阻挠我的军事计划，就以军法处置！"毅然决定亲率六路大军第三次东征伐齐。

【晋、并激战】

十月十八日，武帝按计划率军攻至晋州城外，随即派齐王宇文宪率领精锐骑兵二万人把守雀鼠谷，陈王宇文纯率领步兵、骑兵共二万人把守千里径，郑国公达奚震率领步兵、骑兵一万人守统军川，大将军韩明率步骑兵五千人守齐子岭，乌氏公尹升率步骑兵五千人守鼓钟镇，凉城公辛韶率步骑兵五千人守蒲津关，柱国赵王宇文招率步骑兵一万人从华谷进攻齐国汾州诸城，柱国宇文盛率步骑兵一万人守汾水关。同时，派内史王谊监督六军，进攻晋州城。武帝亲率主力屯兵于汾水河湾。齐王宇文宪进攻洪洞、永安二城，一举占领。武帝每天从汾水河湾赴城下，亲自督战。晋州城内人心惶惶。二十五日，齐国行台左丞侯子钦出城投降。几天后，负责把守城北的晋州刺史崔景嵩也秘密联络周军，表示愿意归降，在其接应下，周军一举占领晋州，活捉晋州城主特进、开府、海昌王尉相贵，俘虏带甲将士八千人，遣送关中。二十九日，武帝任命上开府梁士彦为晋州刺史，加授

大将军，留精兵一万镇守，又派各路兵马攻占了附近其他城池。

正如之前所料，听到晋州失守的消息，齐后主高纬便于十一月四日率大军从并州前来救援。武帝认为齐军刚刚集结，暂时避其锋芒，于是诏令各军撤回，派齐王宇文宪断后。当日，齐后主包围晋州，日夜进攻。周军坚守应战。

当初，齐军进攻晋州时，担心周军主力突然抵达，便在城南挖了一条深沟，从乔山一直到汾水。十二月六日，武帝统率八万大军，摆开东西二十余里的阵势。武帝乘着平时骑的那匹马，带领随从数人巡视阵地，所到之处从容呼唤主帅姓名，表示慰问勉励。将士们深感知遇之恩，无不想奋勇效命。开战之前，随从官员请武帝换上快马，武帝答道："你让我独自骑着良马去哪里？"此时，齐后主也率军在沟北列开阵势。齐军填平堑沟，引兵向南。武帝大喜，指挥各军进攻，齐军败退。齐后主与部下数十骑逃回并州。齐军完全溃败，几百里内，丢弃的辎重、兵甲、仪仗堆积如山。

次日，武帝驾临晋州，仍要率领各军追击齐后主。诸将坚持请求撤军，武帝说："放走敌人，就会留下祸患。你们如果怀疑此言，我就独自去追。"诸将不敢再反对。周军一路追击，接连攻克高壁、介休二城。十四日，大军扎营并州，齐后主留其从兄安德王高延宗把守并州，自己率领轻装骑兵逃回邺城。当天，武帝向齐国王公以

白话精编二十四史

第五卷

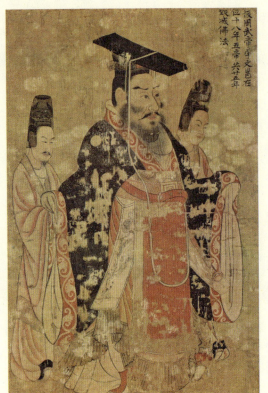

夜周武帝宇文邕在位十八年五帝兴五年
毁灭佛法

北周武帝像

唐代画家阎立本绘《历代帝王图》局部。北周武帝宇文邕是阎立本的外祖父，画家对他的了解是比较真实而具体的，因此人物形象塑造得生动而富有个性。

下官员下诏，敦促他们放弃抵抗。从此，齐国将帅接连投降。

十五日，齐将安德王高延宗僭位称帝，改年号为德昌。次日，周军抵达并州。十七日，高延宗率兵四万出城抵抗，武帝率诸军接战，齐军退却。武帝乘胜追击，率千余骑兵闯入东门，诏令诸军绕城布阵。到夜里，高延宗率军排好阵势，步步进逼，城中周军被迫退却，互相践踏，被打得大败，几乎全军覆没。齐军想关闭城门，可

门下堆满尸体，竟关不上城门。武帝随从数骑，历尽艰险，得以冲出城外。天亮后，率诸军再战，大破齐军，活捉高延宗，平定并州。武帝随即将城内宫中的金银财宝及宫女二千人赏赐将士，有功之臣都加官晋爵，然后率六军向齐都邺城进发。

【攻灭北齐】

建德六年（577）春正月一日，齐后主将帝位传给太子高恒，改年号为承光，自号为太上皇。十八日，武帝大军抵达邺城。齐后主事先在城外挖掘壕沟，竖起栅栏。次日，武帝率各军将包围邺城，大破齐军，一举攻破邺城。齐后主事先将其母亲妻儿送到青州，在邺城陷落时，也率数十骑逃往青州。武帝派大将军尉迟勤率二千骑兵追击，自己率军进入邺城。

这时，齐国任城王高湝驻守在冀州，齐后主抵达黄河以后，派侍中斛律孝卿将传国之玺送去，想禅位给高湝。斛律孝卿尚未到达冀州，就在中途被捉，押送回邺城。二十五日，尉迟勤在青州活捉齐后主高纬及其太子高恒。后来，齐后主被封为"温国公"。

二月三日，武帝议定各军战功，在齐国太和殿摆设酒宴，会宴军士以上武职，按等级颁给不同赏赐。此时，任城王高湝在冀州还拥有军队，不肯归附，武帝便派上柱

国、齐王宇文宪和柱国、隋国公杨坚率军将其讨平。至此，齐国各行台、州、镇全部投降，潼关以东平定。此次东征共得齐国五十五州，一百六十二郡，三百八十五县，三百三十万二千五百二十八户，二千万六千八百八十六口。于是朝廷在河阳、幽、青、南兖、豫、徐、北朔、定等地同时设置总管府，相州、并州二总管各设置宫室和六府官。

【帝星陨落】

宣政元年(578)夏四月二十三日，突厥入侵幽州，杀掠官吏百姓。朝廷商议出兵讨伐。

五月二十三日，武帝亲自统兵北伐，并派柱国原国公姬愿、东平公宇文神举等人率军分五路进发。征派关中公私驴马，全部从军。二十七日，武帝突然患病，到云阳宫后停止前进。三十日，下诏停止一切军事行动。

六月一日，武帝病情严重，返回京师，当夜在所乘车辇中驾崩，享年三十六岁，谥号为武皇帝，庙号为高祖。二十三日，葬于孝陵。

武帝深沉刚毅，足智多谋。当初因为晋国公宇文护专权，他常常隐藏自己的心思，旁人无法猜测他的深浅。等到诛杀宇文护以后，他才亲政。他励精图治，从不懈怠；执法严明，所杀多当其罪；号令诚恳痛切，全部心思放在政事上。臣下敬畏佩服，无不恭敬。武帝生活俭朴，身穿布袍，盖布被，没有金银珠宝的装饰，凡宫殿过于华丽者，全部撤毁，改为数尺的土台阶，不用薄栌、斗栱。凡是稍显奢华的东西一律禁用。后宫的嫔妃只有十余人。他勤谨谦虚地对待臣僚，自强不息。由于海内尚未平定，专心教练群臣。至于校阅军队，徒步穿山越谷，经历的种种艰险苦难，都是常人所不能忍受的。在平定齐国的战争中，看见士兵有赤脚的，武帝就亲自脱下靴子赏给他。每次宴请将士，武帝必亲自执杯劝酒，或亲手交付赏赐之物。至于出兵作战之时，他必定亲临战阵。武帝性格又很果断，善于决断大事。因此士卒甘愿为他拼死效力，以弱胜强。攻灭齐国之后，武帝想再大动干戈，趁势平定北部的突厥和江南政权，一两年间，必将统一天下，这是武帝的志向。

论赞

史臣曰：自从东、西魏分立，周齐争霸，战马兵戈时时相见，连年战祸相结，双方势均力敌，边事此起彼伏。周武帝继承即位，在没有勤政之时，就深谋远虑，韬光养晦。等英武之威一旦发作，朝政焕然一新。既已解除内忧，就开始谋划对外征伐。于是励精图治，身先士卒，勤俭节约，富国强兵，顺天应命，五年之间，完成巨大功业。要是他后来身体无恙，则统一天下之志将得以伸展。穷兵黩武虽受到史家指责，但他的宏图远虑，足以媲美前代圣主了！

卷七

宣帝纪

宣 帝宇文赟（559～580）是北周第四代皇帝，也是北朝有名的荒淫暴虐之君。他沉湎酒色，大兴土木，残害忠良，滥施刑罚，在位不到两年就把其父周武帝苦心经营的北周政权搞得几近崩溃，给篡国权臣以可乘之机。

▶【初登宝座】

宣帝宇文赟，字乾伯，是周武帝宇文邕长子，生母是李氏。明帝武成元年（559），生于同州。武帝保定元年(561)受封鲁国公。建德元年(572)被立为皇太子。周武帝每次出巡，常留他监国理政。

宣政元年（578）六月初一，周武帝驾崩。次日，宇文赟即帝位，即北周宣帝，尊皇后为皇太后。不久，又尊生母李氏为皇太后。

即位伊始，宣帝为保证大权独揽，不顾群臣反对，将他那能征善战、功勋卓著的叔父——上柱国、齐王宇文宪冤杀，顿失天下所望。

闰六月十日，宣帝册立妃子杨丽华为皇后。杨丽华是柱国、南兖州总管、随国公杨坚之女。不久，杨坚晋升为上柱国、大司马。而这个外戚杨坚正是后来代周自立的隋文帝。

八月八日，宣帝驾幸同州。派大使巡视各州，颁布诏令九条，宣示州郡：一、判案定罪，都必须依照法律条文；二、母族服丧期满者，听任再婚；三、以杖刑处罚的，都必须依照法令；四、郡县境内出现盗贼而未擒获的，都应记录上报；五、孝子贤孙义夫节妇，表彰其家族，有才能可当任用的，应立即举荐；六、昔日曾经做官，而名望地位不高，或沉沦民间，有文武之才的，应加访求，上报姓名；七、曾在北齐任七品以上的官员，已下令录用，八品以下官员以及品外之人，如想入仕，都听任参加预选，降两级授官；八、州举荐高才博学者为秀才，郡举荐通经高行者为孝廉，上等州、上等郡每年举荐一人，下等州、下等郡每三年举荐一人；九、年龄在七十岁以上者，按规定授予官职，凡鳏寡贫困不能自理者，都予以抚恤。冬十月九日，宣帝从同州返回。

次年（579）春正月一日，宣帝在露门接受百官朝贺，他头戴通天冠，身穿绛纱袍，群臣都穿戴汉魏衣冠。大赦天下，改年号为大成。不久，赴东部视察，驾幸洛阳。

二月一日，宣帝诏命修复洛阳旧都。于是征调太行山以东各州军队，把原来规定的一个月劳役增加为四十五日，修建洛阳宫。经常服役的有四万人，直到宣帝驾崩之时。又把相州六府移到洛阳，称为东京六府。随后，他又驾幸邺城。十九日，诏命大赦天下，改大成元年为大象元年。

【天元皇帝】

宣宗于是自称天元宣宗，所住之处称为天台，冕冠前后悬垂二十四条玉串，车服旗鼓，都以二十四为标准。内史、御正都设置上大夫。皇太子宇文衍所居称正阳宫，设置纳言、御正、诸卫等官，都依照天台的标准。尊皇太后为天元皇太后。

三月二十九日，东巡归来，大规模布列军队，宣宗亲自穿戴甲胄，从青门而入。皇太子宇文衍备仪仗卫队，随从而入。百官在青门外迎接。不料，骤雨忽至，仪仗卫队混乱不堪。

五月二十一日，为防止宗室干政，宣宗在境内设置了赵、陈、越、代、滕五封国，分别赐予自己还健在的五个叔父（即宇文泰诸子）食邑各一万户，令各赴其国。当月，派使者挑选京城及各州百姓之女，充实后宫。

一般来说，历朝历代君主都只册立一位皇后，而荒淫无道的宣帝竟然突发奇想，包括杨丽华在内，他最多同时并立有五位皇后，分别冠以"天元皇后"、"天大皇后"、"天右皇后"、"天左皇后"、"天中皇后"等封号。

十二月一日，由于屡次出现灾害和反常现象，宣宗在路寝接见百官，下诏自责。于是撤销仪仗卫队，前往天兴宫。百官上表请宣宗恢复正常食宿，宣宗答应。七日，宣帝返回皇宫。驾临正武殿，召集百官、宫人及内外受有封号的妇人，盛列舞女乐队，又让胡人表演乞寒戏，用水浇他们取乐。八日，宣帝驾幸洛阳。宣宗亲自驾驭驿马车，一日奔驰三百里。四位皇后及文武侍卫数百人，都乘驿马随从。又命令四位皇后驾车并行，若分出先后，便加以谴责，于是造成人马接连跌倒。

二十二日，回宫。

大象二年（580）二月九日，改制诏为天制诏，敕为天敕。不久，尊天元皇太后为天元上皇太后，天皇太后李氏为天元圣皇太后。诸位皇后封号也都加"大"字。

三月一日，宣帝赐百官及民间百姓举行大会饮。五日，驾幸同州。增设候正，作为前导筹备，共三百六十处，从应门到赤岸泽数十里之间，旌旗相遮，鼓乐大作。又命令武士骑马持铁把短矛，称为警跸，一直排列到同州。九日，改同州宫为天成宫。十四日，宣帝从同州返回。十六日，诏命内外受有封号的妇人都手持笏板，伏身叩拜宗庙及天台。

五月四日，任命上柱国、大前疑、随国公杨坚为扬州总管。

释迦牟尼像·北周

十日，宣宗患病，回宫。诏命随国公杨坚入内侍奉。二十四日，宣帝病危。御正下大夫刘昉、内史上大夫郑译伪造诏书，让随国公杨坚接受遗命，辅佐朝政。当天，宇文赟在天德殿驾崩。时年二十二岁，谥号宣宗。

【昏君庸主】

宇文赟作东宫太子的时候，周武帝担心他不能胜任皇位，待他十分严厉。宇文赟每次朝见父皇时，其进退礼节都与普通臣下没有区别，无论寒暑，都不得休息。宇文赟喜好饮酒，周武帝就下令禁止把酒送到东宫。宇文赟一犯错，武帝就用棍棒痛打他。武帝曾警告他说："自古太子被废的有很多，其余的儿子难道不能立为太子吗？"武帝还派遣东宫署官记录宇文赟的言行，每月汇报。宇文赟害怕周武帝的威严，矫情伪饰，因此过失恶行不为外人所知。

宇文赟继位之初，就放纵欲望。武帝死后还未出殡，宣帝宇文赟毫无悲伤的神色，马上开始巡视先帝的妃嫔，逼她们与自己淫乱。武帝去世才一年，他便纵情歌舞，挑选天下美女，充实后宫。喜欢自夸，掩饰过错，拒绝劝谏。禅位给太子后，他更加骄奢淫逸，在后宫耽溺酗酒，有时十几天不出。公卿大臣请示政事，都靠宦官转奏。居住的宫殿，帷帐上用金玉珠宝装饰，光彩炫耀，极尽富丽奢华。等营建洛阳宫，虽未竣工，其规模壮丽，已远超汉、魏。

宣帝这个人妄自尊大，无所顾忌。他任意修改国家的礼仪和典章制度，册封了无数后宫妃嫔。他还自称为"天"，一切饮食起居、车马服饰都要显示出无比高贵和与众不同。他不喜欢臣下使用"高"、"大"、"天"、"长"等字样，比如姓高的人就统统勒令改姓"姜"。他还经常霸占臣下妻女，比如宣帝的远方亲戚——西阳公宇文温有一个美貌的妻子尉迟氏，宣帝就召她入朝饮酒，并趁机威逼，将其奸淫。宇文温父子听说此事后非常气愤，于是举兵反叛。宣帝派兵诛杀宇文温后，立刻就逼尉迟氏入宫，册封为妃，不久将其册封为第五位皇后。

宣帝每次召集近臣讨论政事，只想着大兴土木，从未说到治理之事。后来游戏无常，出入没有节制，带着近卫军，早出晚归。或驾幸天兴宫，或游览道会苑，侍从官员，都不堪忍受。散乐杂戏等鱼龙混杂的游乐项目，常在眼前。他还喜欢让京城少年穿上女人服装，入殿歌舞，与后宫观赏取乐。

宣帝排斥身边大臣，多有猜忌。又十分吝啬，几乎没有赏赐。他担心群臣规劝，不得为所欲为，就常派左右秘密侦察他们，一切言行，全部记录，稍有过失，就治他们的罪。自公卿以下官员，都曾被拷打，其中被杀被罢官的，不可胜数。宣帝每次打人，都以一百二十下为标准，名叫"天杖"。对宫女和宦官也是如此。后宫妃嫔等人，虽受宠爱，也大多曾被打。于是内外恐惧，人人不安，都希望暂且免祸，大气都不敢出，直到宣帝驾崩。

论 赞

史 臣曰：周武帝明知长子没才能，但考虑到宗法继承的重要性，还是像晋武帝那样溺爱孩子，竟没选择宋宣宗那种明智的做法。他想用棍棒震慑，对儿子有所惩戒，也并非正确的教育方式。最终，昏庸的宣宗即位，流毒深远，恶贯满盈。这样的人居然得以善终，国家直到他儿子即位时才灭亡，也真是幸运啊！

晋荡公宇文护列传

宇文护 (513～572) 是北周权臣，年轻时气度不凡，受到宇文泰的喜爱。宇文泰临危时，将国家大事托付给他。起初，他能尽心竭力辅佐幼主，安抚百姓，立下了不可磨灭的功劳。但他逐渐专横独行，傲慢无礼，甚至弑君废立，最终死于非命。

【托孤重臣】

晋荡公宇文护，字萨保，是宇文泰的哥哥邵惠公宇文颢的小儿子。他年幼时端庄正直有气度，特别受到德皇帝（宇文泰之父宇文肱，即宇文护的祖父）的喜爱，不同于各位兄长。普泰初年，他从晋阳（今山西太原）来到平凉（今甘肃平凉市西北），当时十七岁。宇文泰的儿子们都年幼，于是就将家中的事务都委托宇文护管理，全家上下不需要严格整治就庄严和睦。宇文泰曾感叹道："这个孩子的志向气度像我。"

宇文泰西行巡视到牵屯山，得了重病，派人驾驿站车马传见宇文护。宇文护到泾州（今甘肃泾川北）见宇文泰，宇文泰的病情已经危急。宇文泰对他说："我病成这样，一定是不行了。儿子们都还年幼，敌寇尚未平定，天下大事托付给你，希望你努力完成我的志愿。"宇文护哭着接受了命令。走到云阳，宇文泰驾崩。宇文护隐瞒了消息，到长安才发布宇文泰的死讯。当时宇文泰的嫡长子年幼，强敌就在附近，人心不安。宇文护处理内外大事，安抚文武百官，于是人心才安定下来。

【废帝弑君】

孝闵帝登基后，拜宇文护为大司马，封晋国公，食邑一万户。

赵贵、独孤信等人策划袭击宇文护。宇文护趁赵贵入朝时逮捕了他，他的党羽也都被诛杀。宇文护升为大冢宰。当时，司会李植、军司马孙恒等人在宇文泰时就长期位居要职，见宇文护执掌朝政，担心宇文护容不下他们，就暗中结交宫伯乙弗凤、张光洛、贺拔提、元进等人为亲信，劝皇帝道："宇文护杀赵贵以来，威望和权力日益强大，文官武将争着依附他，大小政事都由宇文护决断。以臣下看来，宇文护不会遵守臣子的节操，恐怕这种情况还会滋长蔓延，希望陛下早做打算。"孝闵帝认为他们的话很对。

宇文护暗中知道了这件事，就派李植出任梁州刺史，孙恒出任潼州刺史，想遏止他们的计划。后来皇帝思念李植等人，经常想召回他们。宇文护劝说道："先主因为陛下年幼，临终时把后事托付给臣下。我既然兼有家族与国家两重情意，实在愿意竭尽全力辅佐陛下。如果能使陛下亲理朝政，威震四海，即使我死了，也会像活着一样。只担心把我废除之后，奸诈的小人得以逞其私欲，不仅不利于陛下，也担忧国家的危亡。臣下之所以勤勤恳恳，冒犯陛下的天威言此，只是为了不辜负先主的遗托，保全国家的政权而已。"说着就痛哭流涕，很长时间才停下来。孝闵帝仍然怀疑他。乙弗凤等人更加恐惧，密谋也加紧进行，于是约定日期打算召集各位大臣入宫会宴，乘机捕杀宇文护。张光洛把他们前前后后的密谋告诉了宇文护，宇文护于是召见柱国贺兰祥、小司马尉迟纲等人，把乙弗凤的阴谋告诉他们。贺兰祥等人都劝宇文护废黜皇帝。当时尉迟纲统率禁军，宇文护就派尉迟纲入宫，召见乙弗凤等人议事，等到他们出宫时，一个一个抓送到宇文护府第。尉迟纲还乘机遣散宿卫兵，派贺兰祥逼迫皇帝退位，把他幽禁在从前的府邸里。将乙弗凤等人处死在宫门外，还诛杀了李植、孙恒等人。不久，宇文护又派人杀了孝闵帝，从岐州恭迎宇文毓登基。

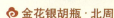

金花银胡瓶·北周

瓶高 37.5 厘米，宁夏固原北周柱国大将军李贤墓出土。胡瓶鸭嘴细颈，上小下大，皮囊形腹，单把，束腰圈足高座。胡瓶腹部有三组人物图像，每组一男一女，三组人物面貌相同，而动作各异，似是一个故事的连续画面。

【母子情深】

　　起初，宇文护的母亲阎姬、姑姑以及诸位皇戚家属都沦陷在齐国，全都被囚禁着。宇文护当上宰相以后，常常派密

彩绘贴金石菩萨像·北周

菩萨像高94厘米，陕西西安出土。整像为白石雕成，青石台座。菩萨为立姿，高髻束冠，冠中心设化佛。右手上曲执柳枝，左手下垂握净瓶。身披绕体披帛，佩项饰、璎珞，下着长裙。赤足踏莲座，座前两侧各有一蹲狮，下设方台。

使去打探消息，一直没有音讯。到这时候，齐国答应将她们全部送回，并且请求和好。第四年，皇姑先行回来。齐主因为宇文护担当要职，就留住他的母亲，以便为以后作打算。齐主派人替阎姬写信给宇文护，信中以阎姬的口吻表达了分隔三十年来她对儿子的思念之情，责备宇文护位极人臣却不能尽孝，希望宇文护尽快将其接回，安度晚年，最后还附上款识信物，作为身份凭证。

宇文护极为孝顺，接到信后，悲痛不已，身边的人都不敢仰视他。他回信表示不敢忘记母亲的养育和教诲，承诺尽快接母亲回国。但齐国没有立即送回阎姬，再次命令她给宇文护写信，要宇文护重重地报答。书信往返多次，而母亲仍然没有回来。宇文护和朝臣商议，认为齐国不讲信用，命令官员发去文书给齐国。文书还没有送走，母亲就被送回来了。全国上下欢庆喜悦，大赦天下。宇文护和母亲分别多年，一旦相聚，凡供给侍奉母亲的，都极为豪华丰盛。每逢春夏秋冬的节日和伏日、腊日，周武帝都要亲自率领亲戚们向阎姬行家人的礼节，敬酒祝寿。荣华富贵无与伦比，自古以来都没有听说过。

【暴慢丧身】

宇文护性情非常宽厚温和，然而不识大局。他自恃有建国立邦的功勋，长期担任宰相的职务。凡是他所委任的人，都不称职。加上他的儿子们贪婪残暴，部属骄纵横逸，仗恃着宇文护的声威权势，没有不败坏政事、残害百姓的。宇文护欺上蒙下，毫无顾忌。武帝因为他狂暴傲慢，暗中与卫王宇文直策划铲除他。天和七年（572）三月十八日，宇文护从同州返回。武帝亲临文安殿，接见过宇文护后，领他进入含仁殿拜见皇太后。宇文护将入含仁殿时，武帝对他说："太后年事已高，很爱喝酒。不亲自接受朝拜，有时就不准拜见。喜怒哀乐，常有违背常理的地方。近来虽然劝告过多次，但都没有被采纳。兄长今天既然来拜见，希望您再劝劝太后。"于是从怀中拿出《酒诰》交给宇文护，让他拿这个来规劝太后。

宇文护入殿之后，按照皇帝的告诫，向太后朗读《酒诰》。还没有读完，武帝用玉笏从后面猛击他的头，宇文护跌倒在地。武帝又命令太监何泉拿御刀砍他。何泉惶恐畏惧，砍下去后没有伤着他。当时卫王宇文直预先已经藏在室内，于是冲出来斩了宇文护。杀了宇文护以后，武帝召见宫伯长孙览等人，告诉他们这件事，立即下令逮捕宇文护的儿子柱国谭国公宇文会、大将军莒国公宇文至、崇业公宇文静、正平公宇文乾嘉，以及宇文乾基、宇文乾光、宇文乾蔚、宇文乾祖、宇文乾威等人，此外还有柱国侯伏侯龙恩、龙恩之弟大将军万寿、大将军刘勇、中外府司录尹公正、袁杰、膳部下大夫李安等人，在殿中杀了他们。

宇文护的世子宇文训任蒲州刺史。当天夜里，武帝派柱国、越国公宇文盛乘坐驿车前往蒲州，征调宇文训赶赴京师。宇文训行至同州时被赐死。宇文护的长史代郡人叱罗协、司录弘农人冯迁以及宇文护所亲近信任的人，都被免职。宇文护的儿子昌城公宇文深出使突厥。武帝派开府宇文德带着加有玺印的文书，去杀掉宇文深。建德三年（574），武帝下诏恢复宇文护以及他各位儿子原来的封爵，赐给宇文护谥号为"荡"，并将其改葬。

论赞

史 臣曰：在北周刚刚接受天命的时候，宇文护历经艰难。到宇文泰去世时，他的儿子们年幼，王公们怀有取而代之的志向，天下的人有背离的心意。最终能够代魏建周，化险为夷，是宇文护的功劳。假如他能注意礼让，继续保持忠诚坚贞，尽早悔过自新，必然能寿终正寝。然而宇文护学术短浅，亲近小人，作威作福，专权独断。有作为人臣而目无君主之心，做出君主无法忍受的事情。忠孝是最高尚的节操，他却毫不犹豫地违背；废弑君主是最大的叛逆，他却毫不后悔地去做。最终自己身首异处，妻子儿女被杀，不也是应该的吗？

齐炀王宇文宪列传

北 周重臣宇文宪，自幼聪慧过人，与众不同，受到宇文泰的赏识。他是三朝元老，骁勇善战，随军出征常任先锋，屡立战功。终因位高权重，被昏庸的周宣帝冤杀。

▶【奋勇退敌】

齐炀王宇文宪，字毗贺突，是宇文泰的第五子，自幼性格通达，有气量，神色严峻，不苟言笑，被封为涪城县公。少年时他同宇文邕一块学习《诗经》《春秋》，都能综合要点，得其旨意。宇文泰曾赏赐给儿子们良马，让他们自己选择。只有宇文宪选了一匹杂色马。宇文泰问其缘故，宇文宪答道："这匹马颜色特殊，可能出类拔萃。如果从军作战，马夫容易辨认。"宇文泰高兴地说："这个孩子见识不凡，必成大才。"后来，宇文宪随父亲在陇山上打猎，经过官马牧场，宇文泰每次看见杂色马，都说："这是我儿子的马啊！"命令随从牵来，赏赐给他。

后来，晋公宇文护东伐时，以尉迟迥为先锋，包围洛阳。宇文宪与达奚武、王雄等人驻扎在邙山。其他各军分别把守险要的地方。齐兵数万人，突然出现在大军背后，各路军队惊慌失措，各自溃散。只有宇文宪与王雄、达奚武率兵抵抗。而王雄被齐军杀死，三军震恐。宇文宪亲自督率激励，军心才安定下来。当时晋公宇文护执掌大权，对他十分信任，赏罚之事，都得以参与。

周武帝天和三年（568），宇文宪升任大司马，兼小冢宰，仍担任雍州牧。次年，齐国将领独孤永业前来侵犯，强盗杀死了孔城防主能奔达，献出城池响应齐军。武帝诏命宇文宪与柱国李穆率兵从宜阳出发，修筑崇德等五座城，断绝敌军的运粮通道。齐国将领斛律明月率军四万，在洛水以南修筑营垒。五年（570），宇文宪涉过洛水截击齐军，斛律明月逃走。宇文宪一直追击到安业，几经交战才返回。同年，斛律明月又率大军在汾水北岸修城，向西直到龙门（今陕西韩城）。晋公宇文护对宇文宪说："盗贼遍地，军马驰骋，使得战场之间，百姓罹难。怎么能够看着他们屠杀百姓，而不想办法解救他们？你说该怎么办呢？"宇文宪答道："依我看，兄长应当出兵同州，作为威慑，我率领精锐部队在前，伺机而动。如此不仅边境可以安宁，而且可能另有收获。"

宇文护表示赞同。

次年，宇文护派宇文宪率兵二万，从龙门出发。齐国将领新蔡王王康德得知宇文宪率军袭来，连夜弃城而逃。宇文宪引兵西返，突然掘开汾水，使河水向南淹没敌营，随后再次攻入齐国境内。齐人以为宇文宪不会攻

河北正定古城长乐门（南城门）

正定城始建于北周，初为石城，唐朝中期进行拓建，此后历代皆有不同程度的修葺，今城墙为明代遗存。

略到很远的地方，就放松了边防的戒备。宇文宪突然渡过黄河，进攻齐国的伏龙等四座城，两天内全部占领。后又攻克张壁，缴获大量军用物资，夷平城垒。斛律明月当时在华谷（今山西稷山西北），无法救援。宇文宪向北攻打姚襄城。这时汾州已被围困很久，运输救援粮草的道路断绝。宇文宪派柱国宇文盛运粮接济，自己进入两乳谷，攻下了齐国的柏社城，又进军姚襄。齐人据城死守。宇文宪命令柱国、谭公宇文会修建石殿城，作为汾州后援。齐国平原王段孝先、兰陵王高长恭率大军前来，宇文宪命令将士布阵迎敌。大将军韩欢被齐人偷袭，北周军败退。宇文宪亲自督战，才稍稍退逼齐军。正好天色已晚，双方于是各自收兵。

后来，宇文护被武帝诛杀，平素同宇文护亲近的宇文宪感到不安，主动谢罪，武帝表示谅解；有人建议将宇文宪除掉，武帝没有同意，仍对宇文宪信任有加。

【东征建功】

建德四年（575），周武帝打算东征，只同内史王谊谋划此事，其他人都不知道。后来他认为诸弟的才能谋略没有能超过宇文宪的，就告诉了他。宇文宪当即表示赞同。在大军准备出发时，宇文宪上表要献出自己的财产来赞助军费。武帝下诏

水晶观音像·北周

不予接受，并将宇文宪的奏表展示给公卿们，说："臣子应当如此，我更看重他的心意，而不是财物。"于是诏命宇文宪率兵二万为先锋，前往黎阳（今河南浚县）。武帝亲自围攻河阴（今河南孟津），久攻不下。宇文宪攻占武济，进兵包围洛口，并攻下东西二城，后因武帝患病而撤军。这一年，北周开始设置上柱国官职，让宇文宪担任。

建德五年（576），武帝再次大规模东征。宇文宪率领精锐骑兵担任先锋，把守雀鼠谷。武帝亲自围攻晋州(今山西太原）。宇文宪进军攻克洪同、永安二城，打算进一步进攻。齐人烧毁桥梁，固守险要，北周军队无法前进，于是屯兵在永安。齐主听说晋州被围，就率兵十万，亲自前来救援。当时，柱国、陈王宇文纯驻军在千里径，大将军、永昌公宇文椿屯兵鸡栖原，大将军宇文盛把守汾水关，都受宇文宪的指挥。宇文宪暗中对宇文椿说："战争是诡诈之道，去留不定，要见机行事，不能死守常规。你现在安营，不要支起帐幕，可以砍伐柏树搭成小庵，表示有帐幕的样子。使得军队离开以后，敌军仍会怀疑我们在那里。"当时齐主分兵一万前往千里径，又命令军队出兵汾水关，自己亲率大军与宇文椿交

战。宇文盛派骑兵飞奔告急，宇文宪亲自率领骑兵千人援助。齐人看见山谷中尘土飞扬，急忙相继退去。宇文盛与柱国侯莫陈芮渡过汾水追击，斩杀俘获不少敌兵。不久，宇文椿报告齐军渐渐逼近，宇文宪又回兵救援。恰巧宇文椿被武帝命令追回，就率军连夜返回。齐人果然认为柏庵是军队营帐，没有怀疑周军已退，第二天才明白上当了。

当时武帝已经离开晋州，留下宇文宪在后面抵御齐军。齐主亲自率军前来追击，抵达高梁桥。宇文宪率领两千精锐骑兵，隔岸布阵。齐国领军段畅一直进到桥头。宇文宪隔河招呼段畅，同他交谈。段畅得知是宇文宪之后，打马而去。宇文宪立即命令撤军，而齐军急速追来，装备非常精锐。宇文宪和开府宇文忻各率精选骑兵一百人殿后抵挡，斩其猛将贺兰豹子等一百余人，齐军才退去。宇文宪渡过汾水，在玉壁赶上武帝。

武帝又命令宇文宪率兵六万，回师救援晋州。不久武帝东征，驻军在高显，宇文宪率领他的军队先向晋州推进。第二天，各军会合，逐渐进逼到城下。齐人也出动大军，在营南布成阵势。武帝召宇文宪飞奔前往察看。宇文宪回来报告说："这很容易对付，请下令打败敌军后再吃饭。"武帝高

兴地说："如果像你说的那样，我就没有忧虑了。"宇文宪退下后，内史柳虬私下对他说："敌军也不少，大王怎么能轻视他们？"宇文宪说："我被任命为前锋，为国为家，扫除这些残敌，犹如摧枯拉朽。商朝、周朝的事，您是知道的，贼兵虽多，能把我怎么样？"不久，各军一块进击，敌人立刻大败。当夜，齐主逃走，宇文宪率轻锐骑兵追击，追到永安（今山西霍县）时，武帝也随后赶到。齐人收集残兵，又占据了高壁和洛女砦。武帝命令宇文宪攻克洛女砦。第二天，宇文宪在介休（今山西介休市）和大军会师。次年，宇文宪随武帝攻克齐都邺城，随后又受命攻克信都，立功而返。

【无罪被害】

宇文宪觉得自己威名越来越大，暗自考虑隐退。武帝准备亲征北部蛮族时，他就借口有病推辞。武帝不高兴地说："你如果害怕去，有谁为我出征？"宇文宪惧怕地说道："我本来很想随皇上出征，只因身患疾病，不能胜任带兵作战。"武帝答应了他。不久，武帝驾崩，宣帝继位，认为宇文宪辈分高名望大，十分惧怕他。当时武帝还没有安葬，各位亲王都在朝内守灵。司卫长孙览总管军队，辅佐朝政，担心诸王怀有异心，上奏宣帝。宣帝于是命令开府于智观察亲王们的动静。安葬武帝后，诸王各自回到府中。宣帝又命令于智到宇文宪宅第等候，趁机告发他另有图谋。

不久，宣帝派小冢宰宇文孝伯对宇文宪说："三公的职位，应当交给亲属中贤能之人，如今打算任命叔父为太师，九叔为太傅，十一叔为太保，叔父认为怎样？"宇文宪答道："我才能低下，而地位很高，常为此感到恐惧。三师的职位，我不敢担任。而且先皇时的功臣，应当担当此任。如果只用我们兄弟，恐怕会招致众人的议论。"宇文孝伯回去报告，随即又赶来，说："诏命大王今晚和诸王一起进宫。"宇文宪一个人被领进宫中。宣帝预先在其他房间埋伏下壮士，宇文宪一到，立即被抓住。宇文宪不屈不挠，坚持替自己申辩。宣帝让于智和宇文宪对质。宇文宪目光灼灼，和于智对质。有人对宇文宪说："以大王今天的形势来看，何必多说？"宇文宪答道："我位重辈高，一旦到这种地步，生死由命，岂是为了存活？只是因为老母还在，恐怕留下遗憾而已。"说完把笏板扔到地上。随后，宇文宪被宣帝派人勒死，时年三十五岁。

论赞

史臣曰：齐王宇文宪奇特的才能不同凡俗，受到前世君王的特殊笼络。他以皇弟的身份，身居上将的高位，智勇盖世，攻战如神，敌国的存亡维系在他身上，国家的命运由他决定。但是功高震主，这样的人也惨遭杀戮，君子由此可知北周气数并不会长久。

卷十四

贺拔胜 贺拔岳列传

贺 拔胜、贺拔岳兄弟都是朝廷重将，擅长骑射，智勇双全，屡立战功。限于时局所迫，贺拔胜几易其主，但始终能够竭尽其能，尤其受到北周太祖的厚重礼遇。后来他因未能杀死高欢，自己儿子反被其害，悲愤而死。贺拔岳不读兵书，却通晓兵法，高瞻远瞩，堪称旷世奇才。他后来被奸臣诱骗而死，朝野无不哀痛。

▶【父子双雄】

贺拔胜，字破胡，是神武尖山（今山西朔县）人。他的祖先与北魏拓跋氏都在阴山一带生活，有一个叫贺拔如回的先祖，曾在魏初任大莫弗。贺拔胜的祖父贺拔尔头，勇猛无比，以良家子弟的身份镇守武川，因此在那里安了家。魏献文帝时，茹茹部落多次侵犯北部边境。贺拔尔头率领骑兵先后八十余次深入侦察，详细了解敌人活动规律。后来虽然仍有寇贼到来，但不能为害。贺拔尔头因功被赐爵龙城侯。贺拔胜的父亲贺拔度拔，性格果敢刚毅，任武川军主。

北魏孝明帝正光（520～525）末年，沃野镇人破六汗拔陵反叛，向南侵占城池。怀朔镇将杨钧听说贺拔度拔的名气，将他召来补任统军，配给他一支军队。破六汗拔陵任命的伪亲王卫可孤兵众很多，已经包围了武川，又进攻怀朔。贺拔胜少年时有志向操行，善于骑马射箭，在北部边境地区，

没有人不推重他的胆气谋略，当时也担任军主，随其父防守怀朔。魏军被包围一年，没有援军，贺拔胜情绪激昂地对杨钧说："怀朔城形势紧迫，危险之极，我请求向大军告急，乞求援助。"杨钧答应了他。于是贺拔胜招募勇敢少年十余名，夜里伺机突围而出。贼军快要追上他们时，贺拔胜大叫："我是贺拔破胡！"贼军闻讯不敢逼近。

到了朔州，他对临淮王元彧说："怀朔被围，即将沦陷。百姓翘首，盼望官军。大王是帝室重臣，与国家的命运休戚相关，受命征讨，理应全力寻找敌人，如今竟屯兵不进，犹豫不决。怀朔如果陷落，那么武川也随之危险。贼军因为这样，锐气会增长百倍，即便有韩信、白起的勇敢，张良、陈平的谋略，也不能为大王所用了。"元彧因为贺拔胜言词恳切，便答应出兵，让他回去报告。贺拔胜又突围而入。贼人追击，被射死数人。到了城下，贺拔胜大喊道："贺拔破胡和官

军到了！"城中人于是打开城门迎接他。杨钧又派贺拔胜出城侦察武川，而武川已经陷落，贺拔胜就飞奔回来。怀朔溃败，贺拔胜父子被贼军俘虏。

后来，贺拔胜父子与德皇帝共同策划，率领州中豪杰舆珍、念贤、乙弗库根、尉迟真檀等人，招集义勇，偷袭杀死了卫可孤。朝廷嘉许他们，还没有来得及封官赏赐，贺拔度拔就在与铁勒的交战中阵亡了。孝昌年间，朝廷追封贺拔度拔为安远将军、肆州刺史。

【几易其主】

贺拔度拔死后，贺拔胜兄弟先后追随朔州刺史费穆、广阳王元深、仆射元纂及肆州刺史尉庆宾。后来，尔朱荣率兵攻陷肆州，得到了贺拔胜，十分高兴地说："我得到你们兄弟，平定天下就不难了！"贺拔胜就归顺了尔朱荣。

当时杜洛周拥兵幽州、定州，葛荣占据冀州、瀛州。尔朱荣对贺拔胜说："井陉险要，是我的东大门。我想委屈你镇守那里，不知你意下如何？"贺拔胜答道："我自小遭遇战乱，备尝艰辛，常思效力，报答知己。今日得蒙派遣，实在是我所希望的。"尔朱荣于是上表，推荐贺拔胜为镇远将军、别将，率领步兵、骑兵五千人镇守井陉。

伎乐人壁画·北周

壁画中五位穿突厥装的乐舞人，演奏西域乐器，从弹指歪头的舞姿可看出应是西域的民俗舞。

孝昌末年，贺拔胜跟随尔朱荣进入洛阳，因为拥戴孝庄帝有功，封易阳县伯，食邑四百户，多次升迁为直阁将军、通直散骑常侍、平南将军、光禄大夫、抚军将军等职。他随从太宰元穆北征葛荣，任前锋大都督，在滏口作战，大败敌军，俘虏数千人。当时杜洛周的余党韩娄在蓟城聚众，成为远近的祸患。朝廷又任命贺拔胜为大都督，镇守中山。韩娄早就听说贺拔胜的威名，竟然不敢南侵。元颢进入洛阳，孝庄帝出京居住到河内。尔朱荣征调贺拔胜担任前军大都督，率领千余名骑兵，和尔朱兆从硖石渡过黄河，大败元颢的军队，擒获了他的儿子——领军将军元冠受和梁国将领陈思保等人，于是率军进入洛阳。不久，贺胜拔升任武卫将军、金紫光禄大夫，食邑增加六百户，晋爵真定县公，升右卫将军，加授散骑常侍。

到尔朱荣被杀，事发突然，贺拔胜又跟随尔朱世隆到达河桥。贺拔胜认为臣子没有仇恨君主的道理，于是率领部下回京朝见皇帝。

皇帝大喜，让贺拔胜以原官代理骠骑大将军、东征都督衔，率领一千名骑兵，会合郑先护讨伐尔朱仲远。贺拔胜被郑先护怀疑，被安置在军营之外，人马不能休息。不久，尔朱仲远兵到，贺拔胜失利，就投降了尔朱仲远。其后，贺拔胜又与尔朱氏共同策划，拥立节闵帝。因功拜为镇军将军，升车骑大将军、仪同三司、左光禄大夫。

高欢怀有叛逆之心，尔朱氏准备讨伐他。尔朱度律从洛阳出兵，尔朱兆从并州出兵，尔朱仲远从滑台出兵，三位元帅在邺城东面会师。此时贺拔胜跟随着尔朱度律。尔朱度律与尔朱兆不和。贺拔胜认为敌军当前而产生嫌疑，是失败之兆，就和斛斯椿到尔朱兆军营调解他们，反而被尔朱兆囚禁。尔朱度律大为恐惧，就领兵退回。

尔朱兆打算杀掉贺拔胜，历数他的罪过，说道："你杀死卫可孤，是第一条罪状；天柱大将军死后，你又不同尔朱世隆等人一块前来，反而东征尔朱仲远，这是第二条罪状。我早就想杀你，今天还有什么话说？"贺拔胜说："卫可孤叛乱，是国家大患，我们父子杀掉他，功劳不小，你反而认为是罪过，简直闻所未闻。尔朱荣被杀，是君杀臣，贺拔胜怎么能对不起朝廷？今天的事，是死是活在于大王。但大敌当前，兄弟产生怀疑，从古到今，没有不败亡的。我不怕死，只担心大王失算。"尔朱兆于是饶了他。

贺拔胜被释放后，走了一百多里，才追上尔朱度律的军队。高欢已经攻

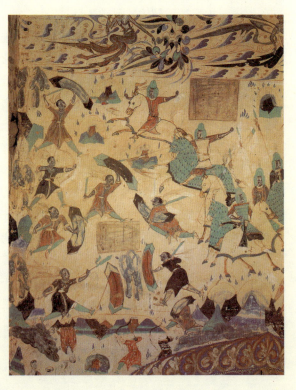

🔴 **五百强盗成佛图·西魏**

敦煌莫高窟285窟"五百强盗成佛"故事的壁画。此画绘于西魏大统四年至五年（538～539），从画面上出现的披挂马甲的战马，可以想见一千四百余年前骑战的发达程度。

克相州，军威正盛。于是尔朱兆和尔朱天光、尔朱仲远、尔朱度律等十余万人，在韩陵排开阵势。尔朱兆率领铁甲骑兵冲入敌阵，从高欢后方出现，打算在背后攻击他。尔朱度律厌恶尔朱兆的傲慢凶悍，害怕他欺凌自己，率领军队不肯前进。贺拔胜因为尔朱度律怀有二心，就率领部下投降了高欢。尔朱度律的军队因此率先撤退，于是大败。后来，贺拔胜因支持孝武帝而与高欢闹翻，被高欢手下大将侯景击败，被迫南下投降了梁国，在江南待了三年后北返，投到西魏权臣宇文泰帐下。

【太祖知遇】

投靠宇文泰后，贺拔胜屡立战功。河桥之战，他又大败东魏军队。宇文泰命令贺拔胜收编投降的士兵返回。高欢出动所有军队攻打玉壁，贺拔胜以前军大都督身份跟随宇文泰追击他们到达汾北，又参加了邙山大战。当时宇文泰望见高欢的军旗战鼓，认出了他，就招募勇士三千人，配给贺拔胜去直捣敌军。贺拔胜正好和高欢相遇，就朝他大喊道："贺六浑，我贺拔破胡一定要杀死你！"当时招募的勇士都用短兵器交战，贺拔胜手持长矛追击高欢几里，矛尖几乎刺中高欢。恰巧贺拔胜的坐骑中箭而死，等换好战马，高欢已经逃得无影无踪。贺拔胜叹息道："今天因为我没有带弓箭而功亏一篑，真是天意啊！"

这一年，贺拔胜留在东魏的儿子被高欢杀害。贺拔胜愤怒怨恨，因触动心气生病，西魏大统十年（544），贺拔胜死在任上。临终前，他亲手写信给宇文泰说："我万里从征，归附朝廷，希望和您一起扫除残寇。不幸死去，微小的志向难以实现。希望您和谐内部，顺时而动。如果我死后有知，还盼望我的魂魄飞到贼庭，来报答您的知遇之恩。"宇文泰看完信，感动得泪流不止。

贺拔胜生长在战乱之中，武艺高超，骑马射飞鸟，十次能射中五六次。宇文泰常常说："各位将领面对敌人，神色都有变化，只有贺拔公临战时和平常一样，真是最勇敢的人。"自从他身居高位以后，开始喜爱读书，于是召集文人儒士，讨论经义名理。他性情又通达直率，看重义气，轻视钱财，死的时候，只有随身兵器和一千多卷书籍而已。

当初，贺拔胜到达关中，自认为年纪大，官职高，见了宇文泰也不叩拜，不久自己感到后悔，宇文泰也有怨恨。后来他跟随宇文泰在昆明池宴饮，当时有两只野鸭在池中游，宇文泰就把弓箭递给贺拔胜说："很久不见您射箭了，请你给我们助助兴吧！"于是贺拔胜搭弓射箭，一箭就射中两只野鸭。接着他叩拜宇文泰说："倘若让我侍奉您，去征讨叛逆，就都像这样。"宇文泰大喜，从此对他恩遇越来越厚重，贺拔胜也竭诚侍奉宇文泰。贺拔胜死后，被朝廷追赠为定冀等十州诸军事、定州刺史、太宰、录尚书事，谥号为"贞献"。北周明帝二年（558），以贺拔胜配祭太祖宇文泰庙庭。

石雕四面佛造像碑·北朝

▶【高瞻远瞩】

贺拔岳字阿斗泥，少年时就有远大志向，好施舍，爱结交读书人。起初，他是太学生，长大后能骑着马左右开弓射箭，骁勇过人。贺拔岳对于兵法不学自通，有识见的人都认为他是个奇才。

贺拔岳跟随父兄杀掉卫可孤后，广阳王元深任命他为帐内军主，又上表推荐他担任强弩将军。后来他同兄长贺拔胜一起镇守恒州，州城陷落，投奔尔朱荣。尔朱荣待他十分优厚，任为别将，随即又升任都督。每次在帐幕中参与商议事情，他的意见大多与尔朱荣相合，因此尔朱荣更加看重他。尔朱荣兵马众多，就与元天穆谋划入京匡复朝廷。他对贺拔岳说："如今女主执掌朝政，政权归于亲信。盗贼遍地，天下动乱，官军屡次出击，相继败亡。我世代承蒙恩泽，与皇室休戚与共。如今打算亲率兵马，急赴京师，内除奸臣，外清叛乱。请问有什么取胜之计？"贺拔岳答道："要想建立非常的事业，必须等待不同寻常之人。将军兵强马壮，位高望重。如果首先举起义旗，征伐叛逆，辅佐君王，必将无往不胜。"尔朱荣与元天穆对视很久，说道："你这番话真是大丈夫的志向啊！"

不久，魏孝明帝突然去世，尔朱荣怀疑是有人暗害，就率兵赶赴洛阳。他分派给贺拔岳带甲士兵二千人作为先锋，到达河阴。不久尔朱荣杀了很多朝臣，当时高欢是尔朱荣部下的都督，劝尔朱荣称帝，身边的人都有相同的想法，尔朱荣犹豫不决。贺拔岳就从容进言道："将军首先发动义兵，共同铲除叛贼，功勋尚未建立，反而有此图谋，可说是加速祸患的到来，看不出会有什么好处。"尔朱荣随即也醒悟过来，于是尊立孝庄帝。贺拔岳又劝尔朱荣处死高欢以谢天下。身边的人都说："高欢虽然平庸疏懒，提的建议没有考虑祸难，如今四方动乱，正要凭借武将效力，请放过他，让他以后效力。"尔朱荣就没有杀掉高欢。因为拥立皇帝有功，贺拔岳被任命为前将军、太中大夫，赐爵位为樊城乡男。

▶【被害身亡】

后来，贺拔岳受命作为尔朱天光

的副将，屡立战功。普泰二年（532），尔朱天光打算率军抵抗高欢，派人向贺拔岳询问计谋。贺拔岳禀告说："大王跨据三方，兵马壮盛，高欢是乌合之众，怎么能够抵挡？可是军队克敌靠内部和睦，只希望同心协力罢了。假若兄弟不和，自相猜疑，那连考虑生存都来不及，怎么能制服别人？依下官看来，不如暂且镇守关中，来巩固根本；分别派出精锐部队，与众军形成合击之势。这样，进可以战胜敌人，退可以保全自己。"但是尔朱天光没有采纳贺拔岳的建议，不久果然兵败。于是，贺拔岳率领军队从陇山而下，奔赴雍州，活捉尔朱天光的弟弟尔朱显寿，来响应高欢。

魏孝武帝登基，加授贺拔岳关中大行台，增加食邑一千户。永熙二年（533），魏孝武帝密令贺拔岳除去高欢，在胸口刺出鲜血，将血寄给贺拔岳，诏命他为都督二雍、二华、二岐、幽、四梁、三益、巴、二夏、蔚、宁、泾二十州诸军事、大都督。高欢早已忌妒贺拔岳兄弟的功名，贺拔岳害怕，就同宇文泰联合。

贺拔岳亲自抵达北部边境，安排布置边境的防务。率军前往平凉的西部边界，布下营帐数十里，借口在原州放马，为自己的安全做打算。此前，费也头万俟受洛干、铁勒斛律沙门、斛拔弥俄突、纥豆陵伊利等人，都拥军自守，到这时都先后归附。秦、南秦、河、渭四州刺史又在平凉聚会，接受贺拔岳指挥。只有灵州刺史曹泥不应征召，与高欢互通使者。

永熙三年（534），贺拔岳在高平召见侯莫陈悦，打算讨伐曹泥，命令侯莫陈悦担任先锋。但是侯莫陈悦接受高欢的密令，要除掉贺拔岳。贺拔岳并不知道这个阴谋，而且原来又轻视侯莫陈悦。侯莫陈悦于是诱骗贺拔岳进入军营，共同讨论军事，命令女婿元洪景在帐幕中杀死了贺拔岳。朝野对此无不痛恨惋惜。朝廷追赠贺拔岳为侍中、太傅、录尚书、都督关中三十州诸军事、大将军、雍州刺史，谥号为"武壮"，按照王礼安葬。

论赞

史　臣曰：贺拔胜、贺拔岳兄弟，以勇猛有谋的资质，处于纷乱的时代，寻找时机，施展才能，建立功绩。兄弟俩开始依附尔朱荣，中间又结交高氏。太昌之后，投靠宇文泰，对付高氏。观察他们这样做的原因，本来就不是恪守节操的人。贺拔胜在江东失势受挫时，忧虑魏氏的危亡；在关西振作有为时，感激梁朝的知遇之恩，有长者的风范。最终能保全自己的官位和恩宠，确实是有原因的。贺拔岳以两千人的弱兵，抵抗三秦的劲敌，发挥他的智谋和勇气，剪除元凶。异族惧怕他的威势，远方的人仰慕他的道义，这也是一时的盛事。最终因为功高而加速了祸患，没有防备被人杀戮，可惜啊！

于谨列传

于谨（493～568）是北朝著名战略家，性格深沉，有才识气量，是辅佐帝王的绝世人才。他通晓兵法，善于布阵指挥，智勇双全，屡立战功；尽心竭力，为国效忠，终老于任上，受到崇高的礼遇。

【绝世之才】

于谨，字思敬，河南洛阳人，小名叫巨弥。其父祖辈累世为官。于谨性格深沉，有才识器量，读过一些经史书籍，尤其喜欢《孙子兵书》。他隐居乡里，没有做官的志向。有人劝他出山，于谨回答说："州郡级别的官职，是前人所看不上的；三公的职位，必须等待时运来到。我之所以在郡邑悠闲自得，不过是暂且打发时光罢了。"太宰元穆见到他，赞叹道："真是辅佐帝王的人才啊！"

破六汗拔陵带头在北部边境造反时，勾结柔然部作为后援，大行台仆射元纂率军征讨。元纂早就听说于谨的名望，任命他为铠曹参军事，随军北伐。柔然听说大军逼近，就逃出塞外。元纂命令于谨率领二千骑兵追击，直到郁对原，前后交战十七次，把柔然的军队全部招降过来。后来，于谨率领轻装骑兵出塞侦察贼军，正值铁勒的数千骑兵突然来到，于谨知道寡不敌众，已经来不及撤退，于是分散他的骑兵，让他们隐匿在草木丛生之处，又派人登上山顶指挥，好像调度各路兵马的样子。贼人望见，虽然怀疑有埋伏，但仗恃人多，并不害怕，就进兵逼近于谨。于谨因为常常骑一匹紫色，一匹身黄而嘴黑的骏马，贼人早已识得。于谨派两个人各乘一匹，冲出敌阵而去。贼军以为是于谨，都争着追赶。于谨于是率领余下的人马杀过去，那些追赶的贼骑急忙逃走，于谨乘机进入边塞。

【参谋广阳】

北魏正光四年（523），行台广阳王元深训练军队，准备北伐，任用于谨担任长流参军，对他特别礼遇，所有计谋都和于谨商议。又让他的儿子佛陀拜见于谨，以示亲近。于是于谨和广阳王击败贼酋斛律野谷禄等人。当时正值魏末动乱，盗贼纷起，于谨从容地对广阳王说："从正光年间以来，四海动荡，国家荒残，农商凋敝。如今殿下奉行仁义征讨，远赴边关，可是盗贼之多犹如蚁聚，他们的徒众实在很多，假若一味用兵，恐怕不是上策。于谨愿意仰承大王的威望谋略，前去晓谕他们，一定可以不用军队，而达到平定的目的。"广阳王表示赞同。于谨通晓数国语言，于是独自骑着马进入贼人营地，向他们表示恩惠和信诺。西部铁勒酋长乜列河等人率领三万余户一块诚心归附，相继南迁。广阳王想和于谨到折敷岭迎接他们。于谨说："破六汗拔陵兵马不少，听说乜列河等人归附，一定会来阻截。如果他们先占据险要之处，就很难和他争胜。如今用乜列河等人当诱饵，他们必然争来抢掠，然后我们设下伏兵等待着，便可轻易将其击败。"广阳王同意他的计谋。破六汗拔陵果然前来截击，在岭上击败乜列河，俘获其全部部众。于谨率伏兵冲出，贼兵就此大败，夺回乜列河的全部部众。魏帝嘉赏于谨，任命他为积射将军。

孝昌元年（525），于谨又跟随广阳王征讨鲜于修礼。军队驻扎在白牛逻（今河北蠡县），恰逢章武王被鲜于修礼害死，于是将军队停驻在中山。侍中元晏向灵太后扬言："广阳王以宗室的重要身份，受令出征，如今竟徘徊不进，坐观待变，图谋不轨。于谨智谋才略非凡，是他的主要谋划者。当今战乱之时，恐怕他们已经不是陛下的忠臣了。"灵太后听信了他的意见，诏令在尚书省门外张贴告示，招募能捉拿于谨的人，答应给予重赏。于谨听说了这件事，对广阳王说："如今女主临朝执政，听信小人谗言，如果不能表白殿下的清白之心，恐怕很快会大祸临头。我请求到京城投案自首，表白真心，自会免除灾祸。"广阳王同意了。于谨就跑到榜下说："我知道这个人。"众人都盘问。于谨说："就是我。"官府上报，灵太后召见于谨，非常恼怒。于谨详细申述了广阳王的忠诚，又陈述了停驻军队的情况。灵太后的怒气稍稍缓解，于是放了他，不久加授于谨为别将。

释迦千佛碑·北周

⬥ 石榻围屏画（局部）·北周

【讨梁建功】

后来，于谨同宇文泰相交，劝宇文泰以关中地区为根据地，"挟天子以令诸侯"，建立大业。回洛阳后，于谨上表提出迁都关中的计策，被魏帝采纳。不久，高欢率军来袭，于谨就随魏帝西迁，从那以后开始追随宇文泰对东魏作战。

当初，梁元帝平定侯景之乱后，在江陵（今湖北荆州）继位，秘密与齐氏互通使者，打算进犯西魏。梁元帝哥哥的儿子岳阳王萧詧当时任雍州刺史，由于梁元帝杀了他的哥哥萧誉，就结下怨仇。萧詧以襄阳前来归附，请求西魏派遣军队。朝廷于是命令于谨率兵征讨，宇文泰在青泥谷为于谨饯行。长孙俭问于谨道："如果替萧绎考虑，他将怎样行动？"于谨答道："在汉水、沔水炫耀兵威，一举渡过长江，占据丹阳，这是上策；迁移外城居民，退守内城，加固城防，等待援军，是中策；假若难以迁移，据守外城，是下策。"长孙俭问："你估计萧绎会用哪一种策略？"于谨答："必定用下策。"长孙俭说："他放弃上策而用下策，这是为什么？"于谨答道："萧氏据守长江以南，已有数十年历史。恰值中原多有动乱，没有精力向外扩张。又因为我朝还有齐氏的威胁，一定认为我不敢分散兵力。况且萧绎软弱，缺乏谋略，性疑忌而少有决断。愚民很难考虑到根本大计，都眷恋家园，既然不愿迁移，就要据守外城，因此必用下策。"

于谨命令中山公宇文护、大将军杨忠等人率领精锐骑兵首先占据长江渡口，切断对方的退路。梁人在城外竖起木栅栏，长宽达六十里。不久，于谨军至，率领全军将其包围。梁主多次派兵在城南出战，都被于谨击败。过了十六天，外城陷落。梁元帝退保内城。次日，梁元帝率领太子以下臣僚，出城投降，不久为萧詧所杀。此役魏军俘虏南朝男女十余万人，没收其仓库珍宝。又得到宋国的浑天仪、梁国的日晷铜表、魏国的相风乌、铜蟠螭趺、直径四尺周七尺的大块玉石，以及各种车辇和仪仗器物，全部献上，军队没有私下扣留。魏国立萧詧为梁国君主，整顿军队凯旋。宇文泰亲自来到于谨府第，在宴会上言谈极尽欢洽。朝廷赏给于谨奴婢一千人、梁国的宝物以及金石丝竹乐器一部，另封其为新野郡公，食邑二千户。于谨坚决辞让，宇文泰不许。宇文泰命令乐官创作《常山公平梁歌》十首，让乐师歌功颂德。

【老骥伏枥】

于谨自己认为长期掌握权势，地位声望都很高，功名既然已经建立，情愿保住悠闲的生活，就把自己原来所乘骏马和所穿盔甲上交。宇文泰明白他的用意，就说："如今强敌未平，你怎么就能独善其身呢？"就没有接受。六官制度建立后，朝廷任命于谨为大司徒。后来，孝闵帝宇文觉受禅登基，建立北周，封于谨为燕国公，食邑万户，升任太傅、大宗伯，与李弼、侯莫陈崇等人参议朝政。到贺兰祥征讨吐谷浑的时候，于谨遥领军队，教授策略。武帝保定二年（562），由于年老，于谨上表乞求退休，诏令不许。

三年（563）四月，朝廷诏令授于谨以三老之位，又赐延年杖。武帝亲临太学，侍奉他用餐。宴席结束后，武帝面向北面站着，向于谨请教治国之道。于谨答道："治国的根本，在于忠诚，讲信用。所以古人说可以没有钱物和军队，但不可以失去信用。国家的兴亡，以忠信为本。希望陛下牢守忠信，不要失掉它。"到晋公宇文护出兵东伐时，于谨已经年老多病，宇文护因为于谨是宿将旧臣，仍请他同行，向他请教作战方略。军队回来后，赐给他钟磬一套。天和二年（567），于谨被任命为雍州牧，次年死在任上，终年七十六岁。武帝亲临葬礼，赠谥号为"文"。安葬的时候，王公以下臣僚都送葬到城外。附祭在宇文泰的庙庭。

于谨富于智谋，善于侍奉居高位的人。他名望地位虽高，但愈加谦让。每次上朝往来，只有两三个骑马的随从而已。朝廷凡是有军国大事，大多要与于谨商量决定。于谨也竭尽智慧才能，辅佐谐和皇室。所以在功臣之中特别受重用，始终如一，人们也没有说闲话的。他常常教训儿子们，务必要恬静谦退。加上于谨年寿很长，极受礼遇，子孙很多，都官位显达，当时没有人能和他相比。

论赞

史臣曰：于谨胸怀辅佐时世的谋略，正逢开启圣明的时运，对顾遇自己的人报以殷勤的情意，在艰难中营建功业，在军帐中竭尽所能地谋划，是大厦的栋梁。于谨因年老有大德，声誉威望高重，在上庠享受崇高的礼遇，司乐为他歌功颂德时，常常以满盈为戒，为覆折而忧虑。没有君子，怎能立国？

卷十六

独孤信列传

独孤信（503～557）是北朝名将，风度弘雅，有雄才大略。宇文泰初创基业之时，他镇守要地，威震邻国。一生征战南北，平叛无数，立下汗马功劳。晚年卷入权力争斗，获罪免官，被迫自尽。

【超凡脱俗】

独孤信是云中（山西大同）人，原名如愿。魏氏开始时有三十六个部落，独孤信的祖先伏留屯是部落首领，与北魏拓跋氏一同兴起。祖父俟尼，在和平年间以家世清白从云中镇守武川，就把家安在那里。父亲库者是领民酋长，从小雄武豪迈，有节操义行，北州的人都敬重佩服他。独孤信容貌俊美，仪表翩翩，善于骑马射箭。正光末年，他和贺拔度等一起杀掉了卫可孤，因此而出名。因为北部边境战乱，避居中山，后加入葛荣起义军。独孤信年少，喜欢修饰打扮，连标志官阶的服饰也与别人不一样，军中称他为"独孤郎"。等到尔朱氏击破葛荣，任命独孤信为别将，后来他积功拜安南将军，赐爵爰德县侯。

建明初年，独孤信出任荆州新野镇将，兼任新野郡守。不久，他升任荆州防城大都督，兼任南乡守，接连治理两个地方，都有名声政绩。贺拔胜离京镇守荆州，就举荐独孤信任大都督。他跟随贺拔胜进攻梁国的下

溠戍，攻克后升武卫将军。到贺拔胜的弟弟贺拔岳被侯莫陈悦杀害，贺拔胜就命令独孤信入函谷关，安抚贺拔岳的残余部众。正值宇文泰已经统率贺拔岳的军队，独孤信跟宇文泰是同乡，从小就很要好，此时见面都很高兴。于是宇文泰就命令独孤信到洛阳办事。不久，朝廷征调独孤信入朝，魏孝武帝对他十分信任。

等到孝武帝西迁时，事发仓促，独孤信单骑追随。孝武帝感叹道："武卫将军竟能辞别父母，捐弃妻子儿女，从远方来追随我。乱世识忠良，岂是虚言啊！"随即赐给独孤信御马一匹，晋爵浮阳郡公，食邑一千户。

【平定三荆】

当时，荆州虽落入东魏手中，百姓的心还是眷恋本朝。于是朝廷任命独孤信为卫大将军、都督三荆州诸军事，兼任尚书右仆射、东南道行台、大都督、荆州刺史，来招抚百姓。独孤信到武陶，东魏派弘农郡守田八能率领蛮左的兵众，在淅阳抵御独孤

130

信；又派都督张齐民率步兵骑兵三千人，出击独孤信的后面。独孤信对部众说："现在我们兵士不到一千人，而且前后受敌。如果后退攻击张齐民，那么敌人以为我军要逃跑，必然前来截击，不如先打败田八能。"于是奋起攻击，田八能战败，张齐民也溃逃。独孤信乘胜袭击荆州。东魏刺史辛纂率兵出战。荆州士人百姓已经怀念独孤信遗留的恩惠，独孤信又临阵晓谕，敌军纷纷解体。独孤信乘机发兵进攻，辛纂大败，向城内跑去，进城后还没有来得及关上城门，独孤信的都督杨忠等人就驱马上前斩杀了辛纂。于是三荆就被平定了。

后来，东魏又派遣将领高敖曹、侯景等率军突然来袭。独孤信因为寡不敌众，于是率领部下逃到梁国，住了三年，梁武帝方才准许他回到北方。独孤信的父母住在山东，梁武帝问他往哪里去，他回答说："侍奉君主，决无二心。"梁武帝认为他很讲信义，用非常隆重的礼节送走他。

大统三年（537）秋天，独孤信回到长安。他自认为损害了国威，上书请求治罪。魏文帝阅后，不置可否，便交由尚书们商议。七兵尚书、陈郡王元玄等人商议后上奏说："独孤如愿兵败，使国蒙羞，理当受罚。但他独守孤城，只因援军未至而被迫投奔南梁，且他有平定三荆之功。请陛下赦免其罪，官复原职。"魏文帝下诏说："独孤如愿在荆、襄战役中确实建立了功绩。既然遇上了强大的敌人，竭尽了力量，用尽了办法，不肯投降敌寇，回朝的道路又断绝了，为了适应当时的事态，寻求权宜的办法，称不上是过错。避难在吴地，确实接连存在危险，但是忠义始终未变，实在值得赞叹。而且谦虚退让，诚心谢罪，怎么能提到降恩，只说赦免罪过，那么就失去了权宜处事的原则，违背了随机通变的道理。可以改任为骠骑大将军，加授侍中、开府，其使持节、仪同三司、浮阳郡公的官爵都和以前一样。"

【赐名封侯】

不久，独孤信任领军。又随宇文泰收复弘农，攻克沙苑。朝廷改封他为河内郡公，增加食邑二千户。当时俘虏中有独孤信的亲属，独孤信才知道父亲的死讯，于是为父亲服丧守孝。不久，他被起用为大都督，率军和冯翊王元季海进入洛阳。颍、豫、襄、广、陈留等地相继诚心归附。大统四年（538），东魏将领侯景等人率军围攻洛阳。独孤信占据金墉城，依靠地势据守了十几天。等到宇文泰援军抵达瀍东，侯景等退走。独孤信与李远为右军，作战失利，东魏就攻占了洛阳。大统六年（540），侯景侵犯荆州，宇文泰命令独孤信与李弼出武关。侯景退走，宇文泰任命独孤信为大使，抚慰三荆。不久，任陇右十州大都督、秦州刺史。此前，地方官员昏庸懦弱，政令荒谬违背常理，百姓有冤情上诉，多年不能

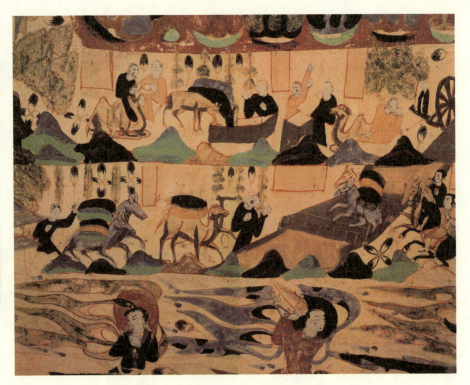

● 商旅图·北朝

《商旅图》，敦煌壁画中的北周时期作品（莫高窟第 296 窟）。画面生动反映了 6 世纪商旅古道东西交往的风貌。

决断。独孤信抵达秦州后，公事再无积压。他以礼义教化百姓，劝他们耕田养蚕，在几年时间里，公家私人都富足起来，流离的百姓愿意归附的有数万家。宇文泰因为他的威信远近闻名，所以赐给他名叫"信"。

大统七年（541），岷州刺史、赤水藩王梁仚定起兵反叛，朝廷诏令独孤信征讨。不久，梁仚定被部下杀死，但是他的子弟又收编残余部众继续顽抗。独孤信就率兵奔向万年，驻兵三交口。贼兵全力拒守，独孤信就通过一条隐秘的小道快速抵达稠松岭。贼兵没有料到独孤信军队的到来，望风逃散。独孤信乘胜追击，直到达城下，贼兵全都出城投降。独孤信被加授太子太保。邙山之战中，大军失利。独孤信和于谨收集散兵从后面袭击，高欢追击的骑兵惊恐慌乱，各军因此得以保全。十二年（546），凉州刺史宇文仲和占据州城，不接受代替他职务的人，宇文泰命令独孤信率领开府怡峰征讨他。宇文仲和绕城固守。独孤信夜里命令将领们用战梯进攻城的东北面，他亲自率领壮士袭击城的西南面，到天明时攻克下来，擒获了宇文仲和，俘虏了百姓六千户，送到长安。独孤信拜为大司马。十三年（547），大军东出讨伐。当时因为柔然侵犯，朝廷令独孤信移师镇守河阳（今河南孟州）。

十四年（548），他升任柱国大将军，诸子都因他的战功受朝廷赐予的封爵食邑。独孤信在陇右的时间很长，请求回朝，宇文泰不答应。有从东魏来的人，告诉他母亲的死讯，独孤信为母亲服丧守孝。正值魏太子和宇文泰巡视北部边境，顺便到河阳看望独孤信。独孤信陈述哀苦之情，请求遵循送终的礼制，宇文泰又不同意。于是朝廷追赠独孤信的父亲库者为司空公，追封独孤信的母亲费连氏为常山郡君。十六年（550）大军东出讨伐，独孤信率领陇右几万人跟随大军，到崤坂后返回，升任尚书令。六官制度建立后，独孤信任大司马。孝闵帝即位，独孤信升任太保、大宗伯，晋封卫国公，食邑一万户。

【将星枉死】

赵贵被诛杀后，独孤信以同谋罪被免职。过了不久，晋公宇文护又想杀掉他。因为独孤信一向很有名望，宇文护不想张扬他的罪过，就逼迫他在家自尽。当时独孤信五十五岁。

独孤信风度宏深高雅，有奇谋大略。宇文泰开辟基业时，只有关中一带的地方。因为陇右地势险要，所以委任独孤信镇守那里。他受到百姓的怀念，声威远震邻国。东魏将领侯景向南投奔梁国时，魏收写了一篇声讨梁国的檄文，假称独孤信据陇右不听从宇文氏，东魏不用忧虑关西的西魏，可以全力对付梁国，用这种办法来吓唬梁人。一次，独孤信在秦州，曾因打猎到了傍晚，骑马疾奔入城，他的帽子稍微歪了一点。因为当地官吏百姓都仰慕独孤信，所以到了第二天早晨，竟都学他将帽子歪戴着。他就是这样被邻境和士人百姓所敬重。

论赞

史　臣曰：独孤信威震南方，化育西部，信义传播到远方，光耀照亮至邻国。以雄才大略，攀龙附凤，功勋卓著，位高权重。可惜他见识浅薄，没有明哲保身之计，不能得到善终，实在可惜啊！独孤信虽能保住自己的性命，但将荣耀传给了后人。一连三代都是外戚，这是何其昌盛啊！

卷十八

王思政列传

北 周名将王思政，身历危乱，一生戎马，其骁勇谋略为时人称许，高风亮节为后世楷模。以区区八千人坚守孤城，抗击东魏二十万大军达一年之久，虽城破被囚，却不卑不亢，宁死不屈，受到敌军敬佩礼遇。

列传

周书

▶【深谋远虑】

王思政，生卒年不详，太原祁县（今山西祁县东南古县村）人。他身材高大魁梧，有筹划策略的才能。魏正光年间，王思政出任员外散骑侍郎。当时正值万俟丑奴、宿勤明达等人在函谷关以西作乱。北海王元颢率兵讨伐他们，启用王思政随军出征，军事上的所有谋划，都和他一起详细商议。当魏孝武帝元修还在藩国的时候，就常常听到王思政的名声，等元颢军队撤回以后，就把他请来当宾客，待他十分宽厚。后来元修登上皇位，便将其委以大任，升为安东将军。因为参与拥戴魏孝武帝的功劳，王思政被封为祁县侯。

不久，高欢暗有谋反之意，孝武帝认为王思政可担当大事，就任命他为中军大将军、大都督，总领宿卫兵。王思政于是对孝武帝说："高欢的心思，路人皆知。洛阳城四面受敌，不是用武的地方。关中有峻关、函谷关的险固，一人在此可以

抵挡万人。而且兵马精锐强盛，粮食储备积累很多，进可以讨伐叛逆，退可以保全占据关中、黄河。宇文泰纠集会合同盟，愿意效命立功。如果听说您的车马向西方幸临，必定前来奉护恭迎。依靠天府的资本，凭借已经成就的基业，在一二年间，学习作战阵法，勉励农桑，整修旧京师，就没有什么担忧的了。"孝武帝非常同意他的话。等到高欢的军队到达河北，孝武帝君臣便向西迁都。王思政晋爵太原郡公。

▶【五骰全黑】

大统年间以后，王思政虽然被任用，但是自己认为不是宇文泰的相府旧人，经常感到不安。宇文泰曾在同州与众官会宴，拿出锦织氈子和几段杂色的绫绢，命令各位将领赌博来赢取。东西取完后，宇文泰又解下所佩金带，让众人都来投掷，说："谁最先把五个骰都掷成黑色，就把金带给谁。"众人几乎快掷完一遍，没有一个人得到金带。轮到王

思政时，他表情严肃地跪坐在地，发誓道："我一个客居异乡的人归顺朝廷，承蒙受到宰相国士一样的待遇，正愿尽力效命，上报知遇之恩。如果这份诚心真实，希望一掷即五骰全黑；倘若心怀不诚，神灵也当明白，使我掷骰不如所愿，便当自杀来答谢对我的恩奉。"言词激昂，在座之人全都大惊。王思政当即拔出佩刀，横放在膝上，抓起五骰，手拍大腿掷出。等到宇文泰阻止时，发现已经是五骰全黑了。王思政于是缓缓下拜来接受金带。从此以后，宇文泰对他寄予厚望。

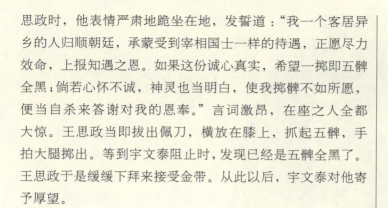

【镇守玉壁】

后来，王思政转任骠骑将军，受命招募精锐士卒，随独孤信攻取洛阳。他就和独孤信一起镇守那里。在河桥之战中，王思政下马，用长矛左右横击，一击击倒几个人。当时陷入敌阵已经很深，随从的战士死光了，王思政也受了重伤昏死过去。因王思政久经战事，每次作战只穿着破旧的盔甲，敌人不怀疑他是主帅，因此幸免一死。等到天色已晚，敌将收兵。帐下督雷五安在战场上哭着寻找王思政，恰巧王思政已经苏醒，于是找到了他。雷五安割下衣服给王思政包扎伤口，扶他上马，夜深才得以回来。王思政因为玉壁（今山西稷山西南）地势险要，请求建筑城池，并亲自经营度量，移军镇守这里。后升为并州刺史，仍然镇守玉壁。西魏大统八年（542），东魏来犯，王思政早有准备，敌人日夜围攻，始终无法攻克，就收兵返回。凭借保全玉壁城的功绩，王思政受任为骠骑大将军。朝廷又命令王思政镇守弘农。于是他修葺城墙，筑起了望敌军的高台，经营农田，囤积粮草，凡是可以用于防守抵御的，都具备了。弘农有防御准备，是从王思政开始的。西魏大统十二年（546），加授特进、荆州刺史。荆州境内低洼潮湿，护城河大多坍坏。王思政于是命令都督蔺小欢监督工匠修缮治理。有人挖掘出黄金三十斤，夜里秘密送给王思政。天明后，王思政召集属吏，拿出金子让他们看，说："臣子不应有私心。"把金子全部封起来上交。宇文泰嘉奖了他，赐钱二十万。王思政离开玉壁时，宇文泰令他举荐代替自己的人，王思政举荐部下都督韦孝宽。后来东魏来犯，韦孝宽始终能保全玉壁。时人称赞王思政有识人之能。

【赤胆忠心】

大统十三年(547)，侯景叛变东魏，在梁州、郑州聚集军队，被东魏进攻。侯景于是请求西魏派兵支援。西魏当时没有马上接应。王思政认为如果不趁机进取，将来会后悔莫及，立即率领荆州步兵、骑兵一万余人，从鲁关向阳翟（今河南禹州）推进，入守颍川。侯景领兵前往豫州，对外宣称攻占土地，暗中却派人向梁国表示归附。王思政指挥各军，占领侯景的七个州十二个镇。宇文泰就把授给侯景的使持节、太傅、大将军、兼尚书令、河南大行台、河南诸军事等职，转授给王思政。王思政全都推辞不接受。宇文泰接连派使者敦促开导，王思政只接受了河南诸军事一职。

东魏太尉高岳、行台慕容绍宗、仪同刘丰生等人，率领步兵、骑兵十万人进攻颍川。城内停敲军鼓，放倒军旗，好像没有人一样。

🌀 石雕佛造像一铺·北周

高岳仗恃兵多，认为一战即可攻下，就四面呐喊而上。王思政选拔城中勇猛之士，打开城门出来突击。高岳的部下不敢抵挡，引军溃败。高岳知道不能仓促进攻，于是修了许多营垒；又顺着地势高的地方，修筑土山居高临下监视城中；还使用飞梯火车，日夜攻打颍川城。王思政也制作带火的小矛，乘疾风之便投向土山；又用火箭射去，烧毁敌人的攻城工具；还招募勇士，用绳索从城上吊下出战。高岳的部下混乱溃败，连守土山的士兵也弃山逃走。高澄又派兵增援高岳，筑堰拦蓄洧水来灌城。城中大水如泉般喷涌漫溢，无法阻止。百姓只能把锅悬挂起来烧水做饭，粮食与人力都已枯竭。慕容绍宗、刘丰生及其将领慕容永珍共乘多层大船观察城内，命令善射者从高往下向城中射箭。不一会儿，突然刮起大风，大船漂到城下。城上的人用长钩搭住大船，弓箭乱射。慕容绍宗走投无路，投水而死。刘丰生游向土山，也中箭而死，慕容永珍被活捉。王思政对他说："我的败亡，在顷刻之间。明明知道杀掉你没有什么益处，可是作为臣子，只能守节而死。"于是流泪杀掉了他。并且收殓了慕容绍宗等人的尸体，按照礼制埋葬。

高澄听说这件事后，率领步兵、骑兵共十一万来进攻。他亲自到堤堰下，督促勉励士兵。水势浩大，城墙的北部崩塌，水四处漫流，没有立足之地。王思政知道事情不能成功，率领随从占据土山，对他们说："我身受国家重托，原本想平定战难建立功业。精诚没有感应，以致有辱君王使命。如今山穷水尽，想不出计谋。只有效力一死，来报答国恩。"于是仰头向天大哭。左右军士也都痛哭失声。王思政向西方再次叩拜，就要自杀。当初，高澄曾告诫城中人说："谁能活捉王大将军，就封以侯爵并重重奖赏。如果王大将军身体有损伤，左右亲近之人，都将被杀掉。"都督骆训对王思政说："您常常对我们说，只要拿着我的脑袋去投降，不仅能得到富贵，还能救活全城兵民。如今高相既然有这样的话，您难道不可怜城中将士吗？"大家坚决阻止他，他无法自杀。高澄派其常侍赵彦深到土山上，拉着王思政的手表示了心意，引他去见高澄。王思政

言辞、神气慷慨激昂，高澄认为他忠贞可嘉，对他以礼相待。

王思政当初入颍川时，有士卒八千人，城中既无外援，也没有叛变者。王思政常常以报效国家为己任，不经营家产。曾被赏赐田园土地，王思政出征后，家人种上桑树果树。等他回来，见到后非常气恼地说："匈奴未灭，霍去病辞家，何况大贼未平，为什么要经营产业？"命令左右把树拔出扔掉。所以他自己沦陷之后，家中没有积蓄。等到齐氏称帝，任命他为都官尚书。

论赞

史臣曰：王思政在国家多事之秋辗转奔走，在建立功名之时情绪激昂。至于仕宦而献身于王府，镇守颍川，建设了垣环水抱的险要局势，制定了防守抵御的方法，用一个城的力量抵抗整个齐国的军队，率领疲乏的士兵，抵挡勇猛强劲的士卒，仍然能够屡次摧毁强大的敌人，屡次建立奇功。他的忠诚气节在本朝居于首位，义气名声在外，邻邦震动。即使运数已尽，事遭挫折，城被攻陷，身被囚困，但是凌云壮志，高风亮节，也足以在百世发扬。

韦孝宽列传

韦 孝宽（509～580）是北朝名将，沉毅机敏，平和正直，年少时即表现出过人的才能。他有胆有识，力挫高欢；深谋远虑，建言献策，帮助周武帝东伐齐国；抚恤孤幼，孝敬兄嫂，为世人称道。

【少年英才】

韦叔裕，字孝宽，是京兆杜陵（今陕西西安南）人，年轻时以字行于世。世代是三辅大姓，父祖都在北魏为官。

韦孝宽沉毅机敏，平和正直，广泛阅读经史典籍。二十岁时，正值萧宝夤在关西作乱，韦孝宽前往皇帝的殿廷，请求担任军队先锋。朝廷当即任命他为统军，跟随冯翊公长孙承业西征。后来他担任国子博士，代理华山郡政事。适逢侍中杨侃任大都督，出镇潼关，于是推荐韦孝宽任司马，还把女儿嫁给他。

永安年间，朝廷任命韦孝宽为宣威将军、给事中，随即又赐他为山北县男爵。普泰年间，韦孝宽以都督身份随荆州刺史源子恭镇守襄城，因功被任命为析阳郡守。孝武初年，韦孝宽以都督身份镇守城池。西魏文帝元宝炬从原州前往雍州，命令韦孝宽随军。等到攻克潼关，立即任命他为弘农郡守。韦孝宽跟随文帝活捉窦泰，兼任左丞，节制调度宜阳兵马事务。他与独孤信入守洛阳城，又与宇文贵、

怡峰接应颍州的徒属，在颍川击败东魏将领任祥、尧雄。韦孝宽又进兵平定乐口，攻克豫州，俘获刺史冯邕。他还参与了河桥之战。当时大军作战失利，边境骚动，朝廷就命令孝韦宽以大将军身份代理宜阳郡政事。不久，他升任南兖州刺史。

【力挫高欢】

大统十二年（546），高欢调集山东所有兵力，立志西侵。因为玉壁地处要道，先下令进攻它。高欢营地连绵数十里，直达城下，就在城南修起土山，打算登山入城。正对着土山的地方，城上原有两座高楼。韦孝宽命人缚扎木头接高它们，使其更加高峻，又准备了许多作战工具来防守。高欢派使者对城中人说："纵使你们把楼接到天上，我也能凿穿城池歼灭你们。"于是在城南穿凿地道，又在城北垒起土山，准备进攻工具，日夜不停。韦孝宽又挖掘长壕，截断城外地道，并命令战士屯守壕中。城外的敌军每次挖凿到壕沟，战士就捉住杀死

他们。又在长壕外堆积柴火，敌人有埋伏在地道里的，就扔下点燃的柴草，用皮囊吹火。火气一冲，敌人都被烧烂。城外又造了攻城车，攻城车所到之处，无坚不摧。即使成排的盾牌，也无法抵抗。韦孝宽于是命人缝布做成缦，随着战车的方向张开设置。布缦悬在空中，攻城车竟无法毁掉它。城外敌军又在长竿上绑缚松枝，浸油后点着，想烧毁布缦和高楼。韦孝宽命人打造了长铁钩，磨利它的锋刃，等火杆攻击时，就用铁钩远远地割断它，松枝麻秆一齐掉落。城外敌人用尽了攻击手段，韦孝宽都抵御打败了他们。

高欢无可奈何，就派仓曹参军祖孝征对韦孝宽说："没有听说有救兵来，为什么不投降？"韦孝宽回答道："我城池严密坚固，兵士粮食充裕，攻打的人自己感觉劳苦，守城的人常觉安逸，哪有十天半月就必须救援呢？我倒担忧你们有不能返回的危险。我是关西男子，当然不会投降将军。"不久，祖孝征又对城中人说："韦城主身享荣禄，或许能够这样，其他的将士为什么要随韦城主入汤火中呢？"于是向城中射去赏格，说："能杀城主而投降的，可任命为太尉，封开国郡公，食邑万户，赏帛万匹。"韦孝宽在赏格的背面写上字，反射到城外，上写："如果有能杀高欢者，同样依照这样赏赐。"韦孝宽兄弟的儿子韦迁，原住在山东，又被锁到城下，用刀威胁着，宣言如果不早点投降，便杀掉韦迁。韦孝宽慷慨激昂，毫无顾念之意。士卒没有不感奋激励的，人人有战死的决心。高欢苦战六十天，士卒中受伤及病死的有十之四五，

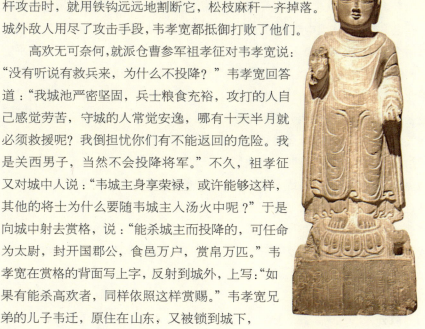

🔸 **释迦牟尼像·北朝**

北周大象二年（580），周纪仁造释迦牟尼佛石像，现藏于上海市博物馆。

智谋用尽，军力衰疲，因而发病，连夜撤走。后来，高欢因此事忧愤而死。魏文帝嘉奖韦孝宽战功，命令殿中尚书长孙绍远、左丞王悦到玉壁慰问，任命他为骠骑大将军、开府仪同三司，晋爵建忠郡公。

【献计三则】

建德年间以后，周武帝立志要平定齐国。韦孝宽上疏陈述三条计策。他的第一条计策说："我在边境多年，总能见到

右侧竖排：
白话精编二十四史

◉ 第五卷 ◉

可乘之机，不利用机遇，很难成功。所以往年出兵，白白耗饷劳力，没能建立功绩，原因在于失去机会。为什么呢？淮河以南，旧时是肥沃的土地，陈氏以败亡余烬之力，还能一举将其平定。齐人历年派兵救援，丧军失败而回，内部分裂，外有叛乱，精疲力竭。如今大军如果从轵关出发，两车并行而进，加上和陈氏构成犄角之势，同时命令广州义军从三鵶出发，再招募山南的骁勇精锐之卒，沿黄河而下，又派北山稽胡截断并州、晋州的通道。以上各路军队，仍命令他们各自招募函谷关以东、黄河以南雄劲勇猛的兵士，给他们优厚的爵位赏赐，使他们担当先锋。山动水移，雷霆万钧，齐头并进，共驱敌巢。敌军必定望见我军旌旗就奔逃溃散，我军所向无敌，一战天下大定。眼前实在是大好时机。"

第二条计策说："如果国家为日后谋划，不要立即大举起兵，应当与陈国分散齐人的兵力。在三鵶以北、万春以南广泛从事屯田，预先做好储备积蓄。招募骁勇强悍的人，建立军队。齐人在东南方已有敌人，兵马相持，我们派出奇兵，攻破他们的疆场。它们如果派兵增援，我们就加固壁垒，将人口、物资转移，使敌人一无所获。等到敌军退远了，我们再出兵。时常用边境外的军队，引诱敌人的主力。我们只有少量粮食的费用，他们却有疲于奔命的劳累。一二年中，齐人必定自己分裂背叛。况且齐氏昏庸暴虐，政令不统一，贿赂公行，唯利是图，荒废政事，迷于佚乐，耽于酒色，猜忌陷害忠良。全境鼎沸，无法忍受其弊害。由此来看，齐之灭亡指日可待。然后趁机以迅雷不及掩耳之势出兵征讨，定能摧枯拉朽，大功告成。"

第三条计策说："我私下认为大周的国土，跨据函谷关和黄河，暗蓄席卷天下的神威，持有高屋建瓴的优势。太祖上受天命，万物更新，因此二十四年之中，大功能成。向南平定长江、汉水，向西平定巴郡、蜀郡，边境以外没有忧患，黄河以西也已平定。只有赵、魏，偏偏阻塞不通，正是因为我们三面有战事，才没有时间东征，于是使漳河、滏水的游魂苟延残喘到今日。从前勾践灭亡吴国，尚且等待了十年；周武王收取乱事，还不得不两次举兵。如今倘若顺应时势而积蓄力量，再等待时机，我认为还应与邻邦交好，申明盟约。安定人心，团结民众，互通贸易，恩惠百工，养精蓄锐，待机而动。这样就是长鞭驾驭远方，端坐自可兼并别国。"三策上奏后，武帝派遣小司寇淮南公元伟、开府伊娄谦等人携带丰厚礼品访问齐国。随后北周就大举出兵，经武帝两次亲征就平定了太行山以东地区，最终结果同韦孝宽的策略中的设想基本一致。

建德五年（576），武帝东征时路过玉壁，特意视察了韦孝宽建立的御敌工事，深为叹服。韦孝宽自认为熟悉齐国虚实，请求当先锋。武帝认为玉壁地处要冲，除了韦孝宽无人能镇守，就没有同意。等到武帝灭齐凯旋，再次亲临玉壁，从容地对韦孝宽说："世人都称老人足智多谋，善于军事谋略。然而这次朕带着一些年轻人就一举平定了敌军。您认为如何啊？"韦孝宽回答："臣现在是衰老了，只剩下赤胆忠心而已。然而昔日少壮之时，也曾为国效力，平定关东。"武帝大笑道："确实如您所言啊！"于是下诏令韦孝宽随驾还京，任其为大司空，出任延州总管，进位上柱国。

【行孝重义】

武帝驾崩后，先后经过宣帝和静帝的短暂统治。在此期间，韦孝宽先后在夺取陈国淮南地区，以及平定宇文亮、尉迟迥等人反叛的战役中发挥了重要作用。

大象二年（580）十月，韦孝宽在击败尉迟迥叛军，平定函谷关以东地区后，胜利返回京师，十一月逝世，终年七十二岁。朝廷追赠他太傅、十二州诸军事、雍州牧，赠谥号为"襄"。

韦孝宽在边疆多年，屡次抗击强敌。他所有的计谋，当初布置时，人们都不明白，等到事情成功了，才惊叹佩服。他虽然生活在军中，但专意于文史，政事余暇，常常翻阅。晚年患眼疾，还令学士读给他听。韦孝宽很早就失去父母，侍奉兄嫂十分恭谨。亲族中凡有失去父母的孤儿，他必定加以接济供养。朝廷内外因此而赞美他。

🔴 **得医图**

敦煌莫高窟第 296 窟北周时期壁画。描绘瘦弱的病人赤着上身半躺在席上，由两名亲属扶持着，右侧的医生正为病人检查诊断。

隋书

隋书

中国社会科学院历史研究所博士
戴卫红

　　《隋书》共85卷，其中帝纪5卷，列传50卷，志30卷。纪传部分，由魏徵主编，成书于唐太宗贞观十年（636）；史志部分，始修于贞观十五年（641年），成于唐高宗显庆元年（656），是由长孙无忌监修的。

　　先后参加编写的有孔颖达、许敬宗、于志宁，皆名列贞观时期著名的"十八学士"之列。此外还有当时名垂一时的经史大师颜师古和唐代著名天文学家李淳风。

　　《隋书》的修史水平很高，它的修撰者均是有才之士。修史时离亡隋时间较近，有不少隋朝的史料尚可资证。作为主编的魏徵，历史上素称谏臣，号为"良史"，他主编修史时一般能坚持据事直书。

　　《隋书》的一个重要特点，就是全书贯串了以史为鉴的思想，因此对隋君臣上下骄奢淫逸的腐朽生活，可谓有淋漓尽致的描写和入木三分的揭露。

　　其次，《隋书》弘扬秉笔直书的优良史学传统，品评人物较少阿附隐讳。主编魏徵刚正不阿，他主持编写的纪传，较少曲笔，不为尊者讳。

　　再次，《隋书》保存了大量政治、经济以及科技文化资料。其中十志记载梁、陈、北齐、北周和隋五朝的典章制度，有些部分甚至追溯到汉魏。其中的《经籍志》是继《汉书·艺文志》后的一部十分重要的目录书，叙述了自汉至隋凡六百年我国书籍之存亡、学术之演变，是对我国古代书籍和学术史的第二次总结，也是对我国学术文化史的一大贡献。

◆白话精编二十四史◆

第五卷

高祖帝纪

自从西晋灭亡，中国便陷入长达二百七十多年的分裂局面，国家不能统一，攻伐没有停止。一直到隋文帝杨坚掌权称帝，平灭北齐，招抚突厥，南定陈国，完成统一，取得了三百年来最伟大的成就。他治国有方，将大乱后的中国治理得河清海晏，百姓家给人足。无奈立储失策，致使初期强盛的隋王朝只持续了三十八年，便在各路义军的讨伐中覆灭了。

▶【天赋异禀】

隋文帝名叫杨坚，是弘农郡华阴（今陕西华阴）人。父亲杨忠跟随北周太祖在关西起义，赐姓普六茹。母亲吕氏于西魏大统七年（541）六月在冯翊（今陕西大荔）般若寺生下杨坚（当时应称普六茹坚），当时紫气充满了整个庭院。有一位来自河东的尼姑对吕氏说："这个孩子来自奇异的地方，不能让他生活在俗人的处所。"于是将杨坚抱到其他馆舍，亲自抚养。一次，吕氏抱着杨坚，忽然看见他的头上长出犄角，浑身生出鳞片，吕氏吓得把杨坚扔到了地上。尼姑进来说："吓到我的孩子了，会让他晚得天下。"

杨坚有龙一样的相貌：额头上有五根柱子一样的纹路延伸向头顶，目光炯炯有神，手掌里的纹路呈现出一个"王"字，上长下短，深而端正。他刚进太学时，即便是非常亲近的人也不敢对他态度轻浮。

杨坚十四岁时，京兆尹薛善征召他为功曹，十六岁时升为骠骑大将军，加官开府。北周太祖见到他就感叹道："这个孩子的相貌气质，不像是世间的凡人。"周明帝即位后，授予他右小宫伯，晋封为大兴郡公。皇帝曾经派善于相面的赵昭去观察杨坚，赵昭欺骗皇帝道："杨坚不过只能做到柱国罢了。"暗地里却对杨坚说："您会成为天下的君主，一定会有大的杀戮然后才能平定，记住我的话吧！"

宇文护掌权后，特别忌惮杨坚，屡屡想加害他，幸亏大将军侯伏侯寿等人的保护，杨坚才幸免于难，不久继承了隋国公的爵位。周武帝又娶了杨坚的长女作为皇太子妃，对他更加敬重。齐王宇文宪对武帝说："杨坚相貌不同于常人，恐怕不会甘居人下，请您早点除掉他。"武帝说："他只不过当大将罢了。"内史王轨突然对武帝说："皇太子不是社稷的主人，杨坚有造反之相。"武帝很不高兴地说："这一定是天命如此，又能拿他怎么办呢?"杨坚知道后非常害怕,更加韬光养晦。

古人认为帝王登基之前都有预兆,相貌奇伟是预兆之一,其他方面的征兆也有很多。周武帝建德年间,杨坚与宇文宪在冀州(今河北临漳西南)大破北齐任城王高湝,被任命为定州总管。之前,定州城西门长期关闭,不能通行。北齐文宣帝时,有人请求打开它,以便行人通行。文宣帝不答应,说道:"会有圣人来开启的。"等杨坚到了定州(今河北定州),城门就打开了,大家都感到非常惊异。

◎ 隋文帝祈雨图

从这幅隋文帝祈雨图描绘的隆盛景象,似能体悟到"开皇之治"的气氛。

【受禅称帝】

周宣帝即位后,因为杨坚是皇后的父亲,拜任他为上柱国、大司马,大象初年(579)又升为大后丞、右司武,不久转任大前疑。当时宣帝颁布《刑经圣制》,法令严苛,杨坚认为法令太多太苛刻,不能振兴教化,恳切进谏,宣帝不听。杨坚名望越来越高,宣帝很忌惮,每次生气就对杨皇后说:"我一定要诛灭你全家!"然后召来杨坚,命令左右侍臣:"杨坚如果改变脸色,就立刻杀掉他。"杨坚到来后神色自若,才免于杀身之祸。然而这也提醒杨坚,若不加快夺权步伐,性命可能难保。

大象二年(580),宣帝去世。当时周静帝年幼,不能亲自处理政事。内史上大夫郑译、御正大夫刘昉认为杨坚是皇后的父亲,众望所归,于是假传圣旨让杨坚入朝总理朝政,都督内外军事。杨坚唯恐在领地的北周藩王发生变故,于是声称赵王宇文招要把女儿嫁去突厥,叫藩王们都到京城来。发丧后,周静帝拜杨坚为左大丞相,百官都要听从他的调遣。正阳宫成为丞相府,郑译为长史,刘昉为司马。周宣帝时刑罚严苛,官员百姓离心离德。杨坚掌权后实行宽松的政策,崇尚节俭,天下人都很高兴。

杨坚掌权后,发生了很多处阻止他擅政的叛乱。不过他此前拉拢收罗了一批谋臣和武将,关键时刻能够为他出谋划策,挥戈疆场。他先后

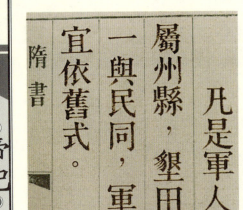

凡是軍人，可悉屬州縣，墾田籍帳，一與民同，軍府統領，宜依舊式。

隋書

🔥《隋书·高祖纪》有关隋文帝改进府兵制的诏令

平定了相州总管尉迟迥、雍州牧毕王宇文贤、益州总管王谦、赵王宇文招、越王宇文盛等人的叛乱，在军事上取得了安定。

大定元年（581），杨坚下令以前获得过赐姓的功臣，必须恢复以前的汉姓。普六茹坚这个名字从此不再出现在历史上。周静帝逐渐封杨坚为隋王、相国，加授九锡，最终禅让帝位，进献玉玺。

开皇元年（581），杨坚像往常一样，穿着普通的衣服进入皇宫，依照礼仪即皇帝位，然后设坛祭天，祭告宗庙，大赦天下，改元开皇，分封官吏。当天，京城上空现出了五色云彩。

【体恤百姓】

隋文帝刚即位时，就将官府的五千头牛分赐给百姓。他喜欢乘车出宫巡察民情，如果路上遇到上表的人，一定要勒马亲自询问。有时，他会暗中派使者去打听地方风俗和对地方官的评价，民间疾苦没有不留心的。

关中曾经发生饥荒，隋文帝派人去看百姓吃什么，有人拿回掺着豆渣和杂糠的干粮，隋文帝流着眼泪给群臣看，深深自责，还为之撤去膳食，将近一年没吃酒肉。他去祭拜泰山时，见道路上全是从关中去洛阳谋生的饥民，他命令官员们不得驱赶百姓，男女老少就掺杂在仪仗队里。如果遇到扶老携幼的人，隋文帝立刻引马避开，还要加以慰勉。到了艰难险阻之处，如果看见挑担的人，隋文帝就命令侍卫前去协助。

开皇七年（587）十月，隋文帝巡游蒲州（今山西永济），设宴招待当地的长者。看到当地的情况，隋文帝非常高兴地说："这儿的人衣服鲜艳华丽，举止闲适优雅，确实是产生官员的地方，熏陶浸染而成风俗啊！"

隋文帝虽然对钱财比较节约，到了赏赐有功人员时，一点都不吝啬。如果有将士战死，隋文帝一定要赐给优厚的抚恤，还要派使者去慰问家属。在当时，皇帝兢兢业业，自强不息；百姓家给人足，殷富丰实。虽然不算是天下大治，他也称得上是古代优秀的君主了。

【戒奢以简】

隋文帝在位时崇尚节俭。他刚即位时，就下诏禁止官员进献犬马器物珍玩美味之类的东西。开皇、仁寿年间，男子的衣服多用布帛做成，不能用绸缎；衣服装饰也多为普通金属和骨角，没有金玉做的佩饰。

太子杨勇曾经在自己的铠甲上雕刻花纹，文帝看见以后不高兴，唯恐引发奢侈之风，于是告诫杨勇道："历代帝王从来没有生活奢侈却能长久的，你现在是太子，如果不能使苍天和百姓都称心如意，怎么承继宗庙、号令万民呢？现在给你一把刀子，你应该明白我的意思。"他对儿子的要求就是如此严格。

隋文帝的儿子却很难像他一样节俭。他宠爱的儿子秦王杨俊大造宫殿，极尽奢侈华丽。杨俊心灵手巧，经常自己亲手做木工，还制作精巧的器物，用珍珠和宝玉装饰。他为妃子制作七宝幕帐，还建造水殿，用胭脂香粉涂墙壁，金玉砌成台阶。柱子之间全部悬挂明镜，明镜中间镶嵌宝珠，特别华美。杨俊经常和宾客、妓女在水殿上弹琴唱歌，尽情享乐。文帝因为他过于奢侈，免去他的官职，仅保留了秦王的封号。大臣们劝谏，认为杨俊只是生活奢侈，没有其他罪过。文帝就气愤地说："我是五个儿子的父亲，如果如你们所愿，为什么不为我的儿子专门制定一部法律呢？"虽然大乱初定，国家需要提倡节俭，但隋文帝对节俭的刻意追求也给其他人留下了钻空子的空间。他的儿子晋王杨广就是利用这一点，离间他和太子的关系，最后成功废黜太子，自己当上了皇储。

【平陈统一】

经过多年的南征北战，南北朝时期的政权只剩下了偏安江南的陈国。隋朝的谋臣武将不断进献平陈策略，隋文帝采取高颎的计策，每当庄稼快要收获的时候，就在江北岸集结少量兵马，扬言进攻。等南陈把军队集结起来，隋兵又不进攻了。如此多次，南陈的农业生产受到很大影响，军队的士气也松懈下来。隋兵还经常偷袭南陈粮仓，放火烧粮，使陈国受到很大损失。

开皇八年（588），隋文帝建造大量战船，派晋王杨广、秦王杨俊、清河公杨素为行军元帅，率领五十一万兵马，分兵八路，讨伐南陈。

杨素从水路进军，他率领大军到达流头滩时，遇到了陈国将领戚欣的抵抗。这个地方地势险峻，将领们很有顾虑。杨素趁着夜色的掩护，亲自率领黄龙战舰数千艘，衔枚而下，派水陆两支军队偷袭戚欣，大获全胜。杨素率领水军东下，秋毫无犯。船舰浮满长江，旗帜铠甲在阳光下闪闪发光。杨素坐着平时所乘的大船，容貌雄伟，陈国人远远望见，害怕地说："清河公就是江神啊！"

大将韩擒虎与贺若弼兵分两路，也顺利到达江边。贺若弼的兵马到了

隋文帝帝像

京口（今江苏镇江），韩擒虎的兵马到了姑熟（今安徽省当涂县南）。隋开皇九年（589）正月，趁南陈军队欢度春节时，韩擒虎亲率五百人夜渡长江，偷袭成功。然后他和行军总管杜彦合为一军，打入建康，士兵们在皇宫的一口枯井中生擒了陈后主。陈国就此灭亡，在分裂了二百七十多年之后，中国重新获得了统一。

【怀仁招远】

隋文帝即位后，少数民族政权中实力最强的，是西北部的突厥。由于隋文帝没有礼遇突厥的沙钵略可汗，北边各少数民族非常不满。沙钵略的妻子是北周宇文氏的千金公主，哀伤自己的国家被灭亡，常怀复仇之志，每天对着沙钵略诉说。于是，沙钵略征发所有的突厥士兵，领兵四十万，攻打隋朝的边塞重镇。隋文帝命令四员大将守卫四座城池，都被打败。沙钵略统兵从木硖、石门（今宁夏固原西南和西北）两路来进攻，将武威（今甘肃民勤东北）、天水（今甘肃甘谷东南）等七座城的牲畜都掳掠尽了。

这场战役触怒了隋文帝，他派河间王杨弘、上柱国豆卢勋、窦荣定、左仆射高颎、右仆射虞庆则五个人为元帅，领兵出塞攻打突厥。沙钵略派自己手下的两名可汗前来应战，都失败逃跑了。当时突厥在闹饥荒，没有粮食吃，只好把骨头磨碎了当粮食，又遇上传染病流行，大批人死去。这个回合的交锋以隋朝的胜利而告终。

这以后，突厥内部发生分裂，沙钵略和自己的伯父达头可汗反目成仇，双方不断交战。内忧外困之际，沙钵略妻子千金公主上书隋文帝，请求按照惯例将公主的女婿当做儿子。沙钵略也致信表达了与隋朝交好的意愿。于是隋文帝派虞庆则为使臣、长孙晟为副手，出使突厥。

见到虞庆则后，沙钵略依然稳坐，说自己病了不能起身，还说："我不向父亲、伯父以下辈分的人下拜。"长孙晟劝道："突厥与隋都是大国天子，可汗不愿下拜，又怎敢违拗？不过可汗的妻子是皇帝的义女，可汗就是大隋的女婿，怎么能无礼，不敬重岳父呢？"沙钵略才下拜接受诏书。虞庆则又催他称臣，沙钵略问他的部下："什么叫做臣？"部下说："隋朝叫做臣，就像咱们这里的奴一样。"沙钵略说："能做大隋天子的奴仆，都是虞仆射的功劳。"从此之后，突厥对隋称臣。

当时在军事上，沙钵略被达头围困，又害怕东边的契丹，于是请求将部落迁徙到大漠以南。隋文帝诏令不但答应了这个请求，还令晋王杨广派兵援助。沙钵略趁机击败附属于达头的阿波可汗。而阿拔国部落乘虚而入，掳掠了沙钵略的妻子儿女。隋军攻打阿拔，取胜后将所得的战利品都送给了沙钵略。沙钵略非常高兴，于是写下誓约，派他的儿子到长安去做人质。隋文帝厚待沙钵略的儿子，还封千金公主为大义公主。自此突厥年年都去长安朝贡。

沙钵略的儿子都蓝可汗执政后，听信谗言，断绝了和隋朝的来往。此时，沙钵略的另一个儿子突利可汗却投奔了隋朝，受封为启民可汗。都蓝可汗和达头可汗正打得不可开交，隋文帝派五路兵马分别出塞，攻打都蓝。

大军尚未到达塞外，都蓝可汗就被手下杀害，达头自立为大可汗，于是隋文帝派太平公史万岁攻打达头。史万岁出兵后，突厥未曾交战即逃跑，隋军追击斩首二千余人，达头溃败。

自此，突厥已经无力和隋朝直接抗衡，他们便把侵略的矛头指向了投降隋朝的启民可汗。仁寿元年（601），突厥向南渡过黄河，掳掠启民可汗的六千多人口和两万多头牲畜。隋朝丞相杨素指挥军队打败突厥，夺回启民可汗的部众，并建立起对启民的保护。

除了突厥，西部的党项也曾骚扰边境，开皇四年、五年（584、585）时，党项归降，首领还被授予官职。开皇十六年（596），党项又开始作乱，隋文帝命驻守陇西的军队出兵讨伐，大获全胜。党项又请求投降，派子弟入朝谢罪。隋文帝说："回去告诉你们的父亲兄长，人生要有定居的地方，以赡养老人，抚养幼儿。你们却这样一会儿来一会儿走，难道不觉得羞耻吗？"从此党项入朝进贡，没有间断过。

魏晋南北朝时期，青藏高原上兴起了一个游牧部落吐谷浑。吐谷浑一开始在首领吕夸的带领下，频频袭扰隋朝边境。隋朝派兵出征几次，都打了胜仗，吕夸开始畏惧。隋朝平定陈国之后，吕夸更是害怕，率众逃到险要的地方躲起来，不敢再与隋朝为敌。开皇十六年（596），隋文帝将光化公主嫁给吕夸的儿子为妻。翌年，吐谷浑开始派遣使臣，入朝进贡。边疆逐渐安定下来。

【废长立幼】

隋文帝登基后，立长子杨勇为皇太子。杨勇一开始能够上书言事，体察百姓疾苦，还劝阻文帝停止迁徙百

⊙ 廉吏令狐熙

令狐熙，字长熙，隋朝敦煌人，曾官至大将军，始、丰二州刺史。隋文帝时期，令狐熙任沧州刺史，勤政爱民，深得百姓爱戴。开皇四年(584)隋文帝亲临洛阳，令狐熙前去朝见，沧州百姓以为他要离任极其不舍。此图描绘了他复还沧州时，百姓纷纷出境迎接的故事。

姓充塞边塞，很受文帝宠爱。但杨勇不善于伪装自己，也不善于拉拢权臣，逐渐被疏远了。

一年冬至，朝廷百官去朝见杨勇，杨勇命令奏乐接受朝贺。文帝知道了以后很不高兴，还下诏说："礼节有等级之分，君主和臣子的礼节不能混杂。皇太子虽然是储君，同时也是大臣和儿子，而各地官员冬至来朝贺，带上土特产作为贡物，又专门去东宫。这种事不合礼制，应该废止。"从此文帝开始对太子心生猜疑。

杨勇喜好女色，尤其宠幸昭训云氏。太子妃元氏不受宠，患了心脏病，不久就死了。由于元氏是皇后为杨勇聘娶的，往常又没有疾病，因此皇后对杨勇非常不满意。而晋王杨广善于伪装，只和王妃萧氏在一起，其他的姬妾都是凑数而已。为此，皇后愈发宠爱杨广，而疏远杨勇。杨广趁机在皇后面前进谗言，说杨勇要害死自己，更加激怒了皇后。

杨广知道皇后的意愿有所改变，就专门去见越国公杨素，请杨素去宫中探风声。杨素趁进宫侍宴时，为杨广说好话，试探皇后的意思。皇后果然大赞杨广，数落杨勇。杨素马上应和皇后，说太子杨勇没有才干，不配做国家的储君。皇后从此便有了废黜太子的想法。

杨勇知道这些事情后很

担忧，却没有办法。他听从一位占星术士的建议，在后园内建造庶人村，房屋窄小，被褥简陋。他经常在村中就寝，希望能够躲避天象的预言。文帝知道太子不安，于是派杨素去看杨勇。杨素到了东宫，故意在门口站了很长时间，以激怒杨勇。杨勇在宫内装束整齐，等了很长时间不见杨素进门，很愤恨，在言语中表现了出来。杨素回去后就说杨勇有怨恨情绪，恐怕要发动事变，一定要加以防备。

皇后和杨广又在东宫安插了一些奸细，随时掌握杨勇的一举一动，并安排人专门诽谤杨勇。于是文帝几乎每天都能听到杨勇的过失。几个月后，文帝召集群臣商议废立之事，劝文帝不要废黜天子的大臣都被视作太子党羽被治罪。再加上权臣杨素为太子罗织罪名，隋文帝终于下诏将杨勇废为庶人，立晋王杨广为太子。

杨广成为太子后，喜好奢侈享乐的本性逐渐暴露，隋文帝渐渐后悔。他病重时，听到太子调戏后妃的消息后大怒，又想召回杨勇。诏令还没下达，他就突然去世了。皇太子杨广即位，他就是后来以暴虐无道闻名的隋炀帝。

【生性多疑】

隋文帝性喜猜忌，不学无术，喜欢小的招数，不明大体，所以忠臣们没有谁愿意进谏忠言。当年和他一同开创隋朝基业的元勋和功臣，大部分被诛杀贬黜，很少有人幸存。他又不喜欢读书，废除学校，只听从妇人的话，废黜了皇长子。

隋文帝晚年性格苛刻严酷，喜怒无常，杀人很多。他曾经命令左右侍臣送西域入朝进贡的使者出玉门关，侍臣路上有时会收取一些地方官的小礼物，如鹦鹉、麂皮、马鞭之类，他听说之后就会非常愤怒。一次，他去武器库查看，发现官署中很脏，没有打扫，于是抓捕武器库的官员处斩，自己亲自监督，有几十个人被杀。他还暗中派人去贿赂令史府史，接受贿赂的官员一定会被处死，决不宽恕。舆论因此对他有所贬损。

论赞

史 臣曰：高祖恩泽广被，外表特殊，相貌奇异，韬光养晦，潜藏功用，所以了解他的人很少。趁着平定尉迟迥的机会，夺取了北周的政权。这时蛮夷部落侵扰华夏，荆扬地区尚未统一，他处理政事直到日落，运筹帷幄经营四方。楼船南下则金陵无险可守，骠骑将军北攻则单于款塞入朝。自己厉行节俭，减免徭役赋税，仓廪充实，百姓安居乐业。考察前代帝王，足以追随他们的伟大功业。只是无宽宏仁爱的气度，有严酷苛刻的天性，听从妇人的言论，迷惑于邪臣的谗言，溺爱宠幸之人而废黜嫡长子，托付社稷不当。坟墓之土未干，子孙便相继遭到杀戮；松木棺材刚刚摆好，天下已非隋朝所有，可惜啊！

白话精编二十四史

第五卷

炀帝纪

他营建东都，开凿运河，北筑长城，三征高丽，巡游江都……耗尽了国家的钱财，严重加重了百姓的负担。作为一名帝王，炀帝骄横懈怠，厌恶过问政事，冤案不予审理，上奏很少决断，导致众叛亲离，江山易主，使统一了中国仅仅三十八年的隋王朝，淹没在起义军的汪洋大海之中。

▶【暗夺帝位】

隋炀帝名叫杨广，是隋文帝的第二个儿子，母亲是文献独孤皇后。杨广从小机敏聪慧，是隋文帝和独孤皇后最宠爱的儿子。杨广十三岁时被立为晋王，拜任柱国、并州总管。文帝命令项城公杨韶和安道公李彻教导他。杨广喜欢学习，擅长写文章，端庄稳重，在朝廷里声望很高。文帝曾经秘密派善于看相的来和观察自己的儿子们，来和说："晋王眉上双骨隆起，贵不可言。"

杨广善于收买人心。一次，他去看打猎遇雨，左右进呈雨衣，他说："士兵们衣服都湿了，我怎么能独自穿这个呢？"命人拿开。在平定陈国的战役中，杨广作为行军元帅，指挥得当，大获全胜。隋军进入陈国首都建康（今江苏南京）后，杨广因为俘获的几名陈国官员奸邪谄佞，对民有害，将其处斩。然后，他下令封禁府库，财物一无所取，天下人都认为他很贤明。

按照次序，杨广无法登上皇位，于是为了夺取天下，便蓄意博取父母的好感。他知道文帝崇尚节俭，故意穿粗布衣服。文帝去他的府第，见乐器大多断了弦，又满是尘埃，好像从来没用过，便认为他不好声色，非常喜欢他。当时文帝只宠信文献皇后，不喜欢太多姬妾，而太子杨勇姬妾众多，失去了文帝的信任。杨广故意只和王妃萧氏在一起，不理会其他的妾侍，以此向皇后邀宠。果然，他很快取得了文帝和独孤皇后的双重好感。

与此同时，他倾心结交朝廷中掌权的大臣，慢慢培植自己的党羽。每当文帝派使者去看他，不管使者地位尊卑，杨广总要送出厚礼，还要看使者的脸色说话。所以往来的奴婢仆人都说杨广仁义孝顺。权臣杨素又帮助他筹划，于是他顺利地达到了自己的目的。文帝去世后，杨广登上帝位，开始了自己暴虐无道的帝王生涯。

▶【虚华奢靡】

炀帝本性浮华，喜欢铺张。他认

为天下太平已久，兵强马壮，于是大兴宫室，穷奢极欲，多次出巡。大业元年（605）八月，刚即位不久的炀帝率领文武百官登上龙舟，临幸江都（今江苏扬州），派左武卫大将军郭衍统领前军，右武卫大将军李景统领后军。五品以上的官员乘坐楼船，九品以上的官员乘坐黄蓑船，船与船首尾相接，竟有二百里长。

炀帝在江都尽情玩乐了几个月，才返回长安。在这之前，太府少卿何稠、太府丞云定兴大规模整治仪仗，要求各州县送羽毛。百姓四处捕捉飞禽，大网小网遍布水面和陆地，有能用作羽毛装饰的禽兽几乎全被抓完了。

炀帝刚刚即位后，便任命能工巧匠宇文恺负责建造东都。宇文恺迎合炀帝喜爱奢侈的心理，于是东都的房屋形制极尽奢华富丽。建造宫殿需要的木材都是从长江以南、五岭以北地区运去的，一根柱子就需要上千人运送。为建东都，每月要征发二百万民工，日夜不停地施工。

就在同一年，炀帝下令征发一百多万民工，开凿一条西起洛阳、东至山阳（今江苏淮安）的运河，叫做"通济渠"。又征发十多万人，疏通春秋时期吴王夫差开凿的运河邗沟（从今江苏淮安到江苏扬州）。以后五年多的时间里，炀帝又两次征发民工，开通永济渠（从今河南洛阳到北京）和江南河（从今江苏镇江到浙江杭州）。这四条运河连接起来，就是举世闻名的京杭大运河。大运河贯通南北，在未来的一千多年中起到了重要的作用。唐朝诗人皮日休歌颂这条河道："尽道隋亡为此河，至今千里赖通波。若无水殿龙舟事，共禹论功不较多。"只可惜这"水殿龙舟事"，在很大程度上加快了隋朝的灭亡。

运河修成后，隋炀帝多次巡游江都。他生性诡诈，巡幸的地方事先都不让别人知道。每到一个地方，总要几条道路上都设置食宿的地方，珍馐佳肴，水里游的、地上跑的，都要准备齐全。为此采买东西，不管多远都要去。郡县的地方

● 吴绛仙

清末画家吴友如绘。吴绛仙是隋炀帝的妃子，相传擅画长蛾眉，被封为崆峒夫人。

官都要准备精美的食物，置办酒席，叫做"献食"。献食丰厚的官员可以得到提拔，献得少的就要被治罪。官吏从中渔利，国家内外空虚贫弱，民不聊生。

除了巡游江南，炀帝还经常去塞北地区向少数民族炫耀武力。大业三年（607），为了便于自己巡游北方地区，炀帝征发黄河以北十多个郡县的男丁开凿太行山，修建道路。为了保护自己，他又征发一百多万男丁修筑长城，十之五六的男丁死在工程上。

【荒淫无度】

炀帝本来好色，早在文帝病重时，他便在后宫调戏嫔妃，即位后更是荒淫无道。他去江都时，所到之处，只是和后宫嫔妃取乐，只嫌时间不够。他还召来老妇人，早晚用污秽的语言交谈；又找来少年和宫女们淫乱，以此取乐。

当时，王世充做江都的地方官，他投其所好，挑选江南的漂亮女子献给炀帝。炀帝果然非常高兴，遇到中意的女子，炀帝就厚赏王世充；有不中意的，就赐给王世充。炀帝还让他从国库中拿钱做聘礼，王世充趁机贪污了大量钱财。

后来，炀帝命令将女子们装船送往东都，路上盗贼蜂起，押送的使者苦于劳役，便在淮河泗水里凿沉船溺死这些女子，前后发生了十几次。如果事情败露，王世充就为他们隐瞒，又马上选拔一批女子送去。大批江南女子入宫，换来了王世充更高更稳固的地位，也使炀帝更加腐化堕落。

大业八年（612），天下大旱，疫病流行，百姓大批死亡，太行山以东地区尤为严重。炀帝不但不设法救灾，反而秘密下诏，江南、淮南诸郡要选拔秀丽端庄的民间女子，每年都要进贡。荒淫的生活激化了社会矛盾，隋朝的倾覆在所难免。

【好大喜功】

炀帝喜欢耀武扬威，好大喜功。他招募使者，派他们出使到遥远的边塞去。来朝见的蕃国都能获得丰厚的赏赐，不顺从的国家就会遭到讨伐。

大业三年（607），炀帝去西部巡视，高昌王等西部二十七个少数民族国家的国王，都在道路以左拜见。他们佩戴金玉，穿着丝毛，焚香奏乐，唱歌跳舞。武威（今甘肃民勤东北）和张掖（今甘肃张掖）的青年男女盛装观看，车马拥挤，纵贯数十里，以显示隋朝国力的强盛。炀帝见到这种景况非常高兴。他还命令东都的闹市商店都设帷幕，摆好丰盛的酒食，派掌蕃带着外族人和百姓做买卖，不管到哪里都可以尽情吃喝，然后才能离去。外族人感叹，说隋朝人是神仙。

翌年，隋炀帝乘车前往榆林（今内蒙古准格尔旗）巡游。已归附隋朝的启民可汗装饰庐帐，打扫道路，等候炀帝。炀帝很高兴，于是下诏准许启民可汗的部落建造房屋，并由隋朝官府负责供给帷帐床褥等用品，并且一定要优厚。

对于那些不肯臣服或者三心二意的民族，炀帝就要诉诸武力，征服他们。大业五年（609），吐谷浑的首领伏允占据覆袁川（今青海湖东北一带），炀

帝命令四位将领驻扎在他的四面，将伏允团团包围。伏允带着几十个骑兵逃出包围圈，派自己的名王假扮自己，驻扎在车我真山。几天后，右屯卫大将军张定和前去围捕，身先士卒，被敌军杀死。副将柳武建奋力迎击，斩杀数百名敌人。一个月后，炀帝派左光禄大夫梁默和右翊卫将军李琼率军追赶伏允。两位将领在与敌军的交战中均以身殉国，隋军只能撤退。经过大斗拔谷时，山路狭隘险要，将士们只能一个接一个地走出山谷。突然一阵大风袭来，夹着雪粒，霎时间天昏地暗，军队和随从的官员失去联系，一多半士兵冻死在异乡。

虽然后来迫于隋朝的军事压力，吐谷浑被迫臣服，但终究怀有异心。隋朝末年动乱之时，吐谷浑强大起来，不再入朝贡奉。

为了进一步炫耀武力，大业七年（611），隋炀帝将战争矛头指向了高丽。他御驾亲征，渡过辽水，在辽东城（今辽宁辽阳）扎营。各路将士都到了平壤城下。高丽出战，大多失败，于是只守城，不再出战。炀帝命令军队攻打平壤城，又命令道："高丽如果投降，应该立刻抚慰他们，不能滥用兵。"可见炀帝并非真的想消灭高丽，而是耀武扬威而已。

平壤城即将陷落时，高丽人就请求投降，各位大将不敢用兵，只好派人去禀报炀帝。等炀帝知道了，敌军的防备也充实了，再次拒绝出降。如此多次，炀帝依然没有意识到这不过

是敌人的缓兵之计。相持时间太长，隋军粮草已尽，运输跟不上，各路军兵纷纷败北，于是班师回朝。这次征讨，只不过在辽水西侧攻占了高丽的武厉逻，设置辽东郡和通定镇而已。

大业九年（613），炀帝再次亲征高丽，吸取上次的教训，命令各路军兵见机行事。各位大将分头领兵攻城，敌人的形势越来越紧迫。适逢杨玄感叛乱，炀帝非常恐慌，下令各路军马立刻班师。兵部侍郎斛斯政跑到了高丽，告知了这件事，高丽于是派精锐部队前来追击，隋军大败。

第二年，炀帝第三次征讨高丽。当时全国叛乱蜂起，百姓流离失所，路很难走，军马多不能按期到达。到了辽水，高丽也处在困难时期，派使者请求投降，并送回斛斯政以赎罪。炀帝答应了，在怀远镇接受了高丽的投降，带着俘虏和战利品回朝。隋炀帝回朝后征召高丽君主朱元入朝拜见，朱元不去，炀帝又想再征高丽，天下大乱的形势却不容许他再度用兵了。

三征高丽，劳民伤财。征战期间，道路上全是被征发的战士以及民工，日日夜夜不停息。苦于劳役的人都做了强盗。炀帝命令郡县的地方官予以抓捕，只要抓到，立即处斩，决不宽恕。

【祸起萧墙】

炀帝东西巡游，没有定所。每次觉得钱不够用，就提前征收几年的赋税。当时政事废弛，刑罚紊乱，贿赂公行，没有人敢直言，道路上的行人

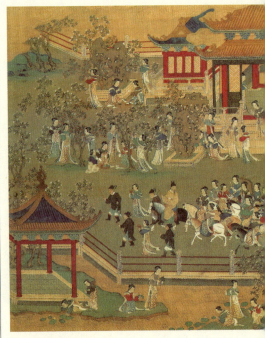

🔸 **隋炀帝游乐图**

这幅 17 世纪绘制的帛画，描绘了隋炀帝及其后妃在花园里游乐的场景。

只是用眼神互相示意。百姓流离失所，饥饿的人只能相食，村落成为废墟，炀帝从来不体恤这些。而常年沉重的徭役和赋税，使隋朝百姓怨声载道，民不聊生。自然灾害的发生，又减少了百姓生存的空间。他们只能被迫反抗，争取自己生存的权利。

隋朝末年，各地起义军风起云涌，李渊占领了长安，另立新君；李密领导的瓦岗军和窦建德领导的河北起义军也声势浩大。隋炀帝自知大势已去，干脆不回长安，躲在江都，每天饮酒取乐而已。

跟随炀帝的士兵多是关中人，他们长时间流落在他乡，觉得炀帝没有回长安的打算，就图谋作乱，

以求回家。武贲郎将司马德勘发现了这个苗头，又唯恐奏知炀帝后会被处死，于是和裴虔通等人商议，带领士兵们谋反。几个人商议完毕后，又告诉了宇文智及。本来想劫持战马，掳掠财物，一起回长安去，宇文智及却说："不能这样。现在老天要灭亡隋朝，已经有几万人同心叛乱了。我们趁这个机会干大事，成就帝王的事业吧！"大家公推宇文智及的哥哥宇文化及为主。

隋大业十三年（617）三月，司马德勘故意散布谣言，使军心不稳，人人蠢蠢欲动。三月十日，叛乱发生。这天夜里，司马德勘在东城召集军队，共聚集起几万人，高举火把和城外的人互相呼应。炀帝在宫中听到外面喧闹，便问是怎么回事儿，参与作乱的裴虔通骗他说外边在救火，所以吵闹。炀帝便相信了，也没有细想。宇文智及等人趁着夜色派遣军队把守各主要街道，控制了江都城。

五更时，司马德勘将军队交给裴虔通，撤换了各门的卫士。裴虔通指挥军队进入宫中，抓住了隋炀帝。炀帝说："你不是我的老朋友吗？为什么这么恨我，还要反叛？"裴虔通答道："我不敢反叛，只是将士们都想回家，想送您回长安而已。"炀帝说："我这就跟你们回去。"无奈此时说什么都不管用，裴虔通亲自带着卫士看管炀帝。

叛乱尚未发生时，炀帝的孙子杨侗觉察到事情不对头，想进宫上奏，又恐怕被叛贼发觉。于是，十六岁的

杨侗从芳林门旁边穿过水洞进入内宫，到了宣武门前跪下说道："儿臣不幸中邪，命在旦夕，请求当面辞别皇上，死而无憾。"希望以此见到炀帝。不料被守卫宫门的武士阻拦，最终没有见成。

由于炀帝实在罪过太大，叛军将其杀害。萧皇后命令宫女们撤下床上的竹席作为棺材，埋葬了炀帝。宇文化及作乱后，右御卫将军陈棱护送炀帝灵柩，埋葬在吴公台下。入殓时，炀帝的容貌像活着时一样，大家都感到非常奇异。大唐平定江南之后，将炀帝改葬于雷塘（今江苏扬州城北）。

论赞

史臣曰：炀帝在年轻时，早就有美名，南下平定吴、会，北上击退匈奴。他掩饰性情，行为奸诈，因此得到文献皇后宠爱，使文帝改变想法，于是登上储君之位。他依靠富强的国力，想满足无厌的欲望。恃才傲物，荒淫无度，刑罚严酷，赋役沉重，从此国内骚动，民不聊生。连年征伐，再加上饥荒，百姓流离失所，辗转死在沟壑中的十之八九。于是相聚在水泽，蜂拥而起，大则跨州连郡，称帝称王；小则千百人为一群，攻城略地，流血成河，死人如麻。炀帝始终未曾醒悟，终于以天子之尊，死于一夫之手。社稷倾覆，宗族灭绝。《尚书》说："天作孽，犹可违；自作孽，不可逭。"观察隋朝的存亡，这话确实能应验啊！

白话精编二十四史

◎第五卷◎

157

卷三十六

文献独狐皇后列传

文献独狐皇后一生深受隋文帝宠爱，治理后宫，劝言朝政，留下不少为人称道的故事。她在废周建隋、改立太子、罢黜朝臣等重大政治事件中都起到了关键作用，但是其中一些过激的做法也颇受后人诟病。

文献独狐皇后，河南洛阳人，北周大司马、河内公独狐信之女。独狐信见杨坚仪表不凡，便将女儿许配给他，独狐氏时年十四岁。杨坚与独狐氏感情很好，还立誓不与其他妻妾生子。独狐氏恭顺温良，其姐姐是周明帝的皇后、长女是周宣帝的皇后，即便尊贵地位无人能比，独狐氏仍谦卑自守妇道，世人都称其贤德。

北周大象二年（580），周宣帝崩逝，此时杨坚在北周已是大权独揽，独狐氏对杨坚说："您如今是骑虎难下，只有进勉了！"于是，杨坚于次年称帝，是为隋文帝，立独狐氏为后。

当时，突厥人与隋朝开展贸易，有一盒价值八百万的明珠，幽州（今河北北部一带）总管阴寿奏请独狐皇后买下，独狐皇后却说："这不是我必需的东西，当今突厥屡次进犯，将士疲劳，不如将这

八百万赏赐给有功的将士。"百官闻之无不称赞。

隋文帝对独狐皇后亦是非常宠爱敬重，每次上朝，独狐皇后都与隋文帝一同乘辇而行，行至阁前才停下；隋文帝施政有不妥之处，独狐皇后也及时进谏匡正，对朝政多有帮助；每次退朝，独狐皇后都等候隋文帝一起回宫，两人欣然相望，同食同寝。

独狐皇后的表兄、大都督崔长仁触犯律法，被判斩刑。隋文帝念及独狐皇后的情分，想要赦免其死罪。独狐皇后说："国家的大事，岂能顾及私情！"于是，崔长仁竟被处死。不久，独狐皇后同父异母的弟弟独狐

🔶 短襦长裙

短襦长裙是隋代女服的基本形式。它的一个特点是裙腰系得较高，一般都在腰部以上，有的甚至系在腋下，给人一种俏丽修长的感觉。

陀对皇后怀恨在心，以猫鬼巫蛊之术诅咒皇后，罪当死。独孤皇后三天没有进食，在隋文帝面前为其说情："独孤陀要是有损朝政、祸害百姓，臣妾不敢多说一句。如今，他是因为臣妾的缘故被判死罪，臣妾斗胆请求陛下宽赦。"独孤陀因此罪减一等。

独孤皇后经常与隋文帝讨论政事，两人的意见往往相合，宫中都将帝后二人并称为"二圣"。独孤皇后性情十分仁爱，每次听到大理寺处决囚徒，未尝不流泪感伤的。

然而，独孤皇后善妒，以致后宫妃嫔都不敢亲近服侍隋文帝。当时，相州（今河北南部及河南北部一带）总管尉迟迥的孙女容貌美丽，在仁寿宫被隋文帝看见，因此受到宠幸。独孤皇后乘隋文帝上朝之机，将尉迟迥的孙女暗地杀害。隋文帝得知此事以后大怒，骑马从宫苑中疾驰而出，奔入山谷间二十余里，大有不做皇帝的意思。尚书高颎、杨素等朝臣追上隋文帝，苦苦进谏。隋文帝这才叹息道："我贵为天子，却不得自由！"高颎劝说："陛下岂能因为一个妇人而不顾天下？"隋文帝怒气稍解，站在马前许久，到了半夜才回到宫中。这时，独孤皇后正在宫中等候隋文帝，见到隋文帝归来，便流泪上前叩拜并认错，高颎、杨素也在一旁劝解。隋文帝大置酒宴，把酒言欢，独孤皇后却因不再专宠而情绪低落。

起初，独孤皇后因高颎是父亲生前家中常客，而对高颎亲切关照，但听说高颎将自己说成"一个妇人"以后，就愤恨不已。后又听说高颎夫人死后其妾生了男婴，独孤皇后就更加不快，经常在隋文帝面前诋毁高颎。而隋文帝也经常听信独孤皇后的谗言，最终竟罢黜高颎。后来，独孤皇后只要看到哪位王公大臣的妾室有孕，就劝隋文帝加以斥责。

当时，皇太子杨勇的元妃暴卒。元妃原是独孤皇后所选的太子妃，但太子杨勇宠爱侧室云氏，颇为独孤皇后所反感。于是，独孤皇后将元妃之死说成是云氏所害，并在隋文帝面前说杨勇的坏话。而恰在此时，晋王杨广讨好独孤皇后，在独孤皇后的谋划下，隋文帝终废掉太子，另立杨广。

隋仁寿二年（602），独孤皇后病逝，终年五十岁。此后，隋文帝十分放纵，宠幸了宣华夫人陈氏、容华夫人蔡氏等，身体每况愈下，以致病重。临崩前，隋文帝对随侍说："若皇后在此，我不至于到今天这一步。"由此可见，独孤皇后阻止隋文帝宠妃虽过于严苛，但对于隋文帝专心朝政和后宫的秩序谨严亦不无贡献。

白话精编二十四史

◉ 第五卷 ◉

论 赞

史 臣曰：文献独孤皇后与高祖（隋文帝）恩爱和睦，始终不渝，但其德行不一，擅自专宠，改变嫡位，致使宗社倾覆，可惜啊！

高颎列传

高颎出身名门，追随隋文帝，为隋朝的开疆拓土立下了不朽功勋。隋朝立国后，他能文能武，一方面端正自身，为国家的发展谋划长远之计；一方面挥戈疆场，为国家的统一立下汗马功劳。在个人事业达到巅峰时，他耿直敢言，终于导致被文帝疏远，又触怒了炀帝，落得一个自己被诛杀、儿子被流放的下场。

【平步青云】

高颎自幼聪慧，器度宏大，读了一些史书，尤其擅长于辞令。十七岁时，北周齐王宇文宪召他做记室。北周武帝时，他继承了武阳县伯的爵位，因平定齐国有功，拜为开府，不久随越王宇文盛进攻隰州（今山西平阳）叛乱的胡人，平定了隰州。这可以看做高颎青云之路的开始。

杨坚（即隋文帝，当时担任北周丞相）主持朝政时，知道高颎精明强干，又熟悉兵法，精于谋略，于是请他担任了丞相府的司禄。当时长史郑译、司马刘昉由于奢侈放纵而被疏远，杨坚愈发看重高颎，将他视作心腹。尉迟迥起兵时，派自己的儿子尉迟惇率领步兵和骑兵共八万人，驻扎在武陟（今河南武陟）。杨坚命令韦孝宽率兵去攻击他，并派高颎前去监军。高颎接受命令后立即出发，到军中后，在沁水上架桥，

贼军从上游放下点了火的小船，高颎事先准备好土狗来防御。渡过沁水后，高颎命令烧掉桥与敌军背水一战，最终大破敌军。平定尉迟迥后，军队凯旋，皇帝在内宫设宴招待，撤下御帐赏给他。高颎晋位柱国，改封为义宁县公，升任丞相府司马，愈发受到信任和倚重。

【为帝信任】

杨坚受禅让即位后，高颎被拜为尚书左仆射，兼任纳言，晋封为渤海郡公，朝中的大臣没有谁能与之相比。高颎很注意避让权势地位，上表章请求辞职，让位于苏威。文帝想成就他的美名，于是解除了他仆射的官职。几天后，文帝说："苏威在前朝不肯做官，高颎能举荐他。我听说推荐贤能的人应该受到上等的奖赏，怎么可以让他离职呢？"于是命令高颎官复原位，不久又拜他为左卫大将军。

文帝曾询问高颎攻取陈国的策

略，高颎说："江北气候寒冷，庄稼收割比较晚；江南气候温暖，水田成熟比较早。估计他们将收获时，稍微征集一些人马，声言要进攻。陈国必然要聚集人马进行防御，会荒废他们的农时。对方聚集起军队以后，我们再解散，如此一而再再而三，敌军会习以为常。以后再聚兵，他们就不会相信了。在他们犹豫的时候，我们渡江登陆而战，士兵会勇气倍增。还有，江南土地贫瘠，房屋多为竹子与茅草所建，粮食储存都不用地窖。我们暗地里派人顺着风向放火，等他们重新修建后再烧掉它。不出几年，他们的财力就都消耗完了。"文帝采纳了他的计策，于是陈国人愈发贫困。

开皇九年（589），晋王杨广大规模攻打陈国，任命高颎为元帅长史，三军的进退皆由高颎决断。平定陈国后，晋王想接纳陈后主的宠姬张丽华。高颎说："武王灭亡殷商，杀了妲己。现在平定陈国，不应该取张丽华。"于是命令杀了张丽华，晋王很不高兴。高颎为自己日后的悲剧埋下了伏笔。

大军回朝，高颎因军功加官上柱国，晋爵齐国公。文帝慰劳他说："您出征陈国后，有人说您谋反，我已经杀了那个诬告者。君臣之间契合之道，不是小人所能离间的。"高颎又辞让官爵，诏书说："高颎知识见解通达广远，器度谋略宏远深厚。出朝参与军事，肃清淮海一带；入朝掌管禁军，确实可以委以心腹。我自从受天命以来，高颎掌管国家机要，竭尽忠诚施展力量，心迹表露无遗。这是上天赐予我的辅佐良臣，前来支持我帮助我的，请不要再浪费辞藻逊让了。"高颎被文帝如此推重奖掖，事业达到了人生的高峰。文帝还对高颎说："您就像一面镜子，每被打磨一次，就显得更加明亮。"不久，尚书都事姜晔、楚州行参军李君才都上奏说水旱不调，责任在高颎，请求罢黜他。两个人都因此获罪而被罢免，文帝对高颎愈发礼敬亲密了。

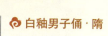

白釉男子俑·隋

【遭谤失宠】

当时太子杨勇不受文帝喜爱，文帝早就有废立太子的心思，对高颎说："晋王妃有神附体，说晋王将得到天下，怎么办呢？"高颎长跪说："长幼有顺序，怎么能废立呢？"文帝不说话。独孤皇后知道高颎的想法不可改变，暗地里想除掉他。

高颎的夫人去世，皇后对文帝说："高仆射年纪大了，却失去了夫人，陛下哪里能不为他娶一个妻子呢？"文帝把皇后的话告诉高颎，高颎流着眼泪推辞道："臣现在已经老了，退朝后只不过在书房里读佛经罢了。虽然陛下十分可怜我，但再娶妻子，不是我所愿意的。"文帝于是作罢。

这时，高颎的爱妾生下一个儿子，文帝听说了以后很高兴，皇后却很不开心。文帝问起缘故，皇后说："陛下还能再相信高颎的话吗？当初陛下要为他娶妻，高颎心里想的是爱妾，当面欺骗陛下。现在他的欺诈已经现形了，陛下怎么还能再相信他？"文帝于是疏远了高颎。

适逢朝廷讨论征伐辽东（今辽宁辽阳），高颎坚持说不可以。文帝不听，任命高颎为元帅长史，跟着汉王征讨辽东，遭遇冷雨发生传染病，没有取胜就回朝了。皇后对文帝说："高颎一开始不愿意出征，陛下非要派遣他去，我就知道他会无功而返。"再加上皇后听信军中小人的谗言，将之转述给文帝，文帝越发不高兴。

不久上柱国王世积因犯罪被杀，在审问过程中，涉及皇宫中的事情，供说是从高颎那里得知的。文帝听说此事之后大为震惊，想给高颎定罪。当时，上柱国贺若弼、吴州总管宇文弥、刑部尚书薛胄、民部尚书斛律孝卿、兵部尚书柳述等人证明高颎无罪，文帝愈加愤怒，把他们一起交给执法官吏。从此朝中大臣没有谁还敢替高颎说话。高颎因罪被免官，以公爵身份放还府第。

青釉双系壶·隋

过了不久，文帝去秦王府，召高颎来陪宴。高颎流泪叹息，不能抑制自己的悲痛，独孤皇后也在对面哭泣，左右人等都流泪。文帝对高颎说："我没有辜负您，您自己辜负了自己。"便对周围的大臣说："我把高颎看得比儿子还要重要，即使有时看不见，也像在眼前一样。但自从他被解职，我就把他彻底忘掉了，就好像从来没有过这个人一样。所以臣子不可以用自己的功绩地位来要挟皇帝，自封为天下第一。"

【因言被诛】

不久，高颎封国的官员上报，说："高颎的儿子高表仁对高颎说：'司马仲达当初称病不上朝，于是占有了天下。您现在这种遭遇，怎么知道不是好事呢！'"文帝于是大怒，把高颎囚禁在内史省并严加拷问。

执法官员又上奏高颎其他事。说："和尚真觉曾经对高颎说：'明年国家有大丧事。'尼姑令晖又说：'开皇十七、十八年（597、598），皇帝有大难。开皇十九年（599）过不去。'"文帝听了之后更加愤怒，环顾群臣说："帝王之位是自己争取来的吗？孔子具有大圣人的才能，制定法规传之后世，他难道不想当皇帝吗？天命不允许罢了。高颎和儿子说话，把自己比作晋朝开国皇帝，这是什么用心！"有司请求杀掉高颎，文帝说："去年杀了虞庆则，今年杀了王世积，如果再杀掉高颎，天下人会怎么说我呢？"于

是把高颎革除官职贬为庶民。

隋炀帝即位后，拜高颎为太常。当时诏令收集北周、北齐原来的乐人以及天下散佚的音乐，高颎上奏道："这些音乐已经失传很久了，现在如果征集，恐怕那些没有见识的人会弃本逐末，争着传授学习。"炀帝很不高兴。炀帝当时奢侈淫靡，声色淫乐充斥宫中，又征发劳役修筑长城。高颎极为反对，他对太常丞李懿说："北周就是由于皇帝喜好声色而灭亡的，殷商的教训并不遥远，怎么能重蹈覆辙呢！"

当时，炀帝对待启民可汗过于优厚，高颎对太府卿何稠说："这个家伙熟知中原的虚实和山川险易，恐怕会引起后患。"又对观王杨雄说："近来朝廷没有一点规章制度。"有人将此话奏知炀帝，炀帝认为是诽谤朝政，下令杀掉高颎，他的儿子全部被流放边疆。

论赞

史臣曰：齐国公端正自身遵循正道，辅佐君王得心应手。因高祖要废黜太子，高颎忠诚守信而获罪责；炀帝大肆铺张贪图享乐，高颎又因不肯附时而被杀。如果没有这些猜忌和嫌隙，虽然不一定能追随稷、契的地位，却是可以和萧何、曹参并驾齐驱的。但要高颎完成这些实在太难，可惜啊！

李德林列传

李 德林自幼聪敏好学，声名远播。仕进后因为辅佐隋文帝登基有功，故官爵显赫。不料一次触怒文帝，十余年不得加官晋爵。他有自以为是的缺点，又有人在文帝面前诋毁他，故而在花甲之年被外放，病死在任上。

【幼时聪敏】

李德林，字公辅，是博陵安平（今河北安平）人。他自幼聪敏，几岁时读左思的《蜀都赋》，十几天就熟读成诵。高隆之见了感叹，遍告朝中官员道："给他几年时间，一定能成为天下的大人物。"邺城很多人去家里看他，一个多月内每天车马不断。

他十五岁时背诵五经和古今文集，每天背几千句，不久即博览经书，还通晓阴阳五行。他擅长写文章，文辞朴实，道理顺畅。魏收曾在高隆之面前对李德林的父亲说："您儿子的文笔能赶得上温子昇。"

李德林十六岁时，父亲去世，他自己驾着装载父亲灵柩的车回故乡安葬。正值寒冬，他穿着单薄的孝服，光着脚，州里的百姓因此很敬重他。博陵大族有个叫做崔谌的人，是当朝仆射的兄长，休假回乡，车马隆重，衣服华丽。他从自家去李家吊祭，相距十余里，出门时有数十人跟随，途中慢慢减省，到李

德林家只剩下五人。他说不愿意让李德林怪他气焰逼人。

【才能过人】

任城王元湝做定州刺史时，看重李德林的才能，将他召入州馆，早晚和他交游，相处得如同师友，不拘礼节。后来，元湝举荐李德林入朝，还写了一封推荐信给尚书令杨遵彦。杨遵彦让李德林写《让尚书令表》，李德林挥笔立就，不加改动。杨遵彦大加赞赏，告诉吏部郎中陆卬，陆卬对他交口称赞，还对自己的儿子说："你做事要效仿这个人，他就是你的榜样。"

当时杨遵彦负责选拔人才，行事谨慎严格，选中的秀才很少有甲等。李德林应考策论五条，都是上等，受任为殿中将军。但因这个官职是西省的闲职，不是李德林所喜好的，他于是告病还乡，闭门读书。

北齐孝昭帝皇建初年（560），皇帝下诏征召有才能的人，李德林再度仕进。几年后，因为母亲去世，李德

林离职。他五天没喝一口水，又患上热病，浑身生疮，依然不断哭泣。他的朋友陆骞等人和名医张子彦为他熬药，他却不肯吃，遍体肿胀，几天以后却平复如初。大家都说是孝心所致。服丧满百天后，李德林称身体虚弱多病，请求辞官回家。不久，北齐皇帝又征召他编修国史，为他加官晋爵。

北周武帝灭掉北齐进入邺城时，派人去李德林家里宣旨抚慰，说道："平定齐国的好处只在于你。我本来担心你会跟着齐王向东逃跑，现在听说你还在这里，非常宽慰，请你即刻入宫相见。"李德林进宫后，周武帝派人向他了解北齐的风俗政教、人物善恶，并留他在宫内住了三天。随后又派遣他跟随銮驾回长安，授任内史上士。从此以后，诏书文告的格式，以及任用山东人物，都委托李德林去做。

周武帝曾经在云阳宫对大臣们说："我以前只是听说李德林的名声，等到看见他为齐朝作的诏书檄文，真以为他是天上的人。没想到现在他为我驱使，还为我写文书，真是奇异。"神武公纥豆陵毅答道："李德林来受驱驰，是陛下圣明的德行感致的。这个人有大才能，能胜任各种职位，比麒麟和凤凰强多了。"周武帝大笑道："确实像你说的这样。"

【运属兴王】

北周宣帝病重，是杨坚（时任北周丞相）接受托孤之时。邗国公杨惠对李德林说："朝廷命令丞相总揽文武大事，任务繁重，如果没有贤才辅佐就难以成就大业。现在他希望能与您共事，您千万不要推辞。"李德林很高兴，答道："我虽然庸碌无能，却也有一腔赤诚。如蒙提携，一定以死来报答明公。"杨坚很高兴，马上召他商议事情。

刘昉、郑译当初假传圣旨，让杨坚受命辅佐小皇帝，总管内外军事。侍卫们接到命令，都要受杨坚调遣。郑译和刘昉商量后，想授予杨坚大冢宰一职，郑译自己做大司马，刘昉希望做小冢宰。杨坚私下里问李德林："这该怎么办呢？"李德林说："您应该马上担任大丞相，代用皇帝仪仗管理内外军事，否则难以压服众人。"后来，杨坚任命郑译为相府长史，带内史上大夫，刘昉只做了丞相府司马，两人由此愤愤不平。杨坚又任命李德林为丞相府属，加官仪同大将军。

没过多久，有三个地区爆发叛乱，行军用兵方面，杨坚都要和李德林商议。军书文告不分早晚送来，一天内常常到达一百多件，李德林当机立断，同时给几个人发指令。各种指令文书不用修改即可应用。郧公韦孝宽为东路军元帅，军队到永桥时，因为沁水暴涨，兵士渡不过去。长史李询秘密上书杨坚道："大将梁士彦、宇文忻、崔弘度都接受了尉迟迥（叛军首领）的钱财，军中人心惶惶。"杨坚得知后非常担忧，和郑译商议，想派人取代这三位大将。李德林献计道："大

《游春图》是现存保存最早的卷轴山水画，卷前题签为宋徽宗赵佶手书"展子虔游春图"。展子虔通过圆劲的线条和浓丽的青绿色彩描绘了游春图景，为唐代许多画家所宗，也被后世誉为唐画之祖。

敌当前而撤换将领，自古以来都为人诟病。您只要派一个足智多谋又为诸将信服的心腹去军中观察情况，即使他们有异心，也不敢轻举妄动。"杨坚说："如果您不说这话，差点就要坏了我的大事。"他立即命令高颎乘坐驿车赶往军中，节度诸将，最终成就功业。

▶【正直敢言】

杨坚接受禅让时，有关文书都出自李德林的手笔。杨坚登基之日，授予他内史令之职。在杨坚将要受禅的时候，虞庆则劝他诛灭宇文氏家族，高颎、杨惠也违心地赞成，只有李德林坚决认为不可以。杨坚生气地说：

"你是读书人，没资格参与这件事。"从此不给他加官晋爵，只是根据位次授予他上仪同，晋封子爵。

开皇元年（581），隋文帝命李德林和太尉任国公于翼、高颎等人一起编修法律。法律颁布后，苏威经常想进行修改，李德林认为法律既然已经颁布，就应该按照执行。即便有小问题，只要不对政事和百姓造成伤害，就不要改来改去。苏威又启奏在民间每五百家设置一个乡正，专门受理民间诉讼。李德林认为之所以废除乡官断案，就是因为他们多是乡里亲戚，难免有失公平。现在令乡正专门管理五百家，恐怕危害更大。隋文帝让百官在东宫商议，从皇太子以下大多官员赞同李德林的意见。苏威又说废除郡这个建制，李德林说："修订法律时，您为什么不说废郡的好处？现在法律刚刚颁布，怎么可以修改呢？"然而高颎赞同苏威的意见，说李德林性情乖张，非常固执，于是隋文帝全部采纳了苏威的建议。

【帝生嫌隙】

自从隋朝立国之后，李德林经常上奏平定陈国的策略。开皇八年（588），文帝去同州（今山西大荔），李德林因为生病没有跟随。文帝发敕书催他，信后御笔注明："讨伐陈国是你的想法，应该跟着来。"文帝还对高颎说："李德林如果生病去不了，就去他家讨取平定陈国的方略。"后来，文帝把从李德林处讨来的方略交给了晋王杨广。陈国平定后，授予李德林柱国、郡公，实封八百户，赏赐绢帛三千段。晋王杨广宣读完诏书后，有人对高颎说："平定陈国，是皇上的计策，晋王和将领们奋力苦战的成果。现在全归功于李德林，将领们一定会愤怒，后世看您也会觉得白去一次。"高颎入宫陈说，文帝收回了赏赐。

第二年，虞庆则等人从关东诸道巡视回京，上奏道："乡正专门受理诉讼，对民众不便。公然结党，以爱憎作为判断标准，还行贿受贿。"文帝下令废止。李德林又上奏道："这件事我本来就说不可行。然而刚刚设置又要废止，朝令夕改，不是设立法令的本意。希望以后陛下如果动不动就改动法律，应该实行军事管制，否则纷乱不会停止。"文帝大怒道："你是要让我做王莽吗？"

当初李德林称自己的父亲为太尉咨议，以取得赠封官号。李元操等人暗中上奏道："李德林的父亲死前是校书，胡说是咨议。"文帝很记恨这件事。这时候李德林又当众触犯自己，于是数落道："你是内史，掌管机密，竟然自比为不参加计议的人，这是你器量不大。我要以孝治天下，唯恐孝道废灭，便立五教来弘扬。你说孝顺来自天性，不须设教，那么孔子就不应该讲说《孝经》了。你又胡乱给父亲加官，我实在气愤极了。现在给你一个州安置吧！"于是外放他为湖州刺史，又转任怀州刺史。李德林上任一年多就死在任上，享年六十一岁。

李德林的儿子名叫李百药，博学多才，文采斐然，先担任太子通事舍人，后来升迁为太子舍人、尚书礼部员外郎，继承安平县公的爵位，担任桂州司马。隋炀帝嫌他最初不依附自己，降职为步兵校尉，大业末年又转任建安郡丞。

杨素列传

杨素一生戎马倥偬，屡建功勋，扫清江南叛军，逼迫突厥远遁，为隋朝开国立业奠定了坚实基础。无奈功臣反被功名误，对权力的欲望使他傲视朝臣，任人唯亲，甚至干预皇储的废立。他虽然为隋炀帝的登基立下功劳，却逃脱不了凄凉而死，甚至被挖坟掘墓的下场。

▶【少有大志】

杨素小时候胸怀大志，不拘小节，却不为人所知。唯有堂叔祖杨宽认为他很卓异，经常对儿孙们说："杨素必将超群绝伦，是非凡的人才，不是你们这些人所能比得上的。"以后杨素为国家所重，加官晋爵，证实了堂叔祖所言不虚。

北周武帝亲政后，杨素因其父守忠节而陷没于北齐，没有得到朝廷的恩命于是上表申述。武帝不准许，他就再三申请。武帝大怒，命左右把他斩了，杨素大声说道："我事奉无道的昏君，死是必然的。"武帝认为他言辞勇壮，于是赠封他的父亲杨敷为大将军，拜杨素为车骑大将军、仪同三司。此后，杨素渐渐受到礼遇。武帝命杨素起草诏书，他下笔立就，文采义理都很优美。武帝嘉奖他，对杨素说："好自勤勉，不愁不会富贵。"杨素应声答道："我只恐怕富贵来近我，我无心图取富贵。"

▶【屡建奇功】

等到平灭北齐的战役时，杨素请求率领父亲的旧部作为先锋。武帝赐予他竹马鞭以示鼓励。杨素跟随齐王宇文宪在河阴（今属河南荥阳）与北齐会战，立下军功。第二年，又随宇文宪攻取晋州（今山西临汾）。宇文宪驻扎在鸡栖原。北齐后主率大军赶到，宇文宪惧怕而连夜逃遁，被齐兵追击，士兵大多溃败。杨素率领十多员勇将

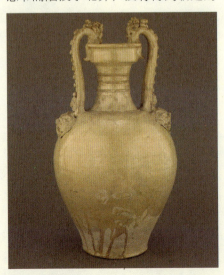

🔴 白釉双龙耳瓶·隋

尽力苦战，宇文宪才得免于大难。此后杨素每战都能建功。北齐平灭后，杨素加官为上开府，改封爵为成安县公，食邑一千五百户，并被赐予粟帛、奴婢、牲畜等。

杨坚担任丞相后，杨素倾心结交，很受杨坚器重。等到杨坚接受禅让称帝后，又给他加官晋爵。

隋文帝当时正图取江南。因为此前杨素曾多次向朝廷进献攻取陈国的计策，不久就被拜为信州（今江西上饶）总管，上任破陈。杨素命人建造大战舰，名叫五牙，上面盖起五层楼台，高达一百多尺，可容纳战士八百人，上置旗帜。次等舰名叫黄龙，可容纳战士一百人。此外平乘、舴艋之类的船只数量不一。

大举攻陈时，杨素为行军元帅，率领大军前往三峡。军队到达流头滩时，陈国将领戚欣派青龙战舰百余艘、士兵数千人镇守狼尾滩，来阻击隋军。其地势险峻，将领们很有顾虑。杨素趁着夜色的掩护，亲自率领黄龙战舰数千艘，命战士们衔枚而下，同时派开府王长袭率步军从南岸攻击戚欣其他的营寨，命大将军刘仁恩率领骑兵直趋白沙北岸，黎明时赶到，发起攻击。戚欣败退。隋军全部俘虏了戚欣的军队，慰劳他们后遣散，秋毫无犯，陈国人非常高兴。

陈国南康内史吕仲肃正占据江峡，在北岸凿开岩石，连缀铁索三条，来遏制战船。杨素与刘仁恩登陆并进，先攻打他的寨栅。吕仲肃的军队在夜里被击溃，杨素从容地除去铁索。吕仲肃又据守荆门（今湖北荆门）的延洲，杨素派遣善于驾船的巴蜑士兵一千人，乘四艘五牙，用柏檣击碎敌人十几艘战舰，大败敌军，俘虏甲士二千多人，吕仲肃孤身得免。陈国另两位守将也都吓得退走了。巴陵（今湖南岳阳）以东，没有敢于镇守的人。班师后，杨素被封为郢国公，食邑三千户。他却因逆贼王谊曾封于郢，不愿与之同封，于是改封为越国公。

【严苛待人】

在外征战已久，隋文帝将杨素召入朝内，代替苏威担任尚书右仆射，与高颎共同管理朝廷政事。杨素性情疏放，善于言辩，随心所欲，旁若无人。朝中的大臣里，他很推重高颎和牛弘，厚待薛道衡，视苏威于无物。其余朝廷贵臣，多被他欺侮凌辱。杨素的才能风度，要高于高颎；但说到忠心为国，平等待人接物，有宰相的大气度，就远远比不上高颎了。

不久文帝命杨素监督修造仁寿宫，杨素于是削平小山，填塞山谷，督责工程严迫苛刻，劳工死了很多。等到宫殿建成后，文帝令高颎前去查看，高颎奏称过于华丽，劳工死伤太多，文帝很不高兴。杨素特别恐惧，无计可施，就到北门对独孤皇后说："帝王按制度应该有离宫别馆，现在天下太平，建造这样一个宫殿又怎么能说是浪费呢？"皇后用这个道理劝解文帝，文帝不满的想法才稍微得到缓解。

【出征突厥】

开皇十八年（598），突厥达头可汗侵犯边塞，杨素以灵州道行军总管的身份出塞征讨。一开始，将领与突厥作战时，经常顾虑敌人骑兵冲击，都将战车与步军骑兵杂合，车载鹿角列为方阵，骑兵列入阵中。杨素认为这是保全自己的方法，却不能够取胜。于是，他推翻旧的作战方法，令各军列为骑兵阵势。达头可汗听说之后大喜，说："这是天助我啊！"于是下马仰天祷告，率领十余万精锐部队进犯。杨素奋力迎战，大破敌军，达头受重伤而逃遁，所率兵卒死伤不可计数。

仁寿初年（601），杨素代替高颎担任尚书左仆射。当年，他以行军元帅之职，出云州（今山西怀仁）攻击突厥，连续破敌。突厥撤退，杨素率骑兵追击，晚上就追上了敌人，准备再战。他恐怕敌人逃跑，于是命令骑兵稍靠后。杨素亲自率领两名骑兵和两名投降的突厥士兵与胡虏同行，没有被发觉。待突厥驻扎尚未安定，杨素率后续骑兵展开攻击，大败敌军。从此突厥远远逃遁，漠南之地不再有突厥的王庭。

杨素足智多谋，善于抓住时机对敌，应变灵活。然而杨素治军严厉，有人触犯军令后立即斩杀，绝不宽恕。每次将要临战，就找出部下的过失而处斩，多的杀掉一百多人，少的也有十多人，血流满地，他仍谈笑自若。到两军对垒时，杨素先命令一二百人冲向敌人，冲溃敌阵则罢，如果敌阵未溃败而有士兵跑回来，不管多少人，全部斩首。然后再命令三二百人冲向敌人，退回的如前处置。将士们颤栗，怀着必死之心对敌，以此杨素战无不胜，成为名将。杨素当时显贵受宠，朝廷对他言听计从，跟随杨素征伐的人，即便微小的功劳也必被登录。至于其他的将领，即便有大功劳，也常被文吏责罚去除。所以杨素虽然严苛，士兵们也愿意跟随他。

铜虎符·隋

【功高震主】

当时杨素所受到的恩宠日渐优厚。他的弟弟杨约、叔父杨文思、弟杨文纪及族叔杨异，都是尚书、列卿。他的儿子们没有汗马功劳，官位至柱国、刺史。家里有数千名仆人，后房姬妾穿绮罗的有数千人。家宅奢侈，规模形制可与皇宫媲美。亲戚和旧日的属吏，都居于显位。杨素的显贵荣盛，当时无可比拟。

炀帝刚做太子时，忌惮蜀王杨秀，与杨素合谋算计他，罗织罪名，后来杨秀竟然被废黜了。朝中大臣有违背触犯他的，即使忠心为国，比如贺若弼、史万岁、李纲、柳彧等人，杨素都要暗地里阴谋陷害他们。如果有投靠他的人或者亲属，即使没有什么才能，也能够加官晋爵。朝臣纷纷倒向他，没有谁不畏惧并且依附他的。只有兵部尚书柳述，凭借皇帝女婿的尊贵地位，多次在文帝面前当面指责杨素。大理卿梁毗，也上表直言杨素作威作福。文帝渐渐疏远了杨素，后来敕命说："仆射是国家的宰辅，不可以亲自过问琐事，只需要三五天去一次尚书省议论大事。"表面上显得厚待重视，实际上在削夺他的权力。直到仁寿末年（604），杨素没有再掌理尚书省的事务。

当文帝病重时，杨素与兵部尚书柳述、黄门侍郎元岩等人入宫侍候。当时皇太子杨广居于大宝殿，担心皇上归天，要先做防备，于是亲手写信封好，送出去问杨素。杨素写出文帝的病情，报告太子。可是宫人误把此信送给文帝。文帝读信后大怒。他宠爱的陈贵人又说太子非礼她。文帝于

是大怒，要召回废太子杨勇。太子杨广向杨素问计，杨素假传圣旨，命令太子的卫队护卫皇宫，把守大门，禁止出入，又令张衡侍奉皇上病体。文帝于当日驾崩，舆论一时非常怀疑。

后来汉王杨谅起兵造反，杨素又亲自披挂出征，平定了汉王的叛乱。不过，杨素虽有此大功，又有建国立君的谋略，然而特别为炀帝所猜忌。炀帝表面上示以优厚待遇，内情极为浅薄。太史说隋的分野有大丧，朝廷就改封杨素于楚，因为隋与楚分野相同，朝廷想以杨素来应验。杨素病重之日，炀帝经常派名医来诊断，又赏赐名贵药物，却又秘密询问医生，总担心他不死。杨素情知如此，不肯服药，也不肯精心养护。他死后，儿子杨玄感继嗣，其他的儿子因日后受到玄感造反的牵连，皆被诛死。

论赞

史 臣曰：杨素平定江南，河清海晏；摧败骁骑于塞外，匈奴远逃，功臣中无出其右。然而他专以智术诈巧立身，使君王陷于奢侈，出谋废长立幼，最终使国家倾覆。侥幸得以善终，儿子又开始叛乱，最终坟墓被掘，家族被灭。多行无礼必自及，大概指的就是他吧！

隋书

长孙晟列传

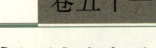

长孙晟一世盛名，高官厚禄，得以善终。他一生都在与突厥的首领打交道，不管是交战攻伐，还是怀仁招远，他都游刃有余，为隋朝创立了安定的边塞环境，也为帝王树立了威赫的英名。

长孙晟，字季晟，性情通达聪敏，广泛地阅读经书典籍，擅长弹弓，精于射箭，敏捷过人。当时北周皇室崇尚武道，贵族子弟都以此相夸耀，每次一起骑马射箭时，当时的年轻人都比不上他。长孙晟十八岁做司卫上士。当初，他并不出名，只有高祖（即隋文帝）看见他后，深感奇异，拉着他的手对别人说："长孙晟这孩子武艺超群，刚才与他交谈，又颇有谋略。后世的名将，不就是他吗？"

▶【智胜摄图】

北周时，突厥的大可汗为沙钵略可汗摄图，而达头可汗玷厥、阿波可汗大逻便、突利可汗染干等人，作为摄图的兄弟子侄，各领精兵镇守一方，均号可汗。

北周宣帝时，摄图请求与北周联姻，北周把赵王宇文招的女儿嫁给他。然而北周与摄图各自夸耀，挑选骁勇善战的人作为使者。于是北周派长孙晟作为汝南公宇文神庆的副手，送公主到突厥的牙帐。北周先后派使者数

十人，摄图不礼待他们，唯独见了长孙晟后特别喜欢他，经常和他一起游猎，款留他一年的时间。曾有两只大雕飞在空中争夺一块肉，摄图将两支箭递给长孙晟说："请把它们射下来。"长孙晟弯弓策马，正遇上两只雕相互争夺，于是一箭射下了两只雕。摄图很高兴，命令子弟及贵族将他当做亲友，以求学习弹弓和射箭。摄图的弟弟处罗侯与长孙晟交好。长孙晟与他出外游猎，趁机查看山川形势，军队强弱，情况全部掌握。当时高祖在北周做丞相，长孙晟把情况汇报给高祖，高祖非常高兴，升他为奉车都尉。

开皇元年（581），摄图说："我是北周的亲戚，现在隋公自立为帝而不能制止他，我有什么面目去见我的妻子呢？"于是与高宝宁攻陷临渝镇（今山海关），约各部落谋略共同向南侵略。隋文帝刚刚即位，非常恐惧，修筑长城，征发兵士驻扎在北部边疆。长孙晟事先知道摄图、达头、阿波、突利等叔侄兄弟各自统率自己的精兵强将，分别居住在四个方向，内心各自猜忌，

表面上却显得团结一致，难以武力征服，容易离间，于是上书分析摄图兄弟子侄的形势，陈说远交近攻、离强合弱的好处，献上反间计。隋文帝非常高兴，将长孙晟召来面谈。长孙晟又口述形势，随手画出山川，写下虚实，了如指掌。文帝深为称赏讶异，全部采用了他的计谋。于是派太仆元晖取道伊吾（今新疆哈密）出使，见达头可汗，赐给他狼头大旗，假装非常钦敬，礼节非常优厚。达头的使臣来朝廷，位置居于摄图的使臣之上。反间计施行后，突厥内部果然互相猜忌。朝廷授长孙晟为车骑将军，携带礼物送给奚人和契丹人等，派他们为向导，得以到达处罗侯的地方，广为安置心腹，诱使他归附中原。

开皇二年（582），摄图率领四十万骑兵从兰州（今甘肃兰州）入侵，打败了达奚长儒的军队，又要南下。达头可汗不听从，领兵退去。当时长孙晟又说动突利可汗欺骗摄图说："铁勒要造反，要去偷袭您的牙帐呢！"摄图才害怕了，领兵出塞。

开皇四年（584），朝廷派长孙晟作为虞庆则的副手出使摄图处，赐公主姓杨，改封为大义公主。摄图接受诏书，却不肯跪拜，长孙晟上前说道："突厥与隋都是大国天子，可汗不愿下拜，又怎敢违拗？不过您的妻子是

皇帝的义女，可汗就是大隋的女婿，怎么能无礼，不敬重岳父呢？"摄图于是笑着对他的大首领们说："要拜岳父，我听他的话。"于是才对诏书下拜。

【离间阿波】

突厥大举进攻，朝廷派出八路元帅分别抵抗敌人。阿波可汗到了凉州（今甘肃省西北部一带），和窦荣定作战，接连败北。当时长孙晟为偏将，派人对阿波说："摄图每次来进攻都大胜，阿波才来就失败了，这是突厥的耻辱，难道不内心有愧吗？况且摄图和阿波兵力原本势均力敌，现在摄图总是胜利，为大家推崇；阿波总是失利，为国家招来耻辱。摄图一定要把罪名安在阿波头上，成就他一直以来的图谋，灭掉你的牙帐。希望你好好考虑，能够抵挡吗？"阿波的使臣到来，长孙晟又对他说："现在达头可汗和隋联合，摄图不能制止。可汗为什么不依附天子，联合达头，形成

强势呢，这是万全之计。怎么能战败负罪，归附摄图，受他的侮辱呢？"阿波曾经与摄图争夺汗位，两人本来就互相猜忌，于是采纳长孙晟的建议，留在塞上，派人跟随长孙晟入朝。

当时摄图败给了卫王的军队，听说阿波怀有二心，于是围攻他的牙帐，捕获了阿波所有的部众并杀死了他的母亲。阿波回去没有归处，向西投奔达头可汗，求得十余万军队，向东袭击摄图，收复了原来的土地，收罗散去的士兵几万人，和摄图互相攻伐。阿波频频获胜，声势日益强大。摄图又派遣使臣朝见文帝，公主自己请求改换姓氏，成为皇帝的义女，文帝答应了。

开皇七年（587），摄图去世，弟弟处罗侯继承汗位。当时，阿波率领五六千骑兵流窜在山谷间，处罗侯主张捉拿他献给朝廷。隋朝文武百官皆主张处死阿波，唯独长孙晟认为阿波没有背负国家，只不过兄弟之间自相残杀而已，为了招抚远方，不如保全双方。文帝同意了他的看法。

【招抚染干】

开皇十三年（593），流放的犯人杨钦跑到突厥，谎称彭公刘昶和宇文氏之女密谋背叛隋朝，派他来密告公主。当时处罗侯已经去世，摄图可汗的儿子雍闾继承汗位，他相信了杨钦的话，于是不再受职进贡。

朝廷派长孙晟出使突厥，暗中观察。大义公主见到长孙晟，竟然出言不逊，还派和自己私通的胡人安遂迦和杨钦一起商议，煽惑雍闾。长孙晟回到京师后，把这些情况一一上奏。朝廷向雍闾索要杨钦，雍闾不给，说没有这个人。长孙晟于是贿赂突厥官员，知道杨钦藏身所在，趁着夜色把他抓获，并告知雍闾。由于揭发了公主的隐私，一国人引以为耻。雍闾抓住安遂迦等人交给了长孙晟。文帝非常高兴，依然派长孙晟去突厥，督责杀死大义公主。雍闾又上表请求通婚，众人计议打算答应他，长孙晟却认为雍闾反复无信，终究要叛变朝廷。不如扶持突利可汗染干，令其牵制雍闾的力量。文帝采纳了他的建议。

开皇十九年（599），染干和雍闾

赵州桥

赵州桥坐落在河北赵县境内的洨河上，由隋朝著名匠师李春设计，距今已有1400年的历史，是当今世界上现存最早、保存最完善的古代敞肩石拱桥。

要攻打大同城（今山西大同）。隋文帝诏令六路总管由汉王统管，分道出塞征讨。雍闾非常害怕，又和达头可汗结盟，合力攻打染干，大战于长城之下。染干大败，和长孙晟带着五个随从连夜往南逃跑。第二天白天，染干收罗了几百个骑兵，但认为入朝后以败将身份，不会得到隋朝天子的礼遇，想投奔达头可汗。长孙晟知道他有二心，于是秘密派随从进入伏远镇（今山西西北部），令其迅速点燃烽火。染干见四处烽火全部燃起，向长孙晟询问缘故，长孙晟骗他说："城高地势辽阔，一定会远远地看见敌人。我国的法律，贼兵如果来得少，就点燃两处烽火；来得多，点燃三处烽火；大举进攻，点燃四处烽火，使人知道敌人众多且又逼近了。"染干非常害怕，带着部众投入城中。长孙晟将官员留在当地统领军队，自己带着染干飞驰入京，文帝非常高兴。

此后，长孙晟通过征讨雍闾，使很多部落都来归附隋朝，突厥自此臣服。长孙晟又奏请文帝，将染干部落安顿于五原地区（今内蒙古包头西北），以免于其他部落的侵略。几年后，他又参与了和达头的战争，通过在水中投毒和招降的办法，逼迫达头的部落向西投奔了吐谷浑。

大业三年（607），隋炀帝去榆林（今内蒙古准格尔旗），想出塞陈布兵阵，炫耀武力，经过突厥的领地，到达涿郡（今北京市）。唯恐染干吃惊恐惧，先派长孙晟去传达皇帝的旨意。

染干召集所统率部落的数十位酋长会集。长孙晟因府中杂草丛生，想让染干亲自除去，明示各部落，以表明威权，于是指着帐前的草说："这种草很香。"染干连忙凑上去闻了闻，说："一点都不香。"长孙晟说："天子巡幸之处，诸侯亲自洒扫，清除道路，以表示尊敬。现在府中杂草丛生，我以为是留着香草呢！"染干才明白道："我的罪过。我的身家性命都是天子赏赐的，能为君效力，岂敢推辞？只因边民不知礼教，幸亏将军教导。"于是染干拔出佩刀，亲自割草，达官贵人和酋长们争着仿效他。染干又征发突厥全国的劳力，修了一条从榆林北面到自己的公府、往东到蓟（今北京西南部），长三千里、宽一百步的御道。隋炀帝听说了长孙晟的计策，愈发嘉奖他。

大业五年（609），长孙晟去世，时年五十八岁。隋炀帝深深惋惜哀悼。后来突厥围攻雁门（今属山西代县），炀帝叹道："如果长孙晟还在，不至于让匈奴嚣张到这个地步！"

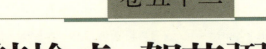

卷五十二

韩擒虎 贺若弼列传

韩擒虎与贺若弼均是隋朝初年文武俱佳的名将。二人率军征伐南陈，屡破敌军，辅助隋文帝完成了统一九州的大志，为隋朝立有奇功。然而，二人先后两次争功，不免有失大将风度。尤其是贺若弼骄矜自满，最终引祸上身。韩擒虎谨言慎行，幸得善终。

▶【文武双全】

韩擒虎，字子通，河南东垣（今河南新安县东）人，后迁居新安。父亲韩雄，以勇武刚烈闻名，在北周做官，官至大将军、洛、虞等八州刺史。

韩擒虎少年时性情慷慨，以胆识谋略著称，容貌魁梧伟岸，有英雄豪杰的仪表。韩擒虎喜好读书，经史百家都大致了解要义。时任西魏丞相的宇文泰见到韩擒虎后，认为此人不同凡响，便令其在宫中与诸子游玩。后来，韩擒虎因为军功而拜为都督、新安太守，不久又升任仪同三司。其父死后，他继承爵位，封新义郡公。

北周武帝建德六年（577），周武帝宇文邕下令进攻北齐，北齐将领独孤永业率兵三万驻守金墉（今河南洛阳市东北），韩擒虎前去说降，使北周轻松攻下金墉。接着，韩擒虎又率军北进，平定范阳（今河北涿州），因功加授上仪同，拜永州（今湖南西南一带）刺史。

不久，南陈军队进攻光州（今河

南东南部一带），韩擒虎以行军总管的身份率兵击破陈军，又跟随大将军宇文忻平定合州（今安徽合肥一带）。当时，隋文帝杨坚尚为北周丞相，独揽朝政，提拔韩擒虎为和州（今安徽东部一带）刺史。后来，南陈将领甄庆、任蛮奴（即任忠）、萧摩诃等互相声援，多次进攻江北，先后侵入北周地界。韩擒虎屡屡挫败陈军的攻势，令陈军士气丧失。

公元581年，杨坚废周建隋，改元"开皇"，史称隋文帝。登基之后，隋文帝雄心勃勃，筹划吞并江南，一统天下，于是广招贤才良将。他素闻韩擒虎文武双全、才能卓越，于是拜韩擒虎为庐州（即北周时的合州，今安徽合肥一带）总管，并委之以平定南陈的重任。韩擒虎的上任令南陈颇为忌惮。

▶【俘获陈主】

隋开皇八年（588），隋文帝下令大举攻伐南陈，韩擒虎作为先锋，率军出庐江，直指南陈都城建康（今江苏南京）。此时的南陈已是病入膏肓，陈后主荒淫昏庸，朝政腐败，军备松懈。

次年正月，韩擒虎抓住南陈军队欢度春节的时机，亲率五百人夜渡长江，偷袭南陈的军事要地采石（今安徽马鞍山西南），负责守卫的陈军都饮酒大醉，毫无防范，韩擒虎顺利攻取。接着，他又率兵进攻姑熟（今安徽当涂县南），仅用了半天就得以攻克。韩擒虎又命主力大军渡过长江，逼近陈都城建康。江南的父老乡亲早已听闻韩擒虎的威名，昼夜不绝地来军门前拜谒。南陈军队惊骇不已，其

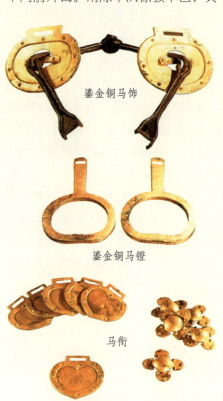

鎏金铜马饰

鎏金铜马镫

马衔

马具组件·隋

将领樊巡、鲁世真、田瑞等人也相继投降。当时负责平陈大计的晋王杨广将韩擒虎的战绩上表，隋文帝闻之大喜，宴请赏赐群臣。

晋王杨广派行军总管杜彦与韩擒虎合为一军，步兵、骑兵共两万向建康进发。陈后主派领军将军蔡徵镇守朱雀航（秦淮河上的桥，今江苏南京镇淮桥东），谁知守卫将士听说韩擒虎将至，吓得四处溃逃。陈军将领任蛮奴被隋将贺若弼击败后，弃军向韩擒虎投降。韩擒虎带领五百精锐骑兵，直入朱雀门（南门）。南陈将士还想奋战，任蛮奴对他们说："老夫都投降了，你们还打算做什么？"于是，陈军四散而逃。韩擒虎平定建康，擒获陈后主，陈朝就此灭亡。

【韩、贺争功】

当时，名将贺若弼也立下了赫赫战功，但未能亲手俘获陈后主，论功排在韩擒虎之后，为此愤愤不平。为了平衡二人的情绪，隋文帝下诏说："二位公卿深谋大略，赴东南平寇，安抚地方，体恤百姓，一切皆合朕意。九州分裂已有数百年，二人以名臣之功，成太平之业，天下盛事，哪一件能超越于此？平定江南，实为仰仗二人之力。"并赏赐厚物。又专门下诏给韩擒虎、贺若弼两人，再次褒扬他们的功绩，并命令他们班师回朝。

然而，隋文帝的诏书并未平息韩、贺两人的不平。回到京都以后，贺若弼与韩擒虎再次到隋文帝面前去

争功。贺若弼说："臣在蒋山（即钟山，今江苏南京东北）拼死力战，大破陈军精锐部队，生擒其将领，威武之名震动陈军，这才平定了南陈。韩擒虎与陈军交战不多，怎么能与臣相比？"韩擒虎则说："臣谨遵圣上明旨，与贺若弼同时发兵，合势攻陈，以夺取陈都。贺若弼竟敢提前行动，遇到敌军就死战，致使将士死伤甚多。臣以五百轻骑，兵不血刃，直取陈都建康，降服陈将任蛮奴，俘获陈后主，占据其府库，倾扫其巢穴。贺若弼到了傍晚才抵达北掖门，臣开门接纳了他。他是自顾不暇，哪里能与臣相比？"隋文帝难以决断，只好说："两位将领都是上等功勋。"于是都进封上柱国大将军。

当时，有人参劾韩擒虎放纵士卒，淫乱陈宫，因此不加爵位食邑。

淮南起照神兽铜镜·隋

【卧病而死】

此前，江东有民谣唱道："黄斑青骢马，发自寿阳涘。来时冬气末，去日春风始。"意思是黄色斑纹的青骢马，从寿阳（今陕西寿阳）水边出发，来的时候是冬季末，离开的日子是春季初。起初，隋人并不明白这首歌谣的意思。后来，得知韩擒虎平定南陈的时候就骑着青骢马，往返时节与歌谣中所唱一致，隋人方才明白这首江东民谣是为颂扬韩擒虎而作。由此可见，韩擒虎的名声已传扬南北。

后来，突厥人来朝见隋文帝，隋文帝问他们："你们听说过江南有陈朝皇帝么？"突厥人答道："听说过。"隋文帝命令左右侍卫带领突厥人来到韩擒虎面前，对他们说："这就是擒获陈朝皇帝的人。"韩擒虎目光如炬，神色严厉，突厥人惶恐不已，不敢仰视。韩擒虎的威严仪表一如这般。

韩擒虎封寿光县公，食邑千户，后作为行军总管屯据金城（今甘肃兰州），以防备抵御胡寇，不久又拜为凉州总管。被征召回京后，韩擒虎受到特别厚重的优待，隋文帝还专门在内殿宴请他。

此后不久，有一人突发疾病，忽然跑到韩擒虎家门前说："我要拜见王爷。"左右侍卫问道："你要拜见哪位王爷？"这名病人答道："阎王爷。"韩擒虎的儿子、弟弟气愤地想要抓捕此人，韩擒虎劝阻他们说："我生为上柱国大将军，死了去做阎罗王，也该知足了。"回到家中，韩擒虎竟卧病不起，几天就过世了，终年五十五岁。

【英勇将才】

贺若弼，字辅伯，河南洛阳人。其父贺若敦以武猛知名，官至北周金州（今陕西安康一带）总管，因口出怨言而被北周晋王宇文护所害。临刑前，贺若敦将贺若弼叫到跟前说："我立志要平定江南，但这份心愿未能实现，你日后一定要完成我的心愿。而且，我以口舌之祸而死，你不可不深思。"说完用锥子刺贺若弼的舌头，致使鲜血直流，以此告诫贺若弼要谨言慎行。

贺若弼年少慷慨，志向宏大，骁勇善战，长于骑射，而且精通文章，博览群书，在当时享有盛名。北周齐王宇文宪听闻其名，敬重有加，于是引贺若弼为文书官吏，不久又封为当亭县公，升为小内史。

后来，贺若弼与大将军韦孝宽一同攻伐南陈，连克数十座城池，其中大多依赖于贺若弼的计谋。贺若弼因此拜为寿州（今安徽寿县一带）刺史，改封襄邑县公。杨坚任北周丞相时，尉迟迥作乱邺城，杨坚担心贺若弼随之叛变，便派自己的心腹长孙平取代了贺若弼的官职。

杨坚称帝后，有夺取江南的志向，便寻访可以担当重任之人。尚书左仆射高颎说："朝臣中间，若论文武才干，没有比得过贺若弼的。"隋文帝于是拜贺若弼为吴州（今江苏扬州一带）总管，将平定南陈一事委托于他，贺若弼欣然接受，以为己任。

当时，寿州总管源雄亦驻守重镇，贺若弼赠与源雄诗一首："交河骠骑幕，合浦伏波营，勿使麒麟上，无我二人名。"以表达平陈的信念与决心。贺若弼还向隋文帝进献了平陈的十大计策，隋文帝很满意，将宝刀赐予贺若弼，以示嘉奖。

【平陈奇功】

隋开皇九年（589），贺若弼作为行军总管，率军大举伐陈。大军将要渡过长江时，贺若弼酹酒祭江立誓："我秉承宗庙的遗志将要征讨江南，远振国威，讨伐罪人，安抚百姓，除凶惩恶。上天、长江，请明鉴此事，若能赐福善人，降祸恶人，大军就能顺利渡江；如果事与愿违，我就算葬身江鱼腹中，至死也不悔恨。"于是他下令大军挥动旗帜，一时间军营帐幕遍布原野。

南陈军队看到这番情形，以为隋朝大军已到，便集结举国兵马来防备，后来知道这只是隋军换防，不

彩绘女俑·隋

这两件女俑是隋代陶塑中的优秀作品。女俑身材苗条而面容丰腴，高峨入时的发髻，轻披两肩的纱巾，增添了亭亭玉立的动人风韵。那种欲行还止、謦笑俱敛的意态，以及不论转换什么角度，全身轮廓线都表现出秀美和舒畅的艺术效果，确实令人钦佩隋代塑工造诣的高深。

是进攻，陈军就自行散去。此后，陈军对这种阵势习以为常，竟不再设防。贺若弼利用陈军的松懈，挥大军过长江，陈军果然没有察觉。接着，贺若弼偷袭陈朝的南徐州（今江苏镇江），很快就攻克，俘虏了其刺史黄恪。

贺若弼的部队军纪严明，与百姓秋毫不犯。如果有将士在民间私拿百姓的酒水，贺若弼就立即斩杀。不久，贺若弼率军进驻蒋山（即钟山）的白土岗，南陈将领鲁达、周智安、任蛮奴、田瑞、樊毅、孔范、萧摩诃等以强劲兵力迎战，气势汹汹。陈将田瑞

先率兵进犯贺若弼，贺若弼将其击退。鲁达等陈将又相继攻打贺若弼。贺若弼屡屡退却，等到揣测陈军将领逐渐骄逸、士兵也渐渐懈怠的时候，他严厉督促将士们殊死力战，于是大破陈军。贺若弼在蒋山一战，化劣势为优势，重创陈军主力，为隋军攻克建康立下奇功。

贺若弼率军从北掖门进城，当时，韩擒虎已经俘虏了陈后主。贺若弼到达后，呼陈后主出来面见，陈后主惶恐畏惧，汗流浃背，两腿战战，再三叩拜。贺若弼对陈后主说："像你这样的小国之君，应当可以做大国的公卿，你叩拜我，也是出于礼数。归顺我朝以后，你也不失做个归命侯，无需恐惧。"

很快，贺若弼就为没能亲自俘获陈后主而愤恨，与韩擒虎上前理论，以至拔剑而出，兵戎相向。隋文帝得知此事后，一并下诏褒扬。晋王杨广以贺若弼提前出战、有违军命为由，将贺若弼排在韩擒虎之后，后来韩、贺回京后再次争功。最终，贺若弼因平陈之功加封上柱国，晋爵宋国公，食邑三千户；又得赏赐宝物无数，得陈后主之妹为妾；后来，拜为右领军大将军，不久又转任右武侯大将军。

【骄矜亡身】

贺若弼盛极一时，位高名重，其兄弟均进封公爵，其家中珍玩不可胜

计，妻妾侍女数百人。贺若弼由此骄奢矜伐，自以为功名在所有朝臣之上，每每以宰相自居。

不久，杨素被任命为右仆射，而贺若弼仍为将军，便愤愤不平，言语和神色上都表现出不满，因此被隋文帝免官。免官后，贺若弼怨气更重，过了几年，被关入狱中。隋文帝责问："朕以高颎、杨素为宰相，你每次提及，都说这二人无能，只是吃闲饭而已，这是什么意思？"贺若弼答道："高颎是我的老相识，杨素是我的舅子，我对他们的为人才干太了解了，才会这么说。"王公大臣纷纷参奏贺若弼太过于怨愤，罪当死。隋文帝念及其功劳，将贺若弼除名为民。

一年多后，贺若弼恢复爵位，但隋文帝顾忌其以往的行为，不再重用他，只是在每次宴请的时候，对贺若弼的赏赐很优厚。隋开皇十九年（599），隋文帝巡幸仁寿宫，宴请王公大臣，席间令贺若弼作了一首五言诗。贺若弼的诗中词意愤怨，隋文帝看后宽容了他。

突厥人入朝觐见时，隋文帝命其射箭，结果突厥人一发中的。隋文帝说："我朝除了贺若弼之外，没有人能做到这样。"于是命贺若弼来射箭。贺若弼再三叩首说："臣若是为国竭诚尽忠的话，定当一箭中的；如果不是，则不能射中。"结果，贺若弼果然一发而中。隋文帝大喜，对突厥人说："此人是上天赐予我的啊！"。

隋炀帝杨广尚为太子时，曾问贺若弼："杨素、韩擒虎、史万岁三人，都被称为良将，你认为他们孰优孰劣？"贺若弼说："杨素是勇猛之将，不是有谋略的将领；韩擒虎是单打独斗的将领，不是领军作战之将；史万岁是骑射将领，称不上大将。"杨广又问："那么，谁才是大将呢？"贺若弼叩首说："只有您选择的将领才是。"意思是自许为大将。

隋仁寿四年（604），杨广即位为帝，更加疏远贺若弼。隋大业三年（607），贺若弼随驾北巡，到达榆林（今内蒙古准格尔旗东北十二连城）。隋炀帝命人制作一个可以乘坐数千人的大帐，以供召见突厥可汗和朝臣所用。贺若弼以为这样太过奢侈，与高颎、宇文弼等人议论得失，结果被人告发。隋炀帝大怒，竟将贺若弼、高颎、宇文弼等处死。最终，贺若弼还是没能逃过与父亲类似的命运，以口舌之祸而死，终年六十四岁。

论赞

史臣曰：贺若弼慷慨，以计谋取陈；韩擒虎奋发，以勇武争先。隋朝自平陈一战后威加四海，实为凭借这两位臣子之力。论英略卓异，贺若弼居多；论武毅威雄，韩擒虎见长。然而贺若弼功成名立后骄矜不已，言行不密以至殒命，如果顾念其父临终之言，必不至于有这等祸事。韩擒虎威名远播，震动世俗，最终保全了名节与身家，是为幸事。

史万岁列传

史万岁为隋朝一代猛将，骁勇善战，功勋赫赫，闻名于四海之内，令突厥等外族闻风而逃。他治军有术，身先士卒，手下将士无不争先为其效死。史万岁的人生一波三折，两次被贬，又以战功而复被重用。然而，他最终因谗言而被冤杀，世人痛惜。

▶【少年从戎】

史万岁，京兆杜陵（今陕西西安东南）人。其父史静为北周的沧州（今属河北）刺史。史万岁少年英武，善于骑射，骁勇矫捷，行动如飞。他喜好读兵书，同时也精于占卜之术。

十五岁时，史万岁随父亲从军。当时正值北周与北齐在邙山（今河南洛阳市北）作战，两军旗鼓相望，史万岁纵观战场形势，判断北周将败，便让左右人等乔装迅速离去。不多久，北周军队果然大败，史静因此称奇。北周武帝时，史静在与北齐的战事中战死，史万岁以忠臣之子的身份，被封为开府仪同三司，袭太平县公的爵位。

北周大象二年（580），左丞相杨坚独揽朝政，相州（今河北南部及河南北部一带）总管尉迟迥起兵讨伐杨坚。史万岁跟从行军总管梁士彦前往迎击。部队行至冯翊（今陕西大荔），史万岁看到群雁飞来，便对梁士彦说："我将射中排行第三

的那只。"接着，他引弓射箭，大雁应声而落，三军将士见到如此精湛的技艺，无不心悦诚服。

及至与尉迟迥部队相遇时，史万岁每战必冲锋在前，英勇绝伦。两军在邺城（今河北临漳西南）交战，北周官军初战不利，士气稍有低落。史万岁对左右诸将说："战事紧急，我当冲上去破敌！"于是驰马奋击，连杀数十人。众将士受到鼓舞，亦同心协力，军威乃振。平定尉迟迥叛乱后，史万岁因功拜为上大将军。

▶【南征北战】

几年后，大将军尔朱勋以谋反罪被诛，史万岁受到牵连，被革除名籍，发配敦煌（今甘肃敦煌市西）为戍卒。当时，敦煌戍主异常勇武，常单枪匹马深入突厥，抢掠羊马，因此颇为自负，多次辱骂史万岁。史万岁心中不快，便自称也会武功骑术。戍主不信，令其驰射，史万岁骑射俱佳，又携弓箭单骑闯入突厥，掠取六畜而归。戍

主刮目相看，开始善待史万岁，常与之同行，深入突厥数百里，史万岁的名声在北方大振。

隋开皇三年（583），已称帝的隋文帝杨坚命令秦州（今陕甘陇山以西一带）总管窦荣定率军攻打突厥。史万岁听到这一消息，便亲自投往军门拜谒，请求为国效力。窦荣定多次听闻史万岁之名，见到史万岁以后更是大喜过望。于是，窦荣定遣人对突厥说："士卒有何罪过要在沙场送命，不如两军各派一名壮士一决胜负。"于是，史万岁作为隋军壮士迎战突厥。他驰马而去，顷刻间便将突厥将领的首级斩下，大胜而归。突厥人大惊失色，不敢再战，于是率军退去。史万岁因此拜为上仪同，封车骑将军。后来，史万岁又在平定南陈的战役中立功，加上开府一职。

隋朝统一中国后，南方士族对隋的统治深为不满。隋开皇十年（590），高智慧等人在江南叛乱。隋文帝派内史令杨素出兵平叛，史万岁为行军总管，随杨素南下征战。史万岁率兵两千，跋山涉水，攻陷的溪洞不可胜计，前后经过七百多次战斗，辗转千余里，击败叛军无数。

🔹 青瓷刻花瓷罐·隋

青瓷是隋代瓷器生产的主要产品，隋代青瓷基本上继承了南北朝时期的造型，常见器物为碗、盘、杯、罐、坛、灯等日常生活用具。

由于水陆阻绝，信使不通，史万岁的部队近百日音信全无，杨素以为他们已全军覆没。史万岁只好在竹筒中放置书信，将其浮在水上，顺流而下。有人得到书信，通报给杨素。杨素大喜，立即上报给隋文帝。隋文帝对史万岁的战功惊叹不已，赏赐史万岁家财十万，又擢升其为左领军将军。

作为将领，史万岁不整治营伍，而是令士卒各随所安，也没有警夜防备，但敌人亦不敢进犯。临阵对敌，他应变自如，不循常规，有"良将"之号。

【受贿获罪】

隋朝初年，南宁（今云南曲靖市西）羌族首领爨翫前来归降，不久又叛乱。隋开皇十七年（597），隋文帝命史万岁为行军总管，率军平乱。史万岁率众进入南宁，爨翫带兵先后屯据在要害地点，均被史万岁一一击破。

隋军行进数百里，看到一块诸葛亮纪功碑，碑的背面刻着铭文："万岁之后，胜我者过此。"意思是史万岁行军之远、战功之著更甚于诸葛亮（一说为史万岁为自表功绩而杜撰）。史万岁令左右将士将碑放倒，继续前行。他带领部队渡过西洱河（今云南大理市西北），深入渠滥川（今云南下关东北），行程一千多里，击破爨翫叛军三十余部落，俘虏男

（隋书 · 列传）

女两万余口。羌族叛军各部大为畏惧，爨翫急忙派遣使者请求归降，并献上明珠宝物。爨翫还刻石为隋朝歌功颂德，以表示自己请降的决心。史万岁派人回朝禀报，请求隋文帝接受爨翫的归降，隋文帝下诏应允。

然而，爨翫阴险狡诈，存有二心，不愿意真正归顺隋朝，于是便向史万岁行贿，用金银珠宝来买通。史万岁收下贿赂以后，将爨翫放了回去。不料，此事被当时身在益州（今四川一

⊙ 木兰雕像

河南虞城县街心木兰骑马雕像。花木兰，姓魏，名木兰。隋代人，河南省商丘市虞城营郭镇周庄村人。隋恭帝义宁年间，突厥犯边，木兰女扮男装，代父从军，征战疆场十二载，屡建功勋，无人发现她是女子，回朝后，被封为尚书。唐代追封为"孝烈将军"，设祠纪念。

带）的蜀王杨秀得知。杨秀听说史万岁受贿，也想分得好处，便派人前去索取贿赂。史万岁闻讯自然很不乐意，便将所收珍宝全部沉入江中，使杨秀一无所获。杨秀因此怀恨在心。

史万岁因平定爨翫叛乱有功而晋升为柱国大将军。当时，晋王杨广对史万岁优容敬重有加，以交友之礼相待。隋文帝对史万岁与晋王杨广的交情表示赞许，便又令史万岁监管晋王府军事。此时的史万岁深受宠眷，功名、地位盛极一时，达到了一生功业的顶峰。但好景不长，急转直下的命运正向他走来。

次年，爨翫再次叛乱，与史万岁有旧怨的蜀王杨秀借机向隋文帝上奏，称史万岁收受贿赂，纵容贼军，致使边患横生。经过调查，受贿一事果然不假，按律应判史万岁死罪。

隋文帝斥责史万岁道："你收受金银，放走贼子，而朕挂念在外作战的将士，坐卧难安，食不知味。你这样难道是社稷之臣所为吗？"史万岁答道："臣留下爨翫，是担心南宁有变，留他继续镇抚。臣回到泸水（今云南怒江傈僳族自治州南部），诏书才到，因此没有将金银带入朝，实在不是受贿。"隋文帝认为他

有心欺瞒，大怒道："朕以为你是好人，赐你高官厚禄，怎么你倒成了国贼？"于是下令次日处斩。幸亏左仆射高颎等人求情说："史万岁雄略过人，每次行兵打仗，无不是身先士卒，尤其是善于安抚，将士们乐意为其效力。即使古代名将也不过如此啊！"隋文帝怒气稍解，改判削官为民。

一年多后，史万岁恢复官爵，不久拜为河州（今甘肃临夏州东北）刺史，又任行军总管。

【含冤而死】

隋开皇末年，突厥进犯。史万岁奉命征讨，率军出塞，在大斤山（今内蒙古大青山）与突厥军相遇。突厥可汗遣使来问："隋军将领是谁？"来人说："是史万岁。"突厥可汗又问道："莫不是当年的敦煌戍卒史万岁吧？"来人答道："正是。"突厥可汗听到这一消息，吓得赶忙带兵逃走。史万岁率兵追击百余里，大破突厥军，斩杀将士数千人，又向北逐入数百里，突厥军溃逃大败，史万岁凯旋。

当时，与史万岁一同领兵讨伐突厥的还有尚书右仆射杨素。杨素嫉妒史万岁的战功，便向隋文帝进谗言说："突厥原本就要投降，并非贼寇，只是来塞上畜牧而已！"于是埋没了史万岁的功劳。史万岁多次上奏陈明实情，为将士们请功，但隋文帝都未曾明察。

适逢隋文帝从仁寿宫回京，刚

论赞

史臣曰：史万岁智勇兼备，善抚士卒，人人皆乐于为他效死，军队不疲于劳命。他北却突厥，南平夷族，兵锋所指之处，咸震四方。可惜他得罪了贵臣，帝王又偏听偏信，致使他的死并非出于其罪，人皆痛惜，有汉代名将李广之风范。

刚废黜太子杨勇，正严查太子结党之事。隋文帝向杨素询问："史万岁在哪里？"其实，史万岁当时正在朝堂之上，但杨素看到隋文帝怒气冲冲，故意说："史万岁去拜谒东宫太子了。"以此激怒隋文帝。果然，隋文帝信以为真，立刻下令召见史万岁，欲定其罪。史万岁所带领的出征将士得知此事后，数百人跪在朝野喊冤。史万岁见此情形，对将士们说："我今天要为你们跟陛下争辩，出征的功过应该有个决断！"于是，他面见隋文帝，言辞激烈地说："将士们有功，却被朝廷所压抑！"语气激愤严厉，多有忤逆隋文帝之处。隋文帝勃然大怒，下令左右侍卫将史万岁搏杀。

事后，隋文帝十分后悔，但已追之不及，只好下诏列举史万岁的罪状，妄称："史万岁虽然击破突厥，但不禀报实情，心怀奸诈，一心邀功，便是国贼。"史万岁冤死之日，天下士子庶人得知，无论是否认识史万岁，没有一个人不感到冤屈痛惜的。

宇文述列传

宇文述一生参战无数，立下赫赫战功；同时参与谋划改立杨广为太子的事情，因此受到了隋炀帝的万般宠幸。不过宇文述媚上欺下，贪婪无度，受到了世人的讥讽。

【平定南陈】

宇文述，字伯通，代郡武川（今内蒙古武川）人。他是鲜卑族俟豆归人，本来姓破野头，后来随了主人的姓，改姓宇文。他的父亲宇文盛，北周时任上柱国一职。宇文述小的时候便孔武有力，勇猛剽悍，擅长射箭骑马。

周武帝时，宇文述因为父亲的战功被朝廷启用，拜任为开府，从此开始了自己戎马一生的征战生涯。他曾参与北周对尉迟迥的平叛战争，立下赫赫战功，并被封为褒国公。

开皇初年（581），宇文述晋升为右卫大将军。在平定南陈的战争中，宇文述再次以行军总管的身份统领几万人马渡江。当时韩擒虎、贺若弼两支军队前去攻打丹阳（今江苏南京），而宇文述的军队就驻扎在距离不远的石头城，以此声援韩、贺两军。

不久陈后主被捉拿，但是萧

瓛、萧岩仍然占据着东吴地区，并不断调集军队，严密把守，企图与朝廷抗衡。在这种情况下，宇文述调集军队前去讨伐二萧，水陆两军同时推进。这时燕荣统领的海军也从海上开来，同样受宇文述的统一调度。

南陈的永新侯陈君范率军前去投奔萧瓛，结果陈、萧两军合并，实力更加强大。不过宇文述的军队离东吴地区越来越近，萧瓛对此十分害怕，于是他命人在晋陵（今江苏常州）城东修筑防御工事，并派重兵把守，借以抵抗宇文述。同时萧瓛又亲自率军队从义兴（今江苏宜兴、溧阳一带）奔赴太湖，想包抄宇文述军队的后方。

没过几天，宇文述的军队赶到。宇文述先摧毁了萧瓛的防御工事，然后

❀ 陶磨与执箕
女俑·隋

回头攻打萧璘，结果大胜，诛杀了萧璘的司马曹勒叉。与此同时，宇文述的前卫部队攻陷了吴州，萧璘率领残兵败将退到包山（今江苏苏州），包山又很快被燕荣攻破。宇文述平定三吴（今江苏太湖以东、以南和浙江绍兴等地）之地，为日后统一岭南奠定了基础。

【参与立储】

当时镇守在扬州的晋王杨广平时对宇文述很好，想拉近与宇文述的距离，于是上奏皇帝，升调他为寿州刺史总管。杨广当时并不是太子，暗地里却有继承王位的野心，于是向宇文述请教计策。宇文述说："太子失宠很久了，因此天下人对他的德行都不了解。而大王仁义效忠，才能出众，统兵打仗，多次立下战功，这是天下人所看到的。皇上和后宫妃子都爱大王，天下的民众实际上也是支持大王的。但是太子的废与立是国家大事，不好策划，不过也并不是没有办法。现在能说服皇上的，只有杨素，而杨素的计策实际上都出于他的弟弟杨约。我跟杨约很熟，可以到京师去见杨约，一起商讨太子废立的大事。"

杨广听后非常高兴，给了宇文述很多钱财，作为去京师路上的盘缠。宇文述到达京师后，多次邀请杨约到自己府上，每次都摆酒设宴，并把自己的奇珍异宝陈列出来，和杨约一起畅饮美酒，又一起赌钱。赌钱时，宇文述总是假装不能赢，于是把陈列出来的宝贝都输给了杨约。

这样反复几次，杨约得到了宇文述很多财宝，于是有了要酬谢宇文述的意思。宇文述抓住这个机会，对杨约说："这些财宝都是晋王杨广的恩赐，就是为了让我们一起快活快活！"杨约问："晋王为何对我们如此眷顾？"宇文述于是把杨广的意思告诉了杨约。杨约也很赞同杨广称帝的想法，回家把这件事告诉了杨素，杨素也同意了。从那之后杨素多次跟宇文述商议另立太子的事情。

此后杨广和宇文述的关系日益亲密。后来杨广又让宇文述的一个儿子宇文士及娶了南阳公主（杨广长女）做妻子，前前后后给宇文述的赏赐不计其数。

过了几年杨广果然被立为太子，任命宇文述为左卫率。之前，率官的官品为四品，但因为皇上平时十分器重宇文述，于是把率官的官品晋升为三品。宇文述被器重的程度，由此可见一斑。

【宠爱有加】

杨广称帝后，宇文述被升调为左卫大将军，爵位改为许国公。大业三年（607），又加任为开府仪同三司，每年到了冬至朝会时，都会受到一支鼓吹乐队的赏赐。

有一次宇文述跟随隋炀帝到了榆林，当时正赶上铁勒（当时位于北方的少数民族）的契弊歌棱击败了吐谷浑的军队。吐谷浑首领率领残兵逃亡，途中派遣使者向隋炀帝表示愿意投降，并请求援救。于是隋炀帝命令宇文述率兵驻扎在临羌城（今青海湟源县），负责接纳并安抚投降的兵将。

没想到吐谷浑人看到宇文述的军队十分强大，竟不敢前去投降，而是继续向西逃窜。宇文述于是派兵追击吐谷浑，一路上攻破了很多城池，俘虏了吐谷浑的王公、尚书、将军共二百多人，平民百姓四千人，然后凯旋。这一仗打得吐谷浑的首领向南逃往雪山（今青海鄂陵湖南），他过去统治的地方都变成了空城。隋炀帝十分高兴。

宇文述当时身份十分显赫，他的职位和苏威一样高，但是他所受到的宠幸却远远超过了苏威。当时隋炀帝所获得的各地的进贡物品以及时令的新鲜美味，都会赐给宇文述一些。宇文述很擅长阿谀奉承，在隋炀帝面前，他的一举一动都很得体，颇得皇帝欢心，宫中的警卫侍从言谈举止都效仿他。同时他的思维又很独特，他所装饰的物品往往是别人想不到的；他多次把按照自己思路制作出的奇异服饰、物品进献给皇上，这使得隋炀帝越来越宠信他。所以宇文述当时极为受宠，他说的话，隋炀帝几乎都会听从，势力超过了朝廷中的文武百官。

左卫将军张瑾和宇文述官在一级，曾有一次和宇文述商议国家政事。其间张瑾表达了一些不同意见，宇文述听后瞪着眼睛对张瑾破口大骂，吓得张瑾不敢再争论，匆匆离去。朝廷

奉圣寺浮屠院舍利生生塔
位于山西太原晋祠。塔建于隋代开皇年间（581～604），宋代重修，清乾隆十六年（1751）重建。

中的各个官员没有谁敢违抗宇文述的意思，宇文述的势力之大由此可见。

但是，宇文述生性贪婪鄙俗，如果知道谁有一件宝贝，肯定会不择手段地弄到手。他的财宝越积越多，金银无数。家中有几百个穿着绫罗绸缎的女子；一千多个家童更是人人都有一匹好马，人人都用金银装饰。可见宇文述受到的宠幸，在当时无人能比。

【征战失败】

后来隋炀帝征伐高丽，宇文述被提拔为扶余道将军。他带领军队到了鸭绿江，结果粮草耗尽，众人商议着想要把军队带回京师。但是几个大将意见不同，宇文述又不清楚隋炀帝的意思，所以一时拿不定主意。这时正

巧乙支文德来军营拜访宇文述。而之前宇文述和于仲文都接到了皇帝的密旨，要他们诱擒文德。结果由于一时疏忽，文德闻风而逃。

文德逃走后，宇文述心里十分不安，于是命令各个将领率领军队渡过鸭绿江追赶文德。当时文德看到宇文述的士兵大都面带饥色，因此采取了疲劳战术，每次交战打了一会儿就向北边撤退。这使得宇文述的军队表面上节节胜利，甚至有一次一天之中就七战七捷。这更滋长了宇文述的骄傲心理，因此他让军队不断地推进，一直打到离平壤城（今朝鲜平壤）几十里的地方，在山上建营驻兵。

这时文德又派使者前去诈降，使者请求宇文述道："如果你肯退兵，我们会让统治者高元到京师去朝拜隋炀帝。"宇文述看到众军疲惫，不能再战，又因为平壤地势险要，易守难攻，所以接受了诈降，退了兵。退兵途中，敌军从后方包抄了宇文述的军队，打得他们溃不成军，仓皇回逃，逃了一天一夜才渡过了鸭绿江。当初宇文述率领了三十万五千人马，等逃回辽东城（今辽宁辽阳）时，只剩下了两千七百人。隋炀帝大怒，把宇文述交给狱吏处置。到了东都洛阳，宇文述被贬为平民。

第二年，隋炀帝对辽东发动战争，起用宇文述，不仅恢复了宇文述的官职爵位，而且像原来那样宠信他。宇文述随军到了辽东，尚未与高丽交战，便接到命令，奔赴河阳，召集各郡的

军队讨伐叛乱的杨玄感。当时杨玄感的军队已经逼近洛阳，听说宇文述的军队将至，吓得向西逃窜。宇文述率军紧随其后，一直追赶，毫不懈怠。交战时，宇文述把一部分军队陈列在阵前，同时率领另一部分军队奇袭了敌军后方，大败敌军，砍下了杨玄感的首级，献给了隋炀帝。隋炀帝很高兴，赐给了宇文述几千段绫罗绸缎。

后来宇文述在江都（今江苏扬州）染上了重病，前去探视他的人络绎不绝。隋炀帝甚至想亲自前去探访，众大臣苦苦劝说这才作罢。隋炀帝派司宫魏氏去问宇文述："如果您真遭什么不测，有什么要说的吗？"之前宇文述的两个儿子因为有罪都被贬为平民，赋闲在家，宇文述于是说："宇文化及是我的大儿子，曾经参与保卫朝廷的战争，希望陛下可怜可怜他。"隋炀帝听说后，哭着说："我一定不会忘记他的！"宇文述死后，隋炀帝停止朝中议事，又用重礼为他下葬，追授为司徒、尚书令、十郡太守，赐谥号为忠。

论赞

史臣曰：正直而不奴颜婢膝，是大臣的高贵品质；赞同却不放弃原则，是为帝王做事的正确方法。宇文述阿谀奉承，取悦龙颜，没有原则地随声附和，而不顾是非。即便以此赢得了地位和财富，也是众人所不齿的。

杨义臣列传

杨义臣因为父亲战死沙场而受到隋文帝的宠幸；位高权重后，他不负众望，参加多次战争，大多胜利而归。最终，杨义臣死在任上，真可谓"鞠躬尽瘁，死而后已"。

【编入皇族】

杨义臣是代郡（今山西大同）人，本来姓尉迟，后来隋文帝赐姓为杨。他的父亲尉迟崇是北周的大将军，与隋文帝的交情甚好。后来尉迟崇在率领隋军攻打突厥军队的战争中英勇战死。当时，尉迟义臣还是个小孩子，于是隋文帝下令把他收养在皇宫中。尉迟义臣虽然还不到弱冠之年，但是他奉命像千牛卫一样保卫皇宫，受到很丰厚的赏赐。

隋文帝有一次在闲谈时谈到了过去的功臣，当他看到尉迟义臣时，不禁叹了口气感慨道："我刚登基的那几年，天下还没有平定。尉迟义臣和尉迟迥本是同一宗族的兄弟，但是尉迟迥竟然违背天理在邺城（今河北临漳）造反。义臣的父亲尉迟崇和尉迟迥的叛军距离很近，又掌握了大量兵器，再加上与尉迟迥是至亲，本来很可能帮助叛军的。但是他知道造反是天理不容的，于是他与尉迟迥划清界限，并派人到京城请罪。后来突厥入侵时，他英勇善战，不怕牺牲，最终战死沙场，这种精神真是难得！尉迟崇对朝廷有大功，即使追授他高官厚禄、福及后代，也不能表彰他的功劳。他的儿子义臣现在宫中，从现在起他改姓皇族的杨姓，编入皇族的名册。再赏赐给他三万贯钱财，三十斛酒，大米小麦各一百斛。"

没过多久，杨义臣被任命为陕州刺史。杨义臣生性谨慎忠厚，擅长骑马射箭，显露出了将领的才华，所以隋文帝对他很是器重。

【出奇制胜】

隋炀帝即位后，汉王杨谅在并州（今山西太原）发动叛乱。他手下的叛将乔钟葵包围了代州总管李景的军队，炀帝于是命令杨义臣前去援救李景。杨义臣率领了二万骑兵，夜里出发，一夜行军几十里。乔钟葵侦察到杨义臣军队的人数较少，于是派去全部兵力来抵挡他。

乔钟葵军中的副将王拔骁勇善战，好几回都带领几名骑兵杀到杨义臣的军中。杨义臣认为王拔是个大祸患,于是在军中征募可以杀死他的人。车骑将军杨思恩请命,上马前去夺王拔的性命,结果战了两次都没能杀死他。

杨义臣见状,又选派了十几个骑兵前去支援杨思恩。见有援军赶来,杨思恩又突然出击,杀了好几个敌兵,一直杀到王拔的军旗下,与王拔短兵相接。没想到这时前去支援的十几个骑兵贪生怕死,逃回了军营,杨思恩孤立无援,被王拔所杀。杨义臣交战不利,逃跑了几十里。之后杨义臣买回了杨思恩的尸体,悲声痛哭,三军无不动容。逃回来的十几个骑兵,全都被处以腰斩。

杨义臣知道自己兵力较少,于是把军中几千头牛和驴集中起来。又召集了几百个士兵,每人拿一面鼓,悄悄地藏进了山涧河谷之中。申时以后,杨义臣与乔钟葵再次交战。两兵刚刚相接,杨义臣就命令士兵赶着牛和驴迅速向前奔跑,河谷山涧中的士兵擂鼓呐喊。乔钟葵的士兵以为杨义臣有埋伏,所以溃不成军,杨义臣军趁机击败了他们。战后,杨义臣由于立了大功而被提拔为大将军,又被赏赐了很多财宝。

【屡立战功】

突厥达头可汗率兵侵犯边塞,杨义臣以行军总管的身份率领步兵骑兵几万人前去讨伐他。两军遭遇后,经过一番酣战,杨义臣大胜。第二年,突厥再次进攻边境,雁门(今山西代县)、马邑(今山西朔县)等地常常被突厥侵扰。杨义臣兴师讨伐,突厥大败,逃出边境。杨义臣乘胜追击,在大斤山追上了突厥的军队。这时正赶上隋朝太平公史万岁的军队赶到,于是两军合力,把突厥打得落花流水。可是由于史万岁被杨素的谗言陷害致死,杨义臣的功劳因此也没有被记录下来。直到仁寿初年(601),杨义臣才被升调为朔州总管,被赐以御甲。

过了几年,杨义臣又奉命讨伐吐谷浑,再立战功。在此后不久征伐高丽的战争中,杨义臣和宇文述的军队惨败,杨义臣被免去了官职。但是没过多久,他又被起用,与大将军宇文述再次前去征伐高丽。兵至鸭绿江后,正赶上杨玄感的军队造反,于是随大军班师回朝,改任为赵郡太守。

不久,向海公在扶风(今陕西兴平)、安定(甘肃泾川)一带起兵造反,隋炀帝命令杨义臣率兵前去平定起义。后来杨义臣又跟随隋炀帝征伐辽东地区,因功被提升为左光禄大夫。几年后,杨义臣奉命前去辽东降服盗贼高士达,立下战功,于是调为光禄大夫,不久升迁为礼部尚书。没过多久,杨义臣就死在了官任上。

论赞

史 臣曰:胡人、叛军、盗贼各种势力猖獗的年代,杨义臣在征战中多次取得胜利,这在当时显赫一时,于后世也留下了美名。

鱼俱罗列传

鱼 俱罗一生效力于隋炀帝，忠心耿耿，征战无数，立下赫赫战功。但是他遭到隋炀帝的猜忌，最终隋炀帝随便加了一个罪名把他杀害。

【崭露头角】

鱼俱罗是冯翊（今陕西大荔）人。他身材高大，臂力无穷；呼吸沉稳有力，声音洪亮，说话时，几百米之外的人都能听到。鱼俱罗弱冠之年便担任了亲卫一职，经过一段时间的升调后，又当上了大都督。

杨广还是晋王的时候，鱼俱罗就多次跟随他出征。在平定南陈的战役中，鱼俱罗因功被拜为开府，同时被赐予一千五百段绸锦。没过多久，沈玄恰、高智慧等人在长江以南地区发动叛乱，大将军杨素请求朝廷派鱼俱罗随军同行，前去平叛。平叛过程中，鱼俱罗身先士卒，作战果敢，立下赫赫战功。战后，鱼俱罗因功被升迁为上开府、叠州总管，赐爵高唐县公。

几年后，因母亲去世，鱼俱罗辞去官职，准备回老家为母亲服丧。鱼俱罗走到扶风（今陕西兴平）后，正好碰上杨素率兵前去攻击突厥。杨素得此骁将非常高兴，于是上奏朝廷，让鱼俱罗随军同行，征讨突厥。

在与突厥交战的过程中，鱼俱罗率领几个骑兵，冲入敌军阵营，左奔右突，杀敌无数。战后，鱼俱罗因功被升调为柱国，调任丰州总管。起初，突厥多次侵扰隋朝边境，鱼俱罗率兵擒拿寇贼，斩首示众。从此突厥再也不敢在边塞放牧了，隋朝边境安定了很多。

【一波三折】

当初，隋炀帝还在藩国做晋王的时候，鱼俱罗的弟弟鱼赞经常跟随在杨广身边，受到宠信。隋炀帝即位后，他又被任命

🔸 **白釉龙柄联腹瓷瓶·隋**

此器双腹相连，共用一瓶口，由左右瓶腹的肩部向上伸出双执柄，柄首作龙头状，张口衔住瓶的盘口。

为车骑将军。鱼赞生性凶恶残暴，经常虐待他的部下。鱼赞让他的随从烤肉，如果烤得不合他的口味，就用竹签戳瞎随从的眼睛；他让仆人温酒，如果温度不合适，就立刻割掉仆人的舌头。

朝廷把鱼赞捉拿归案。隋炀帝念旧情，不忍心杀他，但对左右近臣说："看到弟弟这样凶残，就能知道他的哥哥是什么样的人了。"隋炀帝召见鱼俱罗斥责了一顿，随后命人放出了鱼赞，让鱼俱罗带他回家处置。没想到鱼赞回家后竟服毒自杀。隋炀帝担心鱼俱罗会于心不安，又怕他因此造反生事，于是把他升调为安州刺史。一年后，又提拔他为赵郡太守。

没过几年，因为要参加朝会，鱼俱罗来到了京城。鱼俱罗和将军梁伯隐过去交情不浅，所以两人私下来往颇多。鱼俱罗从郡里搜罗了大量特产准备进献隋炀帝。被隋炀帝拒绝后，鱼俱罗竟将这些东西送给了京城中的权贵。御史于是上书弹劾鱼俱罗，告他以郡将的身份私自和朝廷大臣交往勾通。隋炀帝大怒，免去了鱼俱罗和梁伯隐的官职，除为平民。

【乱世英烈】

不久，飞山蛮发动叛乱，侵略了很多郡县。隋炀帝再次起用鱼俱罗，任命他为军队将领，率军前去讨伐。大业九年（613），隋炀帝再次征伐高丽，任命鱼俱罗为碣石道军将。鱼俱罗征战归来后，江南地区刘元近又发动叛乱，鱼俱罗于是又奉命率兵开往会稽等地前去平定。那个时候，百姓们都想造反，盗贼就像集市里的人一样多。鱼俱罗奉命先后平定了朱燮、管崇等人的起义，战无不胜。但是起义之风愈演愈烈，起义军队刚刚被打败又马上聚集起来。

鱼俱罗的几个儿子都在京城长安（今陕西西安）、东都洛阳（今河南洛阳），他看到天下越来越乱，估计各地的反抗不是一时半会儿能平定的，担心这样打下去会没有出路。正赶上当时东都闹饥荒，粮食价格猛涨，于是鱼俱罗命令自己家的仆人用船把粮食运到东都去卖。

朝廷知道了这件事，担心鱼俱罗另有什么不可告人的企图，于是派人立案侦查。使者经过一番调查，没有找到罪证。但是隋炀帝还是命梁敬真把鱼俱罗遣送至东都。鱼俱罗的相貌和常人不一般，每只眼睛里有相互重叠的两个瞳孔，隋炀帝暗中忌讳他很久了。梁敬真知道隋炀帝的心思，于是上奏皇帝说鱼俱罗的军队惨败。就因为这样的理由，鱼俱罗最终被斩首抄家。

论 赞

史 臣曰：功名总是要等到蒙昧初创的时候才能建立，可惜鱼俱罗没有赶上好时候。欲加之罪，何患无辞？鱼俱罗遭杀身之祸并不是自己的过错造成的。

周法尚列传

周法尚早年由于谗言所害而被迫投靠北周，这成为了他人生中一个重要的转折点。在北周以及后来的隋朝中，周法尚有勇有谋，战功赫赫，有始有终，是不可多得的一位良将。遗憾的是他没能看到隋朝东渡沧海，征服高丽，最后含恨而终。

【归附北周】

周法尚，字德迈，是汝南（今河南上蔡）人。周法尚出身高贵，他的祖父周灵起曾在萧梁担任直阁将军、义阳太守以及桂州、庐州两个州的刺史。父亲周炅担任定州刺史、平北将军等要职。

周法尚从小便孔武有力，处事果断，器宇轩昂，很喜欢读兵书，十八岁时就做了陈朝始兴王的中兵参军，不久被升调为伏波将军。他的父亲死后，周法尚负责处理定州（今河北定州）的事务，统领父亲原来的军队。因为屡立战功，所以升迁为迁使持节、贞毅将军、散骑常侍，赐爵山阴县侯，同时负责处理齐昌郡的事务。

周法尚和长沙王陈叔坚一向不和，经常相互攻击。一次陈叔坚跟陈宣帝说周法尚要造反，于是陈宣帝命人逮捕了其兄周法僧，并把他监禁起来，紧接着就要派兵去捉拿周法尚。在危急关头，周法尚的下属都劝他逃到北边，归附北周，但是周法尚出于效忠之心犹豫不决。这时长史殷文说："当年乐毅离开了燕国，也是迫不得已啊！现在形势危急，您快做定夺吧！"于是周法尚才下定决心去归附北周。

周法尚归附北周后，周宣帝十分宠爱他，不仅拜他为开府，任命他做顺州刺史，赐爵归义县公，而且赐给了他五匹好马、五名女伎、金带以及各色彩绸五百段。

【大败樊猛】

不久陈朝将领樊猛北渡长江前去讨伐周法尚，周法尚派遣自己的部下韩明假装背弃自己，前去投靠陈朝。韩明到达南陈军营后，对樊猛谎报军情道："周法尚的部队不愿意投靠周宣帝，军中的将士都私底下议论，想要丢弃周法尚回到陈。如果您的军队前去攻击，那么周法尚的军队中肯定无人恋战，必会临阵倒戈的。"

樊猛信以为真，再加上求胜心切，于是率领军队急速前进。周法尚佯装畏惧，并不主动迎战，而是把军队驻扎在长江弯曲的地方，做出了凭长江之险以自保的样子。樊猛愈加急躁，大摆军阵向周法尚挑战。与此同时，周法尚则在江中埋伏下了轻型战船，又在一座村庄的北边埋伏下了精锐部队，然后亲自打出旗帜，逆流而上，迎战樊猛的军队。

战了几个回合之后，周法尚的军队假装无心恋战，撤退到江边，迅速登岸，并向埋伏军队的地方奔逃。樊猛不知是计，舍弃了战船穷追不舍。周法尚率领军队迅速撤离，奔跑了几里路后，在村北和埋伏好的精锐部队会合，然后猛然掉头痛击樊猛的军队。樊猛的军队没有防备，被打得落花流水，于是急忙撤退，回长江登船。不料埋伏在江中小船上的人已经偷走了他们船上的桨，竖立起了北周的旗帜。樊猛惨败，勉强只身逃脱，而自己的将士有八万人被俘虏。

【备受恩宠】

杨坚还是北周丞相的时候，司马消难造反，他暗地里派遣开府段珣率领军队开往周法尚那里，假装支援周法尚，实际上是想借此机会夺取周法尚驻守的城池。结果周法尚识破了他们的诡计，关闭城门，不让段珣的军队进去，于是段珣率自己的军队包围了周法尚的城池。

当时由于时间仓促，法尚的军队都散布在城外，并不在城内，所以周法尚率领城中仅有的五百名将士保卫城池，一共坚持了二十天。最后，由于得不到外援，周法尚估计自己的军队坚持不了多久了，于是放弃城池，率军逃走。司马消难于是趁机占领了城池，俘虏了周法尚的母亲、兄弟和几百家口，并强迫他们归顺了陈朝。杨坚因此对法尚表示崇敬和同情。

过了几年，杨坚称帝，任命周法尚为巴州刺史。周法尚在任期间，在铁山（今内蒙古阴山北）平定了三鹚的叛乱，随后又跟从柱国王谊的军队打退了南陈的侵袭。由于作战有功，周法尚被升调为衡州总管、四州诸军事，改爵位为谯郡公。

🔴 白釉武士俑·隋

后来隋文帝巡幸洛阳，召见周法尚，要赐给他一对精巧的金钿酒杯、五百段彩色绸锦、十五匹好马、三百个奴婢以及一支鼓吹乐队。周法尚坚决推辞，不想接受，但是隋文帝说："爱卿为国家立下了大功，我特地赏赐你鼓吹乐队的原因，正是想让你家乡的百姓知道我多么宠信你啊！"

过了一年多，周法尚转任黄州刺史。在平定南陈的战役中，法尚以行军总管的身份率领三万水师，攻破陈朝城州刺史熊门超的军队，并活捉熊门超。这场战争后，周法尚被平调为鄂州刺史，不久升迁为永州总管，镇守岭南地区。周法尚在岭南地区期间，敌军多个首领闻风丧胆，前去投降。随后周法尚又率兵翻过南岭，平定了陈朝定州刺史吕子廓的叛乱。之后，周法尚被赐予五百段绸缎，五十个奴婢以及十匹良马。不久他又被调任为桂州总管，仍然担任岭南安抚大使一职。

不久隋炀帝即位，调任周法尚为云州刺史。过了三年，他又被平调为定襄太守，官位晋升为金紫光禄大夫。

【青云直上】

有一次隋炀帝巡游榆林，周法尚到皇上的行宫去拜见隋炀帝，正碰上内史令元寿对军队出战的队列提建议。元寿说："汉武帝出征边塞的时候，军旗绵延几千里。因此我认为应该把我们的军队分为二十四个队伍，每天派一支队伍出发，每个队伍之间相隔三十里，这样就会让旗帜绵延千里，相互之

🐢 龟形砚·隋

间可以听到战鼓的声音。这同时也显示了我们出征的盛大景况啊！"

周法尚听后说："恐怕不是这样。军队前后拉长到千里，这中间又会有山川阻隔，一旦有什么闪失，就会让军队四分五裂。如果中心遇敌，两头的军队不可能及时掌握情况，很难回来救援。虽然汉武帝创下了先例，但这确实是失败之道。"

隋炀帝听后，不高兴地说："那你认为该怎么样？"周法尚说："臣认为，陛下应将军队设置成方阵，四周的军队用以抵抗外敌，军阵中间又可以用来保护后宫和将领的家眷。如果有战事发生，外面的军队来抵抗敌军，里面又可以出奇兵支援，内外配合，这不正是守城的方法吗？如果能打赢，就抽调骑兵前去追击；如果打不赢，可以屯结起来坚守阵地。所以我认为这是个万全之策。"隋炀帝认为他的计策很好，于是升调他为左武卫将军，赏赐一匹好马和三百匹绢。

第二年，黔安夷向多思造反，杀死了将军鹿愿，又包围了太守萧造。周法尚和将军李景兵分两路前去讨伐向多思。不久，周法尚率军在清江遭遇向多思，两军交战，周法尚的军队大胜，砍掉了敌军三千首级。

班师回朝后，周法尚又随其他将领的军队前去讨伐吐谷浑。途中周法尚另率一支军队追捕逃亡的叛兵，一直追到了青海。回朝后，周法尚被赏赐了一百个奴婢，两百段各色绸锦和

七十匹马。后来周法尚出任敦煌太守，不久任会宁太守。

过了几年，在征战辽东的战役中，周法尚率领水师直逼朝鲜。当时杨玄感叛变谋反，周法尚和将军宇文述、来护儿等人击败了他。当时又有齐郡（今山东淄博）人王薄、孟让等举兵为盗，纠集了十几万人，镇守长白山作为他们的老巢。周法尚带领军队与他们频繁交战，每一次都能挫败盗贼的锐气。之后周法尚又被赏赐提拔。

第二年，周法尚带领军队来到沧海，还没取胜，他就在军营中染上了重病，奄奄一息。临死前，他遗憾地说："我两次来到沧海，但是都没能胜利渡过。现在我就要死了，时间不等我了。自己立下的志向却没有能力完成，这也许就是我的命吧！"说完就死了，享年五十九岁。隋炀帝追授他为武卫大将军，赐谥号为"僖"。

论赞

史 臣曰：周法尚骁勇善战，英姿飒爽，在战争年代屡立军功，他所享有的荣华富贵全是凭自己的努力争取的。

李谔列传

李谔，人如其名，耿直敢言，善于进谏。在知人善任、敢于纳谏的隋文帝麾下，李谔逐渐成长为一名身正言重的言官，为隋朝规正礼节、强盛国力作出了卓越的贡献。

李谔，字士恢，赵郡（今河北邯郸）人，喜欢学习，很会写文章。他在北齐供职，做中书舍人，口才很好，每次都由他来接待应对陈国的使者。北周武帝灭亡北齐后，李谔被任用为天官都上士。李谔见杨坚仪表堂堂，器宇不凡，有意与他深相结交。等到杨坚做丞相时，对李谔非常亲近，常向他询问事情的得失。当时国家经常用兵，消耗财力，李谔进上《重谷论》来劝说，杨坚接受了他的建议。杨坚接受禅让后，赐封他为南和伯。

李谔性情公正，通达事务，为当时的舆论所推崇。他升迁至治书侍御史时，隋文帝对大臣们说："我当年做大司马时，经常请求到朝廷外去任职，李谔上书十二道策略，苦苦劝阻，不赞同我，我于是决定留在朝内。现在开创下这一番事业，都仰仗李谔的功劳啊！"赏赐给他绢帛二千段。

【端正风气】

李谔发现国内礼教败坏，

公卿去世后，他们的爱妾侍婢们动不动就被子孙们嫁掉或者卖掉，一时竟形成了风气。李谔上书说："我听说万事善始善终，人的德行才算是厚重，三年不改其父之道，才算是孝敬。最近听说大臣当中，父祖去世时间不长，无赖子孙便分了他们的姬妾，或嫁或卖，以取钱财。这实在有伤风化。小妾们地位虽卑贱，却曾经亲自服侍大臣们，服丧三年乃是自古至今的道理。怎么能容许立刻让她们脱下丧服，强迫她们涂上脂粉，在灵前哭着辞别，送到别人的内室中呢？又有一些朝廷重臣，地位显赫，平生交情好像兄弟一样，等到他们去世后，就如同路人一样陌生。早上听说他们死亡，晚上就开始盘算他们的姬妾，趁机求聘，没有廉耻之心，抛弃了朋友间的道义。况且

青釉刻莲瓣纹蒜头瓶·隋

从治家之道可推及做官，既然在私交上不正，又怎能处理政务呢？"文帝看完奏章后嘉奖李谔。五品以上官员的妻妾不能改嫁，便开始于此。

李谔又因为写文章的人崇尚轻薄文体，争相仿效，乐此不疲，上书说："五教六行是教化百姓的根本，《诗》《书》《礼》《易》是道义之门。所以家家都知道孝敬老人，人人知道谦逊礼让，端正风俗，没什么比这更重要了。到了后世，风俗教化逐渐败落。大隋承受天命后，要遏制华而不实的东西。最近听说远处的州县仍然崇尚旧习，学习经典，不随便交游的人被官府摒弃，追随世俗、结纳朋党的人却被选拔。这大概都是官员不遵守教化，还徇私情的缘故。请求部署执法部门予以搜查探访，有这样的人就要写清楚情况送到有关部门，加以惩治。"

李谔又因为当官的人喜欢自己夸耀自己的功劳，再次上奏说："舜告诫禹说：'你只要不骄傲，天下没有谁比你能干；你只要不自夸，天下没有谁能和你争夺功劳。'现在有些大臣用人只听他的言语，却不观察他的行为。自夸功劳会被重用，沉默谦虚反而会被遗忘。刺史进京朝见君王时，竟然自己陈述自己的功劳，在阶下大声诉说，出言不逊，标榜自己的功劳，尤其难以恕免。凡是这样的人，应该写清楚情况送到司法部门，加以惩治，以端正风气。"

文帝把李谔前后所奏之事告示天下，国内响应，大大革除弊端。李谔在职多年，致力于存大体，不追求威严，因此没有刚正忠直的声誉，暗地里却多有他的匡正之功。

【体念百姓】

邳公苏威认为路边的店家都是追求利润之人，所做之事芜杂不纯，违背礼义，于是上奏文帝，限期遣散，令他们回家务农。有想重操旧业的，便在州县加以登记，拆毁他们原来的店铺，并限期令他们远离道路。时值寒冬，没有谁敢抱怨上诉。李谔因为有事出使，发现了这个情况，认为百姓各有各的职业，应该各得其所。旅店和酒楼自古以来没有统一规定，叫他们列入市籍，道理上说不通。况且用于行旅的馆舍，怎能一下就全部废止呢？白白地劳民伤财，从事理上讲是不应该的。于是李谔独自决断，叫他们照旧营业，回朝后奏知文帝。文帝认为他做得好，夸奖道："体念国家的臣子就应该这样。"

李谔出任通州刺史后，办了很多好事，百姓心悦诚服。三年后，李谔在官任上去世。

论赞

史臣曰：大厦的建构不是靠一根木柱的支撑，帝王的功业不是凭借一个人的谋略。李谔和其他有识之士，才识能力在当朝显扬，功业事迹留名青史，都是国家的栋梁之才，如同北极星周围的群星啊！

虞世基列传

虞世基最初以才能著称，受到隋炀帝重用。成为国家重臣之后，他却不能坚持进言劝谏，而是沦落成欺瞒帝王、视帝王脸色行事的小人。国家危难之际，他公开纵容自己的妻子卖官鬻爵，贪赃枉法，最终为宇文化及所杀。

▶【才能过人】

虞世基，字茂世，会稽余姚（今浙江余姚）人。其父虞荔，是陈国的太子中庶子。虞世基自幼性格沉稳，喜怒不形于色，学习广泛，才高八斗，擅长草书和隶书。少傅徐陵听说了他的名声，要召见他，虞世基不去。后来因为公事集会，徐陵一见到虞世基就认为他不寻常，对左右的官员说："这是当今的潘岳、陆机啊！"于是把自己的侄女嫁给他。

陈国灭亡后，虞世基归顺隋朝，做了通直郎，在内史省当值。后来虞世基升迁为内史侍郎，因为母亲去世离职，非常哀痛，形销骨立。炀帝下诏令他开始办理政事，拜见皇帝的日子，他竟然不能够起身，炀帝命令左右侍卫将他扶起。炀帝可怜他瘦削羸弱，让他吃肉。他吃一口就开始悲伤哽咽，咽不下去。炀帝命人对他说："朕把国事托付给你，你要为国家爱惜身体。"前前后后有很多人劝说他。

炀帝看重他的才干，对他待遇愈加优厚，派他专门负责掌管机密，与纳言苏威、左翊卫大将军宇文述、黄门侍郎裴矩、御史大夫裴蕴等人共同执掌朝政。当时天下事多繁杂，每天来自全国各地的奏章有一百多封。炀帝行事稳重，事情不会当场作出决断，进入内室后才召来虞世基口述决定。虞世基到了官署后才开始写诏书，每天要写将近一百张纸，没有丝毫遗漏和错误。其行事认真周密竟如此。

▶【沦为小人】

辽东战争之后，虞世基升迁为金紫光禄大夫。后来，他跟从隋炀帝去雁门（今属山西代县），炀帝被突厥围困，隋军多次被打败。虞世基劝炀帝加重赏赐，亲自抚恤，并下诏停止辽东的战事。炀帝按照他的话去做，军队的士气才振作起来。等到围困被解除，炀帝许诺的赏赐却没有兑现，又下诏攻伐辽东。从此都说虞世基欺骗士兵，朝廷离心。

炀帝要去江都（今江苏扬州），

到了巩县（今属河南巩义），虞世基说盗贼越来越多，请求发兵驻扎洛口仓（今属河南洛阳），以防止意外。炀帝不答应，只回答说："你是书生，一定还是害怕。"当时天下大乱，虞世基知道炀帝没办法劝阻，又因为高颎、张衡等人相继被杀，害怕祸端延及自己，即使处在亲近皇上的侍卫行列，也整天唯唯诺诺，看皇上脸色行事，不敢违背皇上的意愿。

叛贼越来越多，郡县大多陷没。虞世基知道炀帝不喜欢听到这些消息，后来再有报告失败的奏章，他就削减掉，不把真实情况告诉炀帝。所以外面有祸变，炀帝都不知道。朝廷曾经派遣太仆杨义臣到黄河以北去捕捉叛贼，招降数十万人，杨义臣写清楚情况向上汇报。炀帝叹口气说："我当初没听说叛贼一下子这么多，杨义臣招降的叛贼真多啊！"虞世基回答说："小规模的叛乱虽然多，也不足为虑。杨义臣打败了他们，统领很多士兵，长久在京城之外，这是最不恰当的。"炀帝说："你说的很对！"马上追召杨义臣，遣散了他的军队。

越王杨侗派太常丞元善达潜行在叛贼中，到江都向炀帝报告情况，说李密有百万军队，进逼京都（今河南洛阳）。敌军占据洛口仓，京都城内无粮，如果炀帝迅速回京，乌合之众一定会散去，否则都城一定会陷没。元善达抽抽搭搭地低声哭泣，炀帝也随之变了脸色。虞世基看见炀帝神色忧愁，说："越王年纪还小，这些人

欺骗他。如果像他说的这样，元善达经过何处来到这里呢？"炀帝于是勃然大怒："元善达你这个小人，竟敢当廷欺辱我！"于是派元善达经过叛贼军中，去东阳（位于今浙江金华）催促运输。元善达于是被叛军所杀。从此之后其他人都闭口不言，没有谁敢奏闻叛贼的情况了。

虞世基外表沉稳，言语多合人心意，因此特别为炀帝亲近，朝中大臣没有谁能比得上他。他的继室孙氏性情骄奢淫逸。虞世基被她迷惑，任由她奢侈浪费。雕琢器物，文饰衣服，不再有贫寒读书人的作风。孙氏又把前夫的儿子夏侯俨带到虞世基家，夏侯俨顽劣无赖，孙氏为他搜刮财物，出卖爵位，贪赃枉法，门庭若市，财宝堆积成山。其弟虞世南是国中优秀的士人，却清贫难以生存，虞世基从未资助过他，因此被舆论讥笑，朝野共同抱怨。宇文化及叛乱时，虞世基也被杀害了。

论赞

臣曰：虞世基最初以高尚淡薄著名，又凭借文章华丽备受器重，亡国后客居他乡，仍然受到优厚的礼遇。参与机要部门的任职，与天子共同运筹帷幄。国家危急不曾追求太平，君主昏庸不能采纳进谏。反而又出卖官爵，枉法断狱，贪得无厌，使自己死亡，也算是死得其所了。

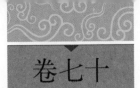

杨玄感列传

杨玄感出身高贵，隋炀帝在位期间，他居心叵测，密谋造反，结果兵败被杀。

▶【野心膨胀】

杨玄感是司徒杨素的儿子，因为父亲的军功，所以被委以重任。杨玄感为官恪尽职守，受到百姓的拥戴以及皇帝的赏识，四方的有识之士也纷纷投到他的门下。

杨玄感自以为杨家世代身份显赫，闻名天下，朝中文武百官中又有很多人是父亲的手下。再加上隋炀帝对将领的猜忌使他感到不安，因此便和几个弟弟暗中商量废掉隋炀帝，立秦王杨浩为帝。

不久，杨玄感跟从炀帝讨伐吐谷浑，班师途中军队驻扎在大斗拔谷。当时随军的官吏都非常疲惫，杨玄感认为这是造反的好时机，于是想率兵袭击隋炀帝的行宫。多亏他的叔叔杨慎极力阻止，才打消了他的念头。

▶【起兵造反】

大业九年（613），炀帝征伐辽东，命令杨玄感在黎阳（今河南浚县）督运粮草。六月初三，杨玄感诈称征辽大将来护儿谋反，领兵占据黎阳县。同时以讨伐来护儿的名义，向相邻的几个郡发送官文，征集他们的军队。

不久，杨玄感就纠集了上万官兵，准备前去攻打洛阳。其部属唐祎听说这件事后，连忙乘快马返回京城报信。越王杨侗、民部尚书樊子盖于是调集人马，准备阻击杨玄感。

杨玄感兵至修武县（今河南获嘉）后，渡河不成，就率兵赶到汲郡（今河南淇县），并在那里渡过了黄河。杨玄感行军的一路上，参加造反行列的人数不胜数。不久，他的军队已经有了十几万人之多。

杨玄感驻军上春门后，樊子盖命令河南赞治裴弘策前去阻击，结果裴弘策战败。之后杨玄感在尚书省驻兵。他经常对众人说："我冒着株连九族的危险起兵，不是想追求荣华富贵，而是想替天行道，解除百姓的劳苦。"众人都被他感动了，每天都有几千人自愿到军中加入起兵队伍。

▶【大战卫玄】

战前，杨玄感给樊子盖写了一封信，信中说道："当年隋高祖政治清明开化，造福百姓，使天下人安居乐业。而现在隋炀帝生活奢靡，沉迷酒色，好大喜功，征伐不断，给百姓带来了深重的灾难。我的祖先曾告诫我要辅佐好的君主，废黜不好的君主。所以我起兵是顺承天意，造福百姓的。"信送出后，杨玄感便率军直逼东都洛阳。

刑部尚书卫玄率领几万人马前来援助东都，他先率领两万步兵骑兵前来向杨玄感挑战，玄感假装败北逃亡。卫玄派兵追击，结果中了杨玄感的埋伏，全军覆没。又过了几天，卫玄再次迎战杨玄感。两军刚刚相交，杨玄感就派人大声呼喊："朝廷军队已经捉住杨玄感了！"卫玄的军队听后懈怠下来，杨玄感趁机率领几千骑兵杀入敌军阵营。于是卫玄的军队再次大败，卫玄率领八千人马，勉强突围。

卫玄见军队状况一天比一天差，粮草又快耗尽了，于是派出所有将士，在北邙（今河南洛阳北部）布阵，准备决一死战。战争中杨玄感的弟弟杨玄挺中箭身亡，杨玄感率领军队逐渐退却。樊子盖趁机派兵攻打尚书省，杀了几百个人。

【身败名裂】

这时，隋炀帝又派陈棱、屈突通、宇文述、来护儿等众将来救援。在这种情况下，杨玄感听从了民部尚书李子雄的计策，企图分兵抵御，使屈突通不能渡过黄河，进而使樊子盖、卫玄失去支援。樊子盖看破了杨玄感的计谋，多次派兵袭击他的军营。杨玄

感行军不利，屈突通成功渡河，驻军在破陵（今河南洛阳以北地区）。

面对此种战况，杨玄感被迫兵分两路，分别抗拒卫玄和屈突通。樊子盖趁机多次出兵攻打玄感，玄感军队频频失利。而后杨玄感又听从了李子雄的计策，率军向函谷关以西进军。

赶赴关中的一路上，杨玄感不断向周边地区宣扬："我已经攻占了东都，现在要去函谷关以西了。"宇文述等将领紧随其后。杨玄感兵至弘农宫后，有人认为弘农宫容易攻下，再加上宫里粮草丰富，攻占它可以断绝敌军食源。于是杨玄感开始率兵攻打弘农宫，不料久攻不下。这样过了好几天，追兵赶到，杨玄感大败而逃。一路上杨玄感且战且退，不停地吃着败仗。

就这样，杨玄感一路逃到了葭芦戍（今甘肃武都东南）。他知道自己已无力回天，于是对弟弟杨积善说："我就要失败了，但是我不能受敌人的侮辱，你杀了我吧！"杨积善拔刀砍死了杨玄感。后来，杨玄感的兄弟们受他的牵连，都被诛杀。

论赞

史 臣曰：杨玄感是宰相的儿子，君主失道，他本应该尽力效忠的，但是他竟想篡夺王位，最后兵败被杀，而且株连先祖和兄弟，这是多么严重啊！

李密列传

隋 朝末年，群雄争霸，各路起义军纷纷举起旗帜，反抗隋炀帝的暴政。在各种义旗中，一个"李"字光彩夺目。旗帜的主人曾帮助杨玄感谋反，事败后投靠翟让的瓦岗军，并在战斗中成为首领。他聚众几十万人，打败宇文化及，对抗王世充，客观上为唐王朝的建立作了突出的贡献。他就是李密。

【助杨谋反】

李密，字法主，祖父李耀是北周册封的邢国公。父亲李宽骁勇善战，谋略过人，从北周到隋，多次加官晋爵，号为名将。李密文武兼备，志向和气概宏伟远大，常把救助别人作为自己的责任。开皇年间，李密继承父亲的爵位蒲山公后，散发家产，资助亲戚故旧，供养食客，礼贤下士，毫不吝啬。

李密和杨玄感是生死之交。杨玄感在黎阳蓄意谋反时，便暗中派家童到京都召见李密。李密到了黎阳后，杨玄感向他问计，李密说："在下有三个计策，只等您选择。现在天子出征，远在辽外。现在您率领军队，出其不意，长驱直入蓟（今北京城西南），扼住其咽喉要道。往前有高丽，想撤退又没有回去的路，不超过十天半月，运送的粮食一定吃完了。举起旗子一招手，那些部众自然就投降了，不用作战就捉拿了敌人，这是上策。还有函谷关内四面有屏障，天府之国，有卫文升守在那里，不用挂心。现在应

该率领军队，经过城市不要攻击，随身携带少量粮食，击鼓行军，一定要早日进入西边。天子即使赶回，咱们占据险要之地对抗朝廷军队，一定能取胜。这是中策。如果就近先前往东都，唐祎报告了这件事，按理应当坚守。咱们率领军队作战，一定会拖延时间，胜负很难预料。这是下策。"杨玄感听后却不以为然，说："先生的下策就是上策。"李密的计策最终没有施行。

杨玄感到了东都以后，连战连捷，自以为天下响应，成功就在朝夕。当时李子雄劝说杨玄感早日称号即位，杨玄感向李密讨主意。李密说："从前陈胜自己想称王，张耳进谏而被排斥；魏武帝准备寻求九锡，荀彧阻止而被疏远。现在我想要直言，又恐怕走上那两个人的老路；阿谀奉承，顺从您的心意，又违背我的本心。我为什么要阻止您呢？起兵以来，虽然多次取胜，郡县却没有一个归顺的。东都的防御力量仍然强大，天下的救兵

每天都在增加，您应当身先士卒，早日平定关中，却急于想使自己显贵，为什么显得这么不宽宏呢？"玄感于是笑着打消了这个念头。

等到宇文述、来护儿的救兵快到时，杨玄感向李密问计。李密说："元弘嗣率领强大的军队驻扎在陇西，现在可扬言说他造反，派使者来迎接您。趁此机会进入函谷关，就可以欺骗众人。"玄感于是按照这条计策率领军队向西行进。到了陕县（今属河南三门峡），杨玄感想围攻弘农宫，李密进谏道："您现在欺诈众人进入西边，行军在于快速，况且追兵就要赶到，怎么可以停留呢？如果不能占据函谷关，后退又没有防守的地方，兵士散去，凭什么保全自己呢？"杨玄感不听，于是围攻弘农宫，三天仍然没有攻下，才引军往西走。刚到阌乡（今河南灵宝），追兵就赶到了。

▶【改投翟让】

杨玄感失败后，李密从小路进入函谷关，与杨玄感的族叔杨询一起藏在杨询妻子家中。不久被邻居告发，被捕获，囚禁在京兆狱中。当时隋炀帝在高阳（今河北高阳），李密和他的党羽都被送到高阳去。途中，李密对他的党羽说："咱们这些人的性命，就像早晨的露水一样，如果到了高阳，一定会被剁为肉酱。现在路上还可以想办法，怎么能进入鼎镬，不想逃跑呢？"大家都觉得他说的对。他的党羽有很多金银，李密让他们拿出来给

使者看，说："我们死后，这些金银都留给您，希望您用它们来埋葬我们。剩下的就送给您，报答您的恩德。"使者贪图这些金子，就答应了。出函谷关后，防备渐渐松弛。李密请求到市场上买酒菜，经常通宵宴饮喧闹，使者也不放在心上。

行到邯郸（今河北邯郸）时，李密等七个人翻墙逃了出来。此后，李密等一行人受尽饥饿，甚至剥树皮吃。困境之中，李密去了淮阳（今属河南周口），留宿于村中，改姓名为刘智远，收徒授学。几个月后，李密郁郁不得

● 李密牛角挂书

菩萨立像·隋

志，写了一首五言诗："金风荡初节，玉露凋晚林。此夕穷途士，空轸郁陶心。眺听良多感，慷慨独沾襟。……"写成后流泪数行。当时有人认为他很奇怪，便去告诉了太守赵me。县里追捕他，李密只好逃到他的妹夫雍丘令丘君明处。结果又被丘君明的侄子丘怀义告发，李密得以逃脱，丘君明却受牵连被处死。

适逢东郡的起义军首领翟让聚集同党一万余人，李密去归附他。有人知道李密是杨玄感的逃将，暗地里劝翟让杀害他。李密非常恐惧，就通过王伯当献策来取得翟让的信任。翟让派李密游说各个小头目，李密所到的地方都投降归顺。翟让开始敬重李密，和他一起计议大事。李密认为，翟让兵士甚多，粮草供应不足，不利于持久作战，不如先在荥阳（今河南荥阳）休整，兵强马壮后再去争夺天下。翟让听从了他的建议。军队在转战荥阳的过程中，遇到荥阳太守郇王庆和通守张须陀的讨伐。翟让曾是张须陀的手下败将，非常恐惧。李密再献一策，在树林里埋下伏兵。交战时看到翟让军队稍有退却，李密便率伏兵从后掩杀过去，前后夹攻，大败张须陀的部队，并斩杀了张须陀。翟让令李密自己统率军队，李密为翟让分

析天下形势，提出袭击兴洛仓以赈济百姓，能使远近都来归附。他与翟让率领七千精兵，在大业十三年（617）春袭击兴洛仓，开仓让百姓随意取粮。

越王杨侗的武贲郎将刘长恭率领步兵骑兵两万五千人讨伐李密，李密大败之，刘长恭仅得自身逃脱。翟让于是推举李密为首领。李密在将领们的拥护下，称魏公，设置官吏，接连打败官军，并收服了陕县周围的万余山贼。当时很多叛军的首领也先后归附李密，李密权盛一时。

【权力之争】

翟让的部将王儒信劝翟让当大冢宰，总揽各项事务，来夺取李密的权力。李密听说后，就想谋害翟让。正赶上王世充列好阵势赶来，翟让出去抵抗，被王世充击退了数百步。李密与单雄信等人率领精锐部队迎战，王世充败退。翟让想乘胜而进，打破王世充的营垒，适逢天晚，被李密制止了。

第二天，翟让和几百人到李密那儿去，想设宴为乐。李密准备好了肴馔招待他，还密令安排翟让带领的人员分别进餐，各个门口都设好了防。翟让却没有察觉。李密请翟让入座，拿出一张好弓给翟让看，并让翟让试射。翟让拉满了弓正要射箭，李密命

令壮士蔡建从后面斩杀他，接着杀掉了他的兄长翟宽和王儒信，其他随从也有被处死的。翟让的部将徐世勣被乱兵砍中，受了重伤，李密出面制止，才得以幸免。单雄信等人都磕头求饶，李密一并宽释了他们并加以抚慰。接着李密率领数百人到翟让大营，告诉众人翟让已被杀，李密命徐世勣、单雄信、王伯当分别统率他的士兵。

独揽大权之后，李密又与王世充、宇文化及先后交战，均胜。无奈在与王世充的对峙中出现失误，答应用军粮与王世充交换军装，结果使归附自己的人变少，王世充的实力增强。再加上用人不当，几员大将纷纷带着自己守卫的城池投降王世充，最终使李密落入了进退两难的境地。当他要自刎以谢众时，部下纷纷劝说，最终李密归顺唐朝，拜任为光禄卿，封为邢国公。

【李密之死】

唐高祖李渊曾称呼李密为弟弟，又把表妹独孤氏嫁给他。然而李密对自己的待遇很不满意，掌权者又向他索取贿赂，愈发让他不满。他曾对王伯当说："当年在洛口时，我就想封崔君贤做光禄大夫，没想到我现在也是这样的身份。"

不久，听说旧部下很多人不愿依附王世充，唐高祖就命令李密去黎阳招抚原来的部属，同时治理洛阳，王伯当作为李密的副手，和他一起出发。李密走到稠桑驿（今河南灵宝北），又有诏书下达，召李密回师。李密非

常恐慌，谋划叛乱。王伯当劝阻他，他不听，然后选拔了几十名骁勇善战的士兵，穿上妇女的衣服，把刀藏在裙下，假扮奴婢侍妾，混入桃林县（今河南灵宝北老城）的驿舍，马上脱下裙服，占领了桃林城，掠夺了很多牲畜，沿着南山向东行进。

熊州副将盛彦师在李密的必经之路上埋下伏兵，李密一到，即便出击。几个回合的交战过后，李密战死，享年三十七岁。王伯当一同战死，首级被送到京师。当时，徐世勣还在为李密守卫黎阳，高祖派使者带着李密的首级去招降他。徐世勣上表请求埋葬李密，高祖便送还了李密的尸体。徐世勣为李密发丧，三军都穿缟素，以君主的礼节将其葬在黎阳山的西南，坟墓高达七仞（近十九米）。李密平素很得人心，很多人为他哭得泪如泉涌，极度悲伤。

当初，邴元真投降王世充后，被封为行台仆射。李密原来的手下杜才干恨他背叛李密，于是向他假意投降，趁机杀了他，拿他的首级去李密墓前祭祀，然后也归附了唐朝。

论赞

史 臣曰：李密在一个月之内，兵众数十万，声传四方，威震万里。虽然时运不佳，上天不眷顾，没能称王，然而道义和谋略相协调，名声威震天下，雄壮啊！然而他性情轻佻狡诈，最终导致失败，或许是陈胜、项羽之类的人吧！

北史

北史

中国社会科学院历史研究所博士
戴卫红

《北史》,唐朝李延寿著,是一部纪传体史书,共100卷,其中本纪12卷,列传88卷。《北史》上起北魏登国元年(386),下迄隋义宁二年(618),记北朝北魏、西魏、东魏、北周、北齐及隋六代二百三十三年史事。

李延寿,字遐龄。他写史本是为了"追终先志",继承父亲李大师未竟的事业。贞观十七年(643)正式开始撰写《南史》《北史》,历时十六年,于唐高宗显庆四年(659),撰成《南史》《北史》共一百八十卷。

《北史》的一个特点是"通"。它包含六个皇朝的历史,故可视为一定意义上的通史。李延寿说,他撰《南史》《北史》,是"以拟司马迁《史记》",这有助于我们从总体上去认识和思考南北朝时期的历史问题。另一个特点是重视国家统一的历史思想。李延寿在《南史》中取消了《索虏传》,在《北史》里也不再立《岛夷传》,于各断代均立"本纪",从而摆脱了南北朝时期因政治分裂而造成的史学家的偏见和局限,这不仅反映了在国家统一局面下"天下一家"的政治要求,也反映了魏、晋、南北朝以来我国各民族大融合的历史局面。

《北史》主要取材于魏、齐、周、隋书。李延寿对它们进行"删落酿辞"、"抄录"和"连缀",并且"鸠聚遗逸,以广异闻","除其冗长,捃其菁华"。这是一个改写、补充和删节的过程,并非一般的抄录可比。作为研究北朝历史的资料,《北史》与魏、齐、周、隋四书有互相补充的作用,不可偏废。

西魏文帝纪

北 魏末年，群臣离心，大权掌握在宇文泰和高欢手中。高欢另立元善见为君，宇文泰则立元宝炬为主，北魏自此分裂。元宝炬虽然名为一国之主，大权却落在宇文氏家族手中，自己不过是个傀儡罢了。

【即位称帝】

文帝名叫元宝炬，是孝文帝的孙子，京兆王元愉的儿子。宣武帝正始初年（504），由于父亲谋反，元宝炬和兄弟们都被囚禁在宗正寺，宣武帝去世以后才得以平反昭雪。

孝明帝正光年间，元宝炬被拜任为直阁将军。当时，胡太后有很多男宠，孝明帝和元宝炬谋划想杀掉他们，不料计划泄露，元宝炬被免官。武泰年间，元宝炬被封为邵县侯，孝庄帝永安三年（530），又进封为南阳王。孝武帝即位后，拜任元宝炬为太尉，加官侍中，一年后又晋封太保、开府、尚书令。

元宝炬他性情强硬果敢，和北魏权臣高欢向来不睦。元宝炬担任太尉时，侍中高隆仗着自己是权臣高欢的同党，骄横轻慢。一次聚会，元宝炬向高隆劝酒，高隆不喝，元宝炬愤怒地将高隆打了一顿。孝武帝碍于高欢的面子，免去了元宝炬的太尉一职。一个多月后，元宝炬又官复原职。

永熙三年（534），孝武帝和高欢结怨交战，派元宝炬担任中军四面大都督。跟随孝武帝入函谷关后，元宝炬又被拜任为太宰、录尚书事。丞相、略阳公宇文泰杀死了孝武帝，率领大臣们上表劝元宝炬登基。大统元年（535）正月，元宝炬在城西即位，大赦天下，改年号为大统，追尊已故的父亲为文景皇帝，母亲杨氏为皇后。这个朝廷建都长安，史称西魏。

【对峙东魏】

北魏分裂后，西魏的主要敌人除了梁朝、北部的游牧民族

🔸 **彩绘人面镇墓兽·西魏**

镇墓兽是中国古代墓葬中常见的一种怪兽。是为镇慑鬼怪、保护死者灵魂不受侵扰而设置的一种冥器。

部落，还有同宗共祖的东魏政权。这两个朝廷相互攻伐，各有胜负。西魏政权建立后，很多大臣投奔东魏，甚至梁朝。

大统元年（535）二月，前南青州刺史大野拔斩杀兖州刺史樊子鹄，带着兖州投降了东魏。几个月后，梁州刺史元罗又带着梁州投降了梁朝。第二年，秦州刺史、建忠王万俟普拨及其子太宰寿乐干带着自己统领的军队，投奔了东魏。

在这种危机下，西魏采取了一定的措施。一方面，丞相宇文泰率军出征东魏，先后在广阳、壶口以及渭河以南地区击败敌人。比较著名的战役，是大统三年（537）十月的沙苑战役，宇文泰战胜了东魏的权臣高欢。

这年十月，两军在沙苑（今陕西大荔南）相遇。宇文泰的部将李弼献计说："敌众我寡，不能在平地列阵。往东走十里，有个叫渭曲的地方，可以先去那儿驻守，等待敌人。"宇文泰于是率军直到渭曲，背对渭河摆下阵势，李弼指挥右军，赵贵指挥左军。命令将士都放下兵器，埋伏在芦苇丛中，听到鼓声后再出动。

东魏的军队到了渭曲，看见西魏军队人少，争相前进，队列混乱，都去攻打左军。两军将要交锋时，宇文泰亲自击鼓，将士们奋勇出击。于谨等人率领军队与敌军正面交战，李弼等人率骑兵从侧面截断东魏的军队，将东魏军杀得大败。高欢连夜逃走，宇文泰率军追到黄河边，再次大胜，

俘虏大量骑兵，前后共俘虏东魏士卒七万人。班师回朝后，元宝炬进封宇文泰为柱国大将军。

【缓和矛盾】

另一方面，元宝炬还采取种种措施缓和社会矛盾。他积极征求官员和百姓对国家政事的建议。大统五年（539）五月，放出妓乐杂役之类的人，允许他们编入户籍为民。十月，又在阳武门外悬挂大鼓，设置纸笔，征求民间对于国家政事的意见。大统十年（544），元宝炬下诏，命令公卿以下的大臣每个月要上三条密封的奏章，详细地讨论政事的得失。官员们有正直的言论和好的计策，都要上奏，不得隐瞒。

元宝炬还加强司法监察力度。大统五年二月，元宝炬下诏赦免京城内的罪人。七月，规定每月的初一、十五两天，皇帝要亲自审查京城在押的囚犯。六年后，又规定凡是犯了死罪的囚徒，要由三公复审，无误后方可行刑。这种慎用死刑的做法，在历史上是不多见的。

论赞

论 曰：孝庄帝后，北魏政权土崩瓦解，开始是被强胡制服，最终权力归于霸政。主持国家宗庙祭祀的，跟做客没什么不同；遭受罢黜侮辱的，比下棋失败还快。文帝有刚强的气质，最终也只能柔弱自保。

宣武灵皇后胡氏列传

北魏历史上先后有两位太后"临朝听政",一位是一代女政治家文成文明皇后冯氏(冯太后),另一位则是宣武皇后胡氏(胡太后)。与前者的治国有方、开创"太和新制"的盛举相比,后者则有判若云泥之别——昏暴淫乱、戕害亲子,导致国家土崩瓦解,留下了千古恶后之名。

▶【野心谋位】

宣武灵皇后胡氏,安定临泾(今甘肃泾川)人,是北魏孝明帝时朝中耆老司徒胡国珍的女儿。她生有异象,出生当日,太阳红光四照,有善于相面占卜的人对胡国珍讲:"你家女儿有大富大贵的仪表,当能为天地之母,生天地之主,这件事不要让他人知晓。"

胡后长大后,当时的北魏盛行佛教,胡后的姑姑是一名颇会讲经论道的尼姑,被信奉佛教的宣武帝元恪召到宫中演说佛法。日子一长,她的姑姑就利用这个机会向宣武帝"推介"自己的侄女,夸赞她的姿色。宣武帝闻之心动,命人将胡后收入宫中,做了充华世妇(一种女官),侍奉在自己身旁。

入宫后的胡后有着非同其他妃子一般的野心。按照北魏"子贵母死"的祖制,妃子生下的男婴如果被立为太子,那么他的母亲就要立即被赐死,以防止日后出现太后一族过于强大、

威胁皇权的状况。因此,北魏宫中的妃子们一旦怀上龙种,不是心中暗喜,而是心惊肉跳、恐惧不安。妃子们都争相祷祝,只愿生下的是公主或者诸王,唯恐孩子被立为太子。为了保全性命,甚至还有堕胎和溺婴的情况。然而唯有胡后总对人说:"这些妃子的想法不足取,怎能因为害怕自己性命不保而不为皇家孕育子嗣呢?"当她怀有身孕后,其他妃子们都用以往的"教训"吓唬胡后,劝她早想办法。但胡后却意志坚定,还在寂静的夜晚悄悄许愿,愿怀下的是男婴。胡后立誓道:"但愿所生之子是男婴,排行为长子,即使子贵母死,我也不会躲避。"

也许是胡后不畏死的决心打动了老天,不久,她果然为宣武帝生下了一名男婴,取名元诩。因生子有功,胡后被进为充华嫔。但胡后并没有亲生儿子的抚养权,因为宣武帝接连丧失皇子(其中很多是被妃子们有意溺死),因此对剩下的皇子格外小心爱

护，专门为皇子们从良家妇女中挑选了乳母，辟出专门的宫室来养育他们。皇后和各位妃子都没有机会抚养探视，胡后也因此没有培养起与自己亲生儿子之间正常的母子感情。

北魏宣武帝延昌元年（512），宣武帝册封元诩为太子。胡后本应按制赐死，但宣武帝早就对祖上这条残酷的制度心有不满，于是下定决心，一举彻底废除了实行百年的"子贵母死"之制。胡后幸运地成为了制度废除后的第一个受益者，然而她的幸运也正是北魏不幸的开始。

【临朝听政】

北魏宣武帝延昌四年（515），宣武帝驾崩，年仅六岁的太子元诩即位，史称北魏孝明帝，胡后被尊为皇太后。由于皇帝年幼，胡太后于是模仿前朝惯例，宣布由自己"临朝听政"。北魏朝廷的丧钟也就此被敲响。

胡太后素来是个野心勃勃的女人。独揽大权后，她便开始肆无忌惮地逾越规制。"临朝听政"之初，她还本分地让人称她做"殿下"，并用"令"的形式下达指令。但没过多久，她就开始篡用天子仪制，自称"朕"，下命令称下"诏"，让臣工称她为"陛下"，俨然做上了女皇帝。她还以孝明帝幼小不能主持祭礼为由，搬来《周礼》进行曲解，要自己来代行天子的祭礼。礼官们讨论后认为不可，胡太后不悦，侍中崔光连忙前来逢迎，举出东汉和帝邓皇后的例子（和帝死后，

🔶 **屏风漆画列女古贤图·北魏**
木质漆绘，80厘米×40厘米。山西省博物馆暨大同市博物馆分藏。

邓皇后摄政近二十年，行天子之权），支持胡太后代祭。胡太后非常高兴，于是执意代行了祭礼。

胡太后生来悟性较高，才艺颇多，又从小受她姑姑的影响，略通些佛经大义。"临朝听政"伊始，胡太后还做了一些利国利民的好事。她每日亲手批阅奏章无数；还命人制造一辆"申讼车"，从宫门出发，在城中穿行，收集百姓的冤讼；她甚至亲自在朝堂

上考核各州举荐的官员。

【胡后乱政】

但是，好景不长，胡太后很快就暴露出自己奢靡无度、恣性妄为的本性。她赏罚随性，经常因一己之欢就赏赐大量财物。一次，她与皇帝和大臣们在华林园中游赏，她命人在曲水流觞亭前设宴，让每人吟诵一句七言诗。她吟出一句"化光造物含气贞"，孝明帝很识趣地接了一句"恭己无为赖慈英"，意思是自己全赖母亲的慈爱英明。就这一句话让胡太后大喜，她立即下令赏赐给所有臣工大量的金银丝帛。胡太后的父亲去世，她不顾众臣反对，越制厚葬了父亲。

胡太后还十分笃信佛法，为此不惜劳师动众，耗资巨万。她斥巨资修建永宁寺，建造有九级塔基的永宁寺塔，还亲自率僧尼、信徒数万人到现场视察建造进程。

更过分的是，胡太后本人生活荒淫毫无节制。她看上了自己的小叔子——相貌俊美的清河王元怿，于是逼迫元怿与自己淫乱，还把朝廷大权也交给了自己的这位情郎。这等丑事胡太后还不知遮掩，搞得天下皆知，人人厌恶。

此事引发了北魏政局的一系列动乱：先是朝中领军元叉和长秋卿刘腾等趁机出兵将胡太后幽禁起来，诛杀了元怿。其后，胡太后的侄子都统胡僧敬和一批支持胡太后的人又设计谋杀元叉，想重请胡太后临朝，但未能成功，胡僧敬被流放，其余人大都被免官杀头。不久，长秋卿刘腾病死，元叉也疏于提防，胡太后于是秘密联合高阳王元雍，设计解除了元叉的兵权，重又夺回了大权。

一系列的动荡，使得本已被胡太后折腾得乌烟瘴气的北魏政治自此一蹶不振，朝纲荒废，威恩不立，官吏贪腐，天下污浊。而胡太后不思匡正，反倒变本加厉，较以往更加荒淫无度。男宠郑俨昼夜与她厮混宫中，结果被

释迦立像龛·北魏

此像龛承续四川汉代雕刻传统，雕刻精细，其作风与长江下游一脉相通，潇洒秀丽。

她提拔为中书令，权倾朝野。李神轨、徐纥二人侍奉卧内，一两年之内也都被提拔做了宫中要职。胡太后的倒行逆施使得国家文武解体、奸臣当道，国家有"土崩鱼烂"之势。连一向坚决拥护她的侄子胡僧敬都带着胡氏亲族哭着跪在她的面前劝道："陛下您母仪海内，岂能如此轻佻？"然而亲族的规劝却招来了胡太后的大怒，自此之后，她不再接见胡僧敬等人。

【杀子败国】

胡太后也自知自己僭越皇权，多行不义，所以很害怕被皇族宗室所恨。于是，她在宫中广结朋党，遍插耳目，对已日渐长大成人的孝明帝也是愈发提防。

凡是孝明帝信任的大臣，胡太后就想尽办法加害。孝明帝身边有个会说胡语的蜜多道人，胡太后担心他帮皇帝给胡人传消息，于是秘密派人将其杀死，还假装悬赏缉凶。被孝明帝重用的近臣鸿胪少卿谷会和绍达，也被胡太后派人杀死在宫中。于是母子之间，渐渐出现嫌隙。胡太后担心孝明帝成人后对自己不利，于是便采纳了男宠郑俨的荒唐主意，借孝明帝的妃子潘氏生下一女之际，对外谎称生下的是男婴，并立其为太子，以图谋废掉孝明帝，另立新君。

孝明帝对一切自然心知肚明，事已至此，他忍无可忍，于是发密诏命镇守晋阳的大将尔朱荣率兵南下洛阳，胁迫胡太后交权。不料事情败露，狠心的胡太后为了维护自己的统治，听从郑俨、徐纥之计，毒杀了自己的亲生儿子。之后，她瞒天过海，立潘氏生下的那个女婴登基继了位。过了几天，她知事情早晚会败露，且朝野人心稍安，才诏告天下说潘氏生的其实是个女婴，于是又迎立了临洮王三岁的儿子元钊继位。胡太后一手导演出如此荒唐的事情，天下为之愕然。

胡太后的行径使得她人心丧尽。尔朱荣率军长驱直入，兵临洛阳。胡太后明知大势已去，竟慌忙地令孝明帝的妃子们都皈依佛门，自己也削发为尼，还侥幸地认为能以此逃过追究。尔朱荣进京后，命人将胡太后和新立的幼主元钊押往河岸处死，胡太后还一个劲儿地向尔朱荣陈说求饶。尔朱荣听都不听，拂衣而去。一代恶后胡太后最终被沉入河底，罪有应得。

胡太后乱政，尔朱荣进兵，最终导致了北魏的灭亡。后世追加胡太后谥号曰"灵"——"乱而不损曰灵"，意思就是国家有乱而不能止。

论赞

史　臣曰：宣武灵皇后胡氏，淫乱恣情，最终亡了天下。女色祸国的教训，难道不在这里吗？

于栗磾列传

北魏道武帝开疆拓土时,于栗磾是他有力的左膀右臂,协助他开创下北魏的百年基业。太武帝横刀立马时,于栗磾是他得力的虎军大将,帮助他横扫大漠,统一中原。

【武功过人】

于栗磾是代地人士。他能骑在马上左右开弓,武艺高强,超越常人。北魏道武帝登国年间,他被任命为冠军将军,并被赐予假新安子一爵。后来于栗磾和宁朔将军公孙兰率领步兵、骑兵两万余人,悄悄地沿着韩信当年的进攻路线开辟了一条从太原到井陉的道路,并在中山(今河北定州)袭击了慕容宝。紧接着皇帝乘着马车驾到,看到道路修理得很通畅,非常高兴,当即赐给他们名马。

等到赵魏叛乱被平定后,北魏道武帝设置酒宴,大会群臣。在酒宴上,道武帝对于栗磾说:"爱卿就是我的黥布和彭越啊!"于是又赐给了他大量金银玉帛,并赐予他假新安公一爵。

有一次道武帝在白登山打猎时,看到一只大熊带领着几只小熊,于是回头对于栗磾说:"爱卿是如此的勇敢干练,难道就不能跟它们搏斗一番吗?"于栗磾回答说:"天地之间,人最高贵。如果我跟它们搏斗但是不能胜利的话,岂不是白白牺牲一位壮士?

🔶 铜鎏金弥勒佛造像一铺·北魏

我们可以把它们赶到陛下面前,坐着就能够制服他们。"不久那几只熊全部被擒获,道武帝回头向于栗磾表示歉意。

永兴年间,函谷关以东大批盗贼纷纷起义,黄河以西也出现了叛乱。于栗磾奉命出征,讨伐叛党,他所到的地方全部被平定,后来就保留原来的官职留守在了平阳(今山西临汾)。之后于栗磾被平调为镇远将军,河内镇将,又被赐予新城男的爵位。他安抚并治理一些刚刚平定的地方时,非常有威望，对百姓更是恩惠有加。

刘裕讨伐姚泓的时候，于栗磾担心他会向北进攻，于是指挥官兵在黄河边修筑防御工事，并亲自守卫这个地方，这使得那里的防守非常严密，敌方的探子不能通过。刘裕非常害怕于栗磾，不敢向前进军。刘裕派人给于栗磾送去书信，信中援引了孙权谋求讨伐关羽一事，提出借道向西进军的请求，并在信中称呼于栗磾为"黑稍公麾下"。于栗磾奏表，将这件事告诉了道武帝，道武帝十分称赞他的做法，并因此赐予他"黑稍将军"的称号。于栗磾喜欢拿着黑稍来标榜自己，刘裕看到后觉得十分奇异，于是才这样称呼他。

【抚城有方】

后来奚斤讨伐虎牢的时候，于栗磾另外率领了他的部下攻打德宗的河南太守王涓之，王涓之弃城出逃。这件事后，于栗磾被擢升为豫州刺史，像以前那样保留将军的职位，并被迁升为新安侯。洛阳虽然是历代的都城，但是长期成为边境，使得城市经济萧条，荒无人烟。于栗磾率领众人砍除野树杂草，开垦荒地，并且亲自看望那些前来定居的人。他治理洛阳时既安抚百姓，又对坏人严惩不贷，百姓都很拥护他。道武帝到了南方的盟津（今河南孟津西北）后，对于栗磾说："黄河上可不可以建桥？"于栗磾回答道："杜预曾经建过桥，我们可以参考他的经验。"于是他给大船排列

编号，在冶坂（今属河北河阳）建造大桥。六军成功渡过黄河后，道武帝十分赞赏他的才华。

太武帝征伐赫连昌的时候，命令于栗磾和宋兵将军、交趾侯周几袭击陕城。赫连昌的弘农太守曹达不战而逃。于是魏军乘胜直追，一直追到了三辅（今陕西中部地区）。这件事后，于栗磾爵位升为公，同时被任命为安南将军。之后于栗磾平定了统万，升任为蒲坂镇将。当时弘农（今河南灵宝东北）、河内（今黄河以北地区）、上党（今山西东南）三个郡的叛贼起义，于栗磾前去讨伐。之后他改任虎牢镇大将，加授督河内军。不久他又被擢升为使持节、镇南将军、枋头都降，统一监督兖州相州的军事。他又任外都大官，定刑判案，享有很高的声誉。

于栗磾七十五岁时去世，死后又被追赐了很贵重的棺材、一套朝服以及一套衣物，并被追授为太尉公。他很年轻的时候就开始治理军队，一直到垂垂老时。他遇事善于判断，一往无前。再加上他能够谦虚地对待地位比较低的贤士，从不滥用刑罚，所以太武帝对他的死表示非常痛惜。

论赞

史 臣曰：北魏平定中原，在军事上于栗磾为三代皇帝立下了汗马功劳。他谦虚地对待他人，不滥用刑罚，这也正是在诸多将领中所少见的。

古弼列传

北史 列传

北魏太武帝朝有一位有名的直臣，他敢于面折皇威，直言皇帝的过失。他就是被太武帝拓跋焘赞誉为"国之宝也"的司徒古弼。也正是因为有太武帝拓跋焘这样的明主，才更加凸显了古弼的忠君耿直，这就是"主明臣直"的道理。

【国之宝器】

古弼，代地人士。他年轻时忠直严谨，喜好读书，骑马射箭也很在行。古弼起初被北魏朝廷征召为猎郎（掌管皇帝射猎的小官），出使长安，办事很合北魏明元帝拓跋嗣的心意，于是改任门下奏事，在职期间以机敏正直著称。明元帝拓跋嗣很喜欢他，于是赐名"笔"字给他，改其名为古笔，取意正直而有作用。之后又让他改名为古弼，取"弼"字的辅佐之意。令古弼管理国家西部事务，参知政事机要。

太武帝拓跋焘继位后，继续重用古弼，封他为灵寿侯，官拜吏部尚书。古弼多次受命领兵，跟随太武帝东征西讨，屡有战功。之后又曾出使凉州，镇守长安，官升安西将军，赐爵建兴公。在商议是否征讨凉州的事上，古弼与太武帝意见不合，太武帝虽然与他有些嫌隙，但因他有军事谋略，所以并不罪责于他。

南朝刘宋与北魏在汉中一带发生争夺，太武帝拓跋焘任命古弼统领陇西各支军马出征。南朝皇帝刘义隆派遣大将胡崇之与古弼对阵，反被古弼临阵擒拿，北魏获得大胜。古弼率军追击，连克敌人据点。获胜后，北魏众将都商议班师庆功，却被古弼拦下："如果此时退兵，敌人再次攻来，我们再行动就困难了。不如练兵休整，积蓄力量等待对手。我料想不出秋冬，敌人必定再来，我们以逸待劳，这是百战百胜的策略。"于是军队得以留守。太武帝拓跋焘得知此事后，赞叹地说："古弼的话，是长远之策。此处战事，有古弼的智谋就足够了。"

【主明臣直】

与出众的才智相比，古弼的耿直更为出名。他与太武帝拓跋焘君臣之间堪称是"主明臣直"的典范。

一次，上谷地区的百姓联名上书，说当地的皇家苑围占地太广，百姓无田可种，请求朝廷削减苑围占地，赐给无地的穷人。古弼决定将此事奏禀太武帝拓跋焘，却正碰上太武帝正和给事中刘树下棋下得兴起。古弼在一旁等了很久，还不见太武帝召见。于是他大步上前，当着太武帝的面揪起刘树的头，把他从胡床上硬拉下来，冲他的背上一顿拳打，边打边说："朝廷不理事，实在是你的罪过！"太武帝放下棋子，脸色很难看地说："不听你奏事，是朕的过失，刘树何罪？快放了他！"古弼于是才放了刘树，将奏章奏上。太武帝也因此赞赏古弼的公正耿直，采纳了他的建议，下令将苑囿土地赐给百姓。事后，古弼向太武帝请罪，太武帝不仅不怪罪他的失礼，还说："自今以后，如果有利于国家和民众的事，即使行事仓促，你就尽管为之，不要有什么顾忌。"

还有一次，太武帝举行大阅兵，要在黄河以西狩猎。他命古弼去找肥壮的马给阅兵的骑手，古弼却偏找来瘦弱的马匹。太武帝大怒，骂道："尖头的奴才！竟敢这样限制朕！等朕回去，先砍了这奴才的头。"古弼的头尖，因此太武帝常称他"笔头"，当时的人也都叫他"笔公"。太武帝的话让古弼身边的人惶恐不已，担心他会被诛杀。古弼却对他们说："我以为让君王游猎不能尽兴，罪过是小；不防备意外，致使敌寇肆虐，罪过是大。如今北方柔然还很强盛，南朝刘宋还未消灭，他们狡猾地窥伺着边境，是我们的忧患。因此我将肥壮的马匹充备了军需，做不测的长远考虑。如果这对国家有利，我何惧一死！"太武

帝听说后，感叹道："有这样的臣子，是国之宝也！"后来太武帝游猎归来，诏令朝廷出车来运输猎物。太武帝对身边的人说："笔公肯定不会发车给我。"不久古弼的奏折送来，果然不同意发车，而是将车用来救灾运粮。太武帝笑着对左右说："笔公果然被我猜中，他可以说是社稷之臣啊！"

古弼忠君耿介，但不是每个皇帝都懂得赏识。太武帝死后，文成帝拓跋濬继位，任命古弼为司徒。但因古弼言语不合圣意，最终被免官，后被诬告杀害。当时的人都知道他冤枉。

🌀 陶骆驼俑·北魏

论赞

史 臣曰：古弼谋军辅国，计策长远，情怀正大，堪称国家柱石。以细微的过失，一朝殒命，即使往后十代都被宽恕，也是空话，可惜啊！

卷二十六

刁雍列传

北魏时，一位善于经营边镇的将领刁雍闯进人们视野。他不但能征善战，而且治镇有方，赢得了边镇人民的爱戴，博得了帝王的称赞。

▶【建功边境】

刁雍，字淑和，渤海饶安（今属河北沧州）人。其父刁畅是东晋的右卫将军。当初，南朝宋武帝刘裕贫寒时，欠社里钱三万，过期仍不归还。刁畅的兄长刁逵认为此人品行不端，抓住他索要，结下了仇怨。等刘裕当政后，因怨恨的缘故诛灭刁家。刁雍侥幸被父亲以前的手下藏匿，去洛阳投奔后秦豫州牧姚绍，后来又到了长安。刁雍博览群书，后秦君主姚兴封他为太子中庶子。

北魏明元帝泰常二年（417），后秦灭亡，刁雍归附北魏。他上表陈述自己的忠诚，愿意在南部边境效力。明元帝答应了。刁雍于是在黄河与济水之间招募流民，聚集了五千多人。刘裕派将领李嵩等人讨伐刁雍，刁雍在蒙山斩杀他们，士兵增加到二万人，驻扎在固山。但刁雍在后来的战争中又败给刘裕，不得不进入大乡山。

一年后，明元帝南巡到邺城（今河北临漳），刁雍去行宫朝见。明元帝问："之前听说你父辈曾经捆绑过刘裕，这人跟你是什么关系？"刁雍答道："是我的伯父。"明元帝笑道："刘裕父子应该很害怕你才对。"然后又对他说道："我之前派叔孙建等人攻打青州，百姓都藏起来了，城池也没攻下。他既然平时很害怕你，士兵和百姓又相信你，现在我想派你去协助叔孙建他们，希望你努力。"于是封刁雍为镇东将军、青州刺史、东光侯，给他五万兵马，让他另外组建队伍。

叔孙建先攻打东阳（今浙江金华），刁雍到后招募义军，聚集了五千人。他派人去抚慰郡县，所到之处皆归顺，百姓还给军队送粮食。当时军队攻打东阳，铲平它的北城三十多步。刘宋的青州刺史竺夔在城内凿地道，南通渑水涧，作为退路。刁雍对叔孙建说："这座城池已经铲平了，应该及时攻入擒敌，否则敌人就跑光了。"叔孙建唯恐兵士受伤，正在为难。刁雍又说："要是您怕官兵受伤，我请求带着义军先入城。"叔孙建不答应。

竺夔要往东逃跑，适逢刘宋派将领檀道济等人来救援青州。刁雍对叔孙建说："敌军害怕官军的精锐骑兵，用铁锁链将车连成方阵。大岘以南，处处狭隘，车辆不能并行。我请求带领义军五千人，扼守险要之处打败他们。"叔孙建不听，说："士兵们水土不服，得病者将近一半。如果相持不休，士兵自然死尽，还怎么去打仗？现在不损伤大军，安全返回，才是上策。"说完，叔孙建带着自己的军队回去了。

【经营边镇】

刁雍于是镇守尹卯固（在今山东东阿境内）。朝廷诏令他进入南方，以扰乱敌人的边境。刁雍攻克项城（今河南沈丘西北）后，正赶上朝廷命令他可随机应变建立功劳，于是他召集谯、梁、彭、沛等地的五千余家百姓，安置二十七个营盘，迁徙镇守济阴（今山东定陶）。太武帝延和二年（434），朝廷在外黄城设立徐州，设置谯、梁、彭、沛四郡九县，封刁雍为平南将军、徐州刺史，赐封爵为东安侯。刁雍在边镇七年，太延四年(438)被召回京师，边民频频请求他回去。太武帝嘉奖了他。

太平真君五年（444），刁雍出任薄骨律（今宁夏灵武南）镇将。到镇后，他了解了当地耕地普遍缺乏灌溉水源这一情况，分析了当地地理位置和黄河的关系，认为可以引黄河水灌溉农田，但需要在黄河的支流里筑坝，同时在平地开凿引水渠。这样在十天之内，田地就能灌溉一遍，谷物的收成就会变好。他将这个情况上奏给朝廷，太武帝非常赞许他的想法，下诏说："你忧国爱民，我知道你要开渠引黄河水，督责鼓励农业种植，应该立即动工，做成就可以，何必限定日期呢？"

两年后，刁雍自己所在镇需要向沃野镇转运军粮，但道路难行，运量小，停留在路上的时间很长，不利于百姓从事农业，也不利于军粮的运输，于是他建议在黄河边建造船只，改陆运为水运，再次得到了太武帝的嘉许。

又过了两年，刁雍上奏请求在边镇建筑防御工事，筑城储谷，设兵防守，以免敌人来攻打时措手不及。太武帝下诏说："你深思远虑，为国事费尽心思，这座城修好后，边境就没有不测之忧，以后也可以永保安宁，我非常赞许。现在将此城命名为刁公城，以表彰你的功劳。"

献文帝皇兴年间，刁雍与陇西王源贺、中书监高允等人因为年老而受到特别的礼遇。献文帝赐给刁雍几案和手杖，允许他带剑穿鞋上殿，每月赐给他美味的食物。

刁雍性情宽和，喜欢文籍，手不释卷。他又信仰佛教，著有教诫二十多篇，以教导子孙。孝文帝太和八年（484），刁雍去世，享年九十五岁。

论赞

史 臣曰：刁雍才能恢弘，见识深远，功名显著，受到优厚的礼遇，代代有人被封爵，有继承祖先遗业的表现啊！

卷二十七

郦道元列传

天下奇才，未必完人。这句话用在郦道元身上甚是恰当。一部《水经注》让他名垂青史，但正史中的他却是以一代酷吏的身份出现。生活在北魏年间的他，秉公执法，刚直不阿，却又手段果狠，少恩寡情，这就是真实的郦道元。

郦道元，字善长，北魏时期范阳人（今河北涿州）。郦道元出身不凡，祖辈历任北魏要职，祖父郦嵩做过天水太守，父亲郦范更是一名出色的军事参谋，侍奉北魏自太武帝拓跋焘到孝文帝拓跋宏的多位帝王，官至平东将军、青州刺史，晋封永宁侯。郦范有五个儿子，郦道元年长，承袭了爵位。

生长在这样的家族中，郦道元很顺利地入朝做官，在北魏孝文帝的太和年间（477～499），成为了帝国鼎盛时期的一名尚书主客郎。他秉公执法，清廉勤勉，但性情严酷，手段过于果狠。御史中尉李彪很赏识郦道元，举荐他为治书侍御史。但不久李彪被朝中的重臣尚书令兼左仆射李冲弹劾，郦道元也受牵连免官。

北魏孝文帝病逝后，其子元恪继位，是为北魏宣武帝。郦道元被任命为冀州镇东府长史。当时的冀州长官是刺史于劲，于劲是宣武帝顺皇后的父亲，因在关中征战，所以不曾到冀州赴任，于是郦道元代行其职三年。

因为他为政严酷，官民们都很害怕他，连盗匪都畏惧地逃出了他的辖区。而后皇帝命他试做鲁阳郡郡守，郦道元到任后劝民向学，大力兴办教育，得到了宣武帝的赞赏。鲁阳郡内原来不曾归化的少数民族也都畏惧郦道元的威名，不敢再为寇作乱。

北魏宣武帝延昌年间（512～515），郦道元被擢升为东荆州刺史。他依旧为政威猛，如同在冀州时一样。当地的少数民族实在不堪忍受，于是向朝廷上告郦道元执法苛刻严酷，请求撤换他。朝廷为缓和矛盾，便派人将郦道元接送回京，免去了他的官职。但不久后就又起用他做了河南尹。

宣武帝死后，其子元诩继位，是为北魏孝明帝。孝明帝为削弱边关军镇的势力，计划将一些军镇合并为州，于是任用以执法刚猛著称的郦道元为黄门侍郎，持节与大都督李崇筹划实施事宜。然而还未等郦道元等人成行，就爆发了史上有名的"六镇起义"，郦道元只得无果

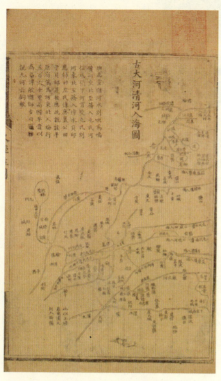

古大河清河入海图

● 清咸丰十年刊本《水经注图》

元悦跑去向胡太后求情，胡太后命郦道元放人。但郦道元恪守职责，不但不放丘念，还一并上书弹劾元悦。此举引起了皇族诸王的极大不满，适值雍州刺史萧宝夤稍稍暴露了要谋反的迹象，城阳王元徽平素忌恨郦道元，于是心生借刀杀人之计。他上书皇帝，以郦道元讽刺朝廷为名，外贬他为关右大使，前往萧宝夤的属地赴任。萧宝夤见郦道元前来，担心他是朝廷派来暗算自己的，于是密遣部将将郦道元一行人围困在阴盘驿亭。驿亭断食断水，郦道元一行力竭被擒，终于为叛军杀害。临难前，郦道元瞋目叱贼，厉声而死，不失气节。郦道元死后，被追封为吏部尚书、冀州刺史。

郦道元一生好学，博览奇书，撰写了《水经注》四十卷、《本志》十三篇，又作了《七聘》等，皆流传于世。然而，其兄弟间不能友好和睦，又多嫌忌，故时人有些非议。

而还。起义平定后，孝明帝又调集军队攻打南朝梁国的扬州，北魏皇族元法僧趁机在彭城（今江苏徐州）反叛。孝明帝忙派郦道元持节节度诸路平叛军前往讨伐元法僧，郦道元指挥大军追讨叛军，多有斩获，回朝后被任命为御史中尉。

郦道元为官多年，严猛如一。所谓"成也萧何败也萧何"，他以刚猛博取了皇帝的信任，也因严酷招来了满朝权贵的敌意，终于惹来杀身之祸。

汝南王元悦宠幸侍臣丘念，常与之同眠，连州郡的官吏选拔都听由丘念做主。郦道元暗访得知了这个情况，便下令将越礼败俗的丘念收押下狱。

论赞

史 臣曰：士子立其名声，方式各不相同，有的以循良渐进，有的以严酷著称。故宽仁与刚猛应当相济，德教与刑罚应当互辅。酷吏为恶不同，但同归于酷，多行残忍之事。轻贱人的肌肤，像对待木石一般；轻视人的性命，比轻视刍狗更甚。长期作恶而不肯悔改的人，都少有比得上他们（酷吏）的。

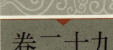

卷二十九

萧宝夤列传

身为南齐皇子的萧宝夤，国破家亡，亡命北魏，一心雪耻，战功不绝。一个南朝皇子最终成为了北朝位极人臣的大人物。然而他晚节不保，叛魏被杀，让这段传奇人生更富戏剧色彩。

【亡齐投魏】

萧宝夤，字智亮，是南朝齐明帝萧鸾的第六子，南齐废帝萧宝卷的同母弟。他本是南齐的皇子，齐明帝在位时，封为建安王。其兄萧宝卷继位后，昏庸无道，导致朝政混乱，国家倾危，南齐大将萧衍乘机起兵，攻入南齐都城建业（今江苏南京），杀死了萧宝卷，俘虏了南齐一干皇族。

当时，年轻的萧宝夤也被萧衍派兵看守起来，随时有生命危险。多亏萧宝夤家中的几位仆人偷偷将墙凿开一个洞，才将他救了出去。一行人连夜向北方逃跑，他们预先在江边准备了船只，让萧宝夤脱掉了自己的衣服，穿上黑布短袄，腰上系上千余文钱，趁着夜色悄悄潜到江边。为了避免被人发现，一行人都穿着草鞋徒步赶路，等到了船上，脚上磨得鲜血淋漓，连一块整皮都没有了。第二天天明，看守士兵发现萧宝夤逃跑，立即布下天罗地网追捕。追兵很快追到江岸，萧宝夤在船上假扮钓夫，顺江漂浮了十

🕭 **青玉避邪瑞兽·南朝**

余里，追兵也就没有怀疑他。等到追兵散去，萧宝夤一行才渡过江去，总算捡到一条生路。

虽已渡过江来，但危机未解，又兼疲惫不堪，萧宝夤一行便秘密投靠在江北大户华文荣家中。华文荣知道此事非同小可，便全力帮助萧宝夤脱险。他舍弃掉自己的房产，先将萧宝夤秘密安置在山涧之中，而后又租了几辆驴车，昼伏夜出一路继续向北前进，直到逃到寿春（今安徽寿县）的北魏地界，被驻扎在此的将领杜元伦发现。杜元伦查知萧宝夤真实身份后，以礼相待，并飞马通告北魏的扬州刺史、任城王元澄。元澄对南朝皇族来投极为重视，立刻派出车马侍卫前来

迎接萧宝夤。萧宝夤于是被护送着去见元澄，当时的他只有十六岁，一路亡命，形容已是十分憔悴，以至于路人见到都以为他是被军队押来准备出售的奴隶。

元澄以待客之礼招待了萧宝夤。此时，九死一生的萧宝夤满腔都是复国报仇的念头，他恳请元澄让自己为曾经的国君萧宝卷服丧。元澄被他的忠义所打动，同意了他的要求，还亲率官僚赶来一同吊唁。萧宝夤严格按照服丧的礼法，不饮酒食肉，不轻言谈笑，显得极为悲痛。元澄因此更加器重他。

【思国复仇】

元澄将萧宝夤来降的消息禀告了朝廷，并派人将他护送到都城洛阳。北魏宣武帝喜出望外，以隆重的礼节接见了萧宝夤。

成为北魏的臣子后，一心复仇的萧宝夤多次上朝跪伏在殿前，恳请宣武帝出兵南伐，即使是遇到暴风大雨，他也坚持跪在殿外再三请求，不改其志。恰逢这一年，梁朝（此时萧衍已建立梁）的江州刺史陈伯之等人来降，请求领兵为北魏立功效劳。宣武帝认为陈伯之所言极是，机不可失，又见萧宝夤恳求诚恳，于是委萧宝夤以重任，任命他为都督、东扬州刺史、镇东将军，封丹杨郡公、齐王，拨给他一万兵马，令他驻守寿春东城，等到秋冬时节大举南下。萧宝夤得知夙愿终于得偿，想到复仇有望，当夜失声

恸哭。宣武帝还特许其私募天下壮勇之士，得数千人扩充到他的军中。萧宝夤还不忘旧恩，将曾经救过他的人都提拔为自己军中的将领。

萧宝夤虽然年少就颠沛流离、寄寓他国，但志性高雅尊重，修养很高。他为故国服丧，期满之后仍然禁食酒肉，只吃蔬菜，穿粗布衣，不苟言笑，以示不忘亡国之痛。及至他被委以南伐重任后，朝中重臣要员都来问候嘱托，一时间门庭若市，宾客云集，来往的书信更是不断。但年纪轻轻的萧宝夤都能应接得体，不失礼数。

北魏宣武帝正始元年（504），北魏与梁朝开战，还没等萧宝夤率军抵达前线，便传来梁朝军队包围寿春的消息。萧宝夤立即率军迎击，大破敌军，解了寿春之围。战斗中，他身先士卒，勇冠三军，闻者无不对他的英勇感到钦佩。班师后，宣武帝改封他为梁郡公。不久，北魏再次发动对南梁的进攻，主帅为中山王元英。萧宝夤自荐从征，协助元英屡破梁军，一路攻杀到钟离（今安徽凤阳）。然而在关键的"钟离之战"中，由于梁军主帅曹景宗和韦睿的指挥有方和英勇抗击，兼之淮河泛滥，北魏军队大败，元英与萧宝夤狼狈退回。朝廷依律本应判处萧宝夤极刑，但宣武帝赦免了他的死罪，将其削爵免官。

宣武帝的宽大处理正说明了他对才能与修养兼备的萧宝夤心存欣赏。

不久，宣武帝就将自己的公主许配给了萧宝夤。公主颇有妇德，夫妻二人生活融洽美满，相敬如宾。萧宝夤每次回家，公主必定站在门口迎接，从不间断；而萧宝夤性格温和，对公主也是奉敬有加。家庭内外和睦，一时传为美谈。

【扬名北朝】

北魏宣武帝永平四年（511），北魏军队攻打梁朝的朐山戍所，梁朝增援，宣武帝也派遣军队驰援前线。他重新起用萧宝夤，令他为使持节，代行安南将军之职，在主将卢昶帐下听候调度。重被启用的萧宝夤激动不已，泣涕横流，哽咽良久。但此战北魏军队又被梁朝击败，不过由于萧宝夤指挥有方，北魏各支军马唯有他的队伍全师而还。由于戴罪立功，萧宝夤被任命为瀛州刺史，并恢复了他齐王的爵位，不久又转任冀州刺史。之后数有征战，功过各半。

北魏宣武帝延昌三年（514），梁朝派将领康绚在淮河流域修筑浮山围堰，打算水淹扬、徐两州。宣武帝使萧宝夤持节都督各路军马前往征讨。梁军很快就筑好了浮山围堰，萧宝夤临机应变，率军在围堰的上游修凿新渠来分水，减少了围堰中的水量；又派出千余名壮士趁夜渡过淮河，放火焚烧南梁围堰守军的营垒，连破三营。萧宝夤亲率大军击破淮北的梁将垣孟孙、张僧副等人，又渡过淮河，焚毁了南梁的徐州刺史张豹子等人的营垒

十一座，取得大胜。班师后，他被晋升为殿中尚书。

北魏宣武帝死后，孝明帝继位，封萧宝夤为都督、徐州刺史，并任命他为车骑大将军。孝明帝继位后，北魏朝政由胡太后一手把持。胡太后昏淫无道，致使国家动荡，终于爆发了关陇地区的民众起义。起义首领莫折大提自称秦王，割据自立，对抗官军。其子莫折念生更是自称天子，率众进犯雍州。朝廷忙任命萧宝夤为大都督，

彩绘人物故事漆屏·北魏

西征叛军，孝明帝还亲自为他饯行。萧宝夤不辱使命，击破叛军，但由于民众起义已呈星火燎原之势，萧宝夤也无法彻底扑灭，只能力战保证关中地区不失。朝廷起初一度晋升他为尚书令、大将军、仪同三司，加封他为司空公，而后因久战无功免为编户。不久又再次任命他为征西将军、雍州刺史、西讨大都督、尚书令，节度关西各路官军，还恢复了他的封爵封地。至此，萧宝夤已在北魏位极人臣——一位南朝皇族降将，在北朝建功立业，扬名天下，堪称当时一段传奇。

公事之余，萧宝夤十分重视修养和学识。他命人建立学馆，经常会见当地的士族子弟，相交以礼，相与谈经论道。他勤于政事，用心负责，深受下属的爱戴。又每每上书议政，切中肯綮，多为皇帝采信。因政绩颇佳，萧宝夤在朝野上下享有很高的声望。

【悔失晚节】

时至北魏的末年，民怨四起，叛军充斥，官军屡战屡败，天下人心尽丧。萧宝夤自知连年出兵却征讨无功，糜费甚大，担心一旦在朝中失势，恐难免身，因此心中很是不安。而朝廷也确实对手握重兵的他产生了猜忌，派御史中尉郦道元为关中大使前来查探。郦道元以严酷出名，萧宝夤以为他是朝廷派来查办自己的，于是有了反叛之心。他问身边的谋士柳楷，柳楷劝他说："大王您是齐明帝的皇子，

天下仰望，今日举事，实乃顺天应人。"萧宝夤听后，决计反叛。

萧宝夤派人半路截杀了郦道元，为不让朝廷怀疑，诈称其被贼兵所害。不久他叛魏自立，自称天子。北魏朝廷震动，忙派大军镇压，萧宝夤也遣部将侯终德迎击。谁想侯终德反而倒戈攻向萧宝夤，萧宝夤猝不及防而大败，只得携妻子儿女逃走，投靠西北的少数民族起义军首领万俟丑奴。北魏又派出名将贺拔岳攻破了万俟丑奴，萧宝夤一家最终被擒，押送京师。

此时的北魏皇帝是孝庄帝元子攸，有臣属以萧宝夤过去有功为他求情，但一旁应诏的王道习却对孝庄帝说："贼臣不翦除，法制如何得以施行？"孝庄帝于是下令赐死萧宝夤。临刑前，朝中与萧宝夤有旧的臣属都来为他送行，众人纷纷落泪，唯有萧宝夤神情自若，毫无惧色。他说："这一切是听天由命，只恨自己没有保全作为臣子的忠义名节。"就这样，这个南北朝的一代传奇人物以悲剧谢幕，终年四十七岁。

论赞

论 曰：萧宝夤在国破家亡之际，潜行逃跑，投靠上国，可谓明智之人，亦得到厚待。然而他虽有枕戈复仇的志向，但终无鞭尸雪耻的成果。而他背恩忘义，最终未能做到守节没齿。

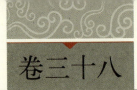

裴仁基列传

裴仁基出身世家，因军功被擢升至显要位置。汉王杨谅作乱时，他还能苦谏；后来却因时势所迫，背离朝廷，先归附李密的军队，后投靠王世充的叛军。最后自己也图谋造反，落得一个身死人手、身败名裂的下场。

【起于军功】

裴仁基，字德本，年少时勇猛雄武，擅长骑马射箭。开皇初年，他担任皇帝侍卫。平定陈国的战役中，他率先冲锋陷阵，拜任仪同，被赏赐绢帛千段，凭借原有官职兼任汉王杨谅府亲信。隋炀帝即位后，杨谅起兵叛乱，裴仁基苦苦进谏，杨谅大怒，将他囚禁在监狱中。等到杨谅失败，炀帝嘉奖裴仁基，越级拜任护军。几年后，裴仁基改任武贲郎将，跟从将军李景到黔安（今重庆彭水）讨伐叛乱的蛮族向思多，因有功被提升为银青光禄大夫，赏赐奴婢百口，绢帛五百匹。他又在张掖（今甘肃张掖）袭击吐谷浑，获得大胜，加官为金紫光禄大夫。后来进攻靺鞨，被拜为左光禄大夫；跟从征讨高丽，被提升为光禄大夫。

【归顺李密】

炀帝到江都（今江苏扬州）时，李密占据洛口（位于今河南洛阳）。炀帝命令裴仁基为河南道讨捕大使，占据武牢（位于今河南荥阳）以抵抗李密。等到荥阳通守张须陀被李密所杀，裴仁基把他的部众都收罗起来，每次和李密作战都有很大的斩获。当时隋朝大乱，有军功的人不被记录。裴仁基见大敌当前，士兵疲惫，获得的军用物资就拿来分配奖赏。监军御史萧怀静每次都阻止他，引起了大家的怨恨恼怒。萧怀静又暗地里抓住裴仁基的短处，想上奏弹劾他。裴仁基害怕，便杀掉了萧怀静，带着部众归顺了李密。李密封他为河东郡公。他的儿子裴行俨骁勇善战，李密又封他为绛郡公，和他关系特别亲密。

王世充由于东都粮食已经用尽，带领军队到了偃师（位于今河南洛阳），和李密决战。李密向将领们问计，裴仁基说："王世充率领全部精锐部队到这儿，洛下一定兵力空虚，可以分兵把守要道，使他不能够东进。挑选精兵三万，沿着黄河向西进发，进逼东都。王世充退却，我军暂时按兵不动；王世充重新出战，我们又进逼他。这样就使我们有余力，他疲于奔命。这就是兵法上说的'敌进我退，

隋炀帝的船队

这幅创作于18世纪的中国帛画，描绘了隋炀帝的船队在大运河上航行的情景。帛画现藏于法国巴黎国家图书馆。

敌退我进，频频作战使敌疲倦，多种方法迷惑敌人'。"李密说："您只知其一，不知其二。东都的兵马有三点不可抵挡：第一，武器精良；第二，想好计策才来攻打；第三，粮食耗尽以求死战。我方按兵不动，积蓄力量，来等待敌方的疲惫。他想打仗不能，想跑没有退路，用不了十天，王世充的首级就可以悬挂在麾下了。"单雄信等将领轻视王世充，都请求作战，裴仁基苦苦争执而不能占上风。李密难以违背将领们的决定，与王世充交战，大败，裴仁基被王世充俘虏。

【作乱被杀】

当时天下动乱，造反者不计其数。时有一支军队举起义旗，收罗人马，

占据城池。作乱的首领分封百官，形成了一个小朝廷。只不过在这小朝廷里，人心不稳。在与其他军队交战的过程中，随时有人被俘投敌，也有人直接投降。即便在暂时没有战争时，掌握实权的大臣也会联合朝臣发动政变，要么扶植对自己有利的首领，要么自己坐上头把交椅。裴仁基在王世充麾下，找不到想要的安全感，也走上了谋叛之路。

王世充因为裴氏父子骁勇善战，厚待他们，还把兄长的女儿嫁给了裴行俨。王世充登基后，封裴仁基为礼部尚书，裴行俨为左辅大将军。裴行俨每次作战，皆所向披靡，号为"万人敌"。王世充忌惮他的威名，愈加猜忌防备。裴仁基知道他的想法，内心不安，于是和王世充所委任的尚书左丞宇文儒童等人策划谋反，准备让陈谦在献食的时候，手持匕首劫持王世充，裴行俨率领军队在阶下接应。待一切妥当，再请出越王杨侗来辅佐。将要行动时，将军张童儿得知了他们的阴谋后告发，谋反的人都被王世充杀死了。

论赞

论 曰：裴仁基因勇武谋略而被赏识，晋升到显要职位，结果却归到叛乱之中，身败名裂，俱因时势如此。

白话精编二十四史 ● 第五卷 ●

裴矩列传

裴矩为人很有法度，他凭借军功获得重用，又通过经略西部的少数民族奠定自己在朝廷内的地位。他也曾为讨皇帝的欢心，在西部召集国王，在东都大兴歌舞。无论谁做皇帝，裴矩都能得到重用，最后归顺大唐，善始善终，在当时的乱世也颇为难得。

▶【崭露头角】

裴矩，字弘大，河东闻喜（今山西闻喜）人。当他还在襁褓里时，就失去了父亲。裴矩长大后好学，偏爱文采，很有心计。大伯父裴让之对他说："你要是想追求官位显达，应该具备通达世事的资质。"裴矩开始留意世事。

杨坚在北周做定州总管时，征召裴矩补为记室，对他非常推重，后来裴矩因为母亲去世而离职。杨坚担任丞相后，派使者骑快马征召他参与相府记室的事务。等到杨坚受禅让后，升任他为给事郎。

征讨陈国时，裴矩担任元帅记室。攻破丹阳（今江苏南京）后，晋王杨广命令裴矩与高颎收取陈国的地图和户籍名册。第二年，裴矩奉诏巡查岭南，还没出发，遇上高智慧和汪文进等人聚集叛乱，吴、越道路封闭，朝廷难以派裴矩出行。裴矩请求迅速前进，文帝答应了。走到南康（今江西赣州）时，征得军队几千人，裴矩与大将军鹿愿共同出征，打败围困东

🔴 《三十六计》拓片·隋

《三十六计》玉简册拓片，山东金乡县出土。

衡州（今广东曲江）的贼军，解除广州之围，叛军溃退。裴矩又在招抚的二十多个州县中，秉承皇帝旨意，任命叛军首领为刺史、县令等。回朝后上奏，文帝非常高兴，命令升殿慰劳他们。文帝环顾高颎、杨素说："韦洸统领两万兵马，不能及早越过南岭，我每次都担心兵少。裴矩率领三千疲

敞的士兵，直接打到了南康。有这样的臣子，我还有什么可担忧的呢？"裴矩凭借军功升任开府，赐予爵位闻喜县公，赏赐绢帛二千段，受任民部侍郎，不久又升任内史侍郎。

【经略西部】

当时北方的突厥势力强盛，都蓝可汗雍闾娶大义公主为妻，即北周宇文氏的女儿。因公主要报北周覆亡之仇，因此屡屡怂恿都蓝可汗侵犯隋朝边境。后来大义公主和归顺的胡人私通，裴矩请求出使劝说都蓝可汗诛杀大义公主，文帝答应了。最终，如裴矩所愿，大义公主被杀。后来都蓝可汗与突利可汗（已归顺隋朝）结怨，多次侵犯隋边境堡垒。隋文帝诏令太平公史万岁为行军总管，从定襄（今山西忻州）出兵，任命裴矩为行军长史，在塞外打败与雍闾结盟的达头可汗。后史万岁被诛杀，功劳没被记录。文帝封刚刚归附的突利可汗为启民可汗，命裴矩去抚恤慰问他们，回朝后裴矩担任了尚书左丞。

当时西域的少数民族大多到张掖（今甘肃张掖）和中原进行贸易活动，炀帝命令裴矩掌管相关事宜。裴矩知道炀帝正致力于经略远方，等各国的商人一到中原，就诱使他们讲出自己国家的风俗以及山川险易，撰写三卷《西域图记》，入朝上奏。炀帝非常高兴，赏赐给他五百段绢帛，每天拉着裴矩到皇座边，亲自询问西疆的事务。裴矩极力夸耀胡人有很多宝物，吐谷

浑也很容易吞并。炀帝因此准备和西域交往，四方少数民族的经营管理，都委任给裴矩。

裴矩改任民部侍郎，还未上任就升迁为黄门侍郎。炀帝再次命令裴矩前往张掖，召见各少数民族首领，当时有十多个国家前往。大业三年（607），炀帝在恒岳（即北岳恒山）举行祭祀，这些国家都来协助。炀帝准备到黄河以西巡视，又派裴矩去敦煌（今甘肃敦煌）。裴矩派遣使臣劝说高昌王麹伯雅和伊吾（今新疆哈密）的吐屯设等人，用重利引诱他们入朝觐见。等炀帝去西部巡视，到达燕次山，高昌王、伊吾设等人以及西部二十七个少数民族国家的国王，都在道路以左拜见。裴矩让他们佩戴金玉，穿着丝毛，焚香奏乐，唱歌跳舞。又命令武威（今甘肃民勤东北）和张掖的青年男女盛装观看，车马拥挤，纵贯数十里，以示国力强盛。炀帝见此情景非常高兴。隋朝最终打败吐谷浑，开拓疆土数千里，并派兵镇守。各少数民族害怕了，争相进贡。炀帝认为裴矩有安抚怀柔的谋略，升他为银青光禄大夫。

这年冬天，炀帝到了东都。裴矩因朝见进贡的少数民族人很多，劝说炀帝在东都举行大型娱乐表演。征集四方奇异的杂耍，排列于端门街，穿锦袍、戴金翠的人有十几万。又命令官员和百姓们都穿着华丽的衣服，坐在竹木棚架上观看，表演进行了一个月才完毕。又命令闹市商店都设帷幕，

青釉刻花龙柄鸡首壶·隋

盘口，细长颈，溜肩，圆腹，平底。壶的肩部置两个一组的对称四系，一侧置鸡首，对应的一侧置一龙首形柄。龙张嘴下探，口衔盘沿，栩栩如生。

摆好丰盛的酒食，派掌蕃带着外族人和百姓做买卖。外族人所到之处，都被邀请入座，吃饱喝足才离去。外族人感叹，说隋朝人是神仙。炀帝称赞裴矩的忠诚，对宇文述、牛弘说："裴矩非常了解我的心意，凡是他的进言上书，都是我已经想好的计划，还没等说出来，裴矩就已经上奏了。如果不是对国家非常用心，怎么能这样呢？"

裴矩跟随炀帝巡视塞北，到了启民可汗的营帐。当时高丽派遣使臣先到突厥交往，启民可汗不敢隐瞒，引使者见炀帝。裴矩于是上奏道："高丽的地盘本来是孤竹国。周代时封给箕子，汉代时分为三个郡，晋代时也属于辽东。现在它不臣服，成了外国，所以先帝非常痛恨，早就想讨伐它。但因为杨谅无能，出兵没有成效。在陛下这个时候，怎么能不致力于这件事，使礼仪教化的地方，仍然成为落后的地方吗？现在高丽使者到突厥朝见，亲自晋见启民，整个国家归顺，

一定是惧怕皇上的高远豁达，考虑投降前预先逃跑。逼他们入朝觐见，他们应该是会来的。"炀帝问："那怎么办才好？"裴矩说："请当面告诉高丽使者，将他放还本国，告诉他们的国王，速速前来朝见。否则，我们就要率领突厥立刻诛灭他们。"炀帝采纳了这个建议。

高丽使者不听从命令，朝廷开始筹备征讨辽东的策略。隋军逼近辽东，裴矩任武贲郎将，第二年又跟随军队到辽东。兵部侍郎斛斯政逃往高丽，炀帝命令裴矩兼管军事。凭借前后征伐辽东的战绩，裴矩升为右光禄大夫。当时朝纲混乱，很多人改变了自己的节操，左翊卫大将军宇文述、内史侍郎虞世基等人掌管国事，文武官员多因贪污受贿而闻名。只有裴矩固守常法，被世人所称赞。

后来，裴矩跟随军队到怀远镇，朝廷诏令他统辖北方少数民族的军事。当时启民可汗已经去世，他的儿子始毕可汗在位。裴矩认为始毕可汗部众越来越多，献计削分他的势力，要把宗室女儿嫁给始毕可汗的弟弟叱吉设，拜叱吉设为南面可汗。叱吉设不敢接受，始毕可汗听说之后渐生怨恨。

裴矩又对炀帝说："突厥人性情本来淳朴简单，容易离间，但他们内部有很多胡人，非常凶狠狡黠，经常教唆他们。我听说史蜀胡悉特别多奸

计，被始毕宠幸，请让我把他引出来杀掉。"炀帝答应了。裴矩于是派人告诉胡悉："天子拿出大量珍贵的宝物，放在马邑（今山西朔县），想和少数民族广为贸易。如果能提前来，就能得到好东西。"胡悉很贪婪，相信了这话，没告诉始毕可汗，率领自己的部落赶着牲畜星夜前进，期望首先参加互市。裴矩在马邑设下伏兵，诱杀了胡悉，派人报告始毕说："史蜀胡悉突然带着部落到这里来，说要背叛可汗，请我收容。突厥既然是我朝臣子，有背叛者应该一并处斩。现在胡悉已被处斩，所以前来报告。"始毕也知道那些情况，从此不再朝见。

大业十一年（615），炀帝去北部巡视狩猎，始毕可汗率领几十万骑兵，把炀帝围困在雁门（今属山西代县）。诏令裴矩和虞世基每晚住在朝堂，以等待询问。解围后，裴矩跟随炀帝到了东都。已归附隋朝的突厥射匮可汗（达头可汗的孙子）派他的侄子率领西域各少数民族前来朝见进贡，炀帝诏令裴矩设宴招待他们。

【颇得人心】

裴矩平常勤奋谨慎，从未触犯过别人，又见天下大乱，唯恐祸及自身，对待别人便超过别人的期望，所以即便是仆人也能够得到他们的欢心。炀帝滞留江都（今江苏扬州）期间，当时跟从的骑兵和勇士多有逃散，炀帝很担忧，向裴矩问计。裴矩说："现在车驾羁留在这儿已经两年，这些勇

士们没有家属，不能长久安定。我请求让士兵们在此娶妻。"炀帝大喜，说："你真是足智多谋，这是奇计啊！"于是令裴矩为将士们娶妻。裴矩召集江都境内的寡妇和未出嫁的女子，聚集到宫中，又召集将帅和士兵们任意挑选。他还听将士们自己供述，先前有和妇女以及尼姑、女道士私通的，马上许配给他们。将士们都非常高兴，竞相说："这是裴公的恩惠啊！"

宇文化及作乱时，裴矩早晨起来要入朝，到街巷门口遇到几个叛党，牵着裴矩的马送到了孟景的住宅。叛贼们都说："和裴黄门无关。"宇文化及带着一百多骑兵到了，裴矩拜见他。宇文化及抚慰他，让他参酌商定制度，推举秦王之子杨浩为帝，封裴矩为侍内。后来，裴矩先后在宇文化及、窦建德手下为官，均得到重用。窦建德兵败后，裴矩听从他人的劝说，归附大唐，担任左庶子，后改任詹事、民部尚书。

宇文恺列传

隋朝时有一位能工巧匠，他博览群书，才思敏捷，设计精巧，先后修建了仁寿宫和新都洛阳。他制造的观风行殿，推行起来有如神力；他制造的行军大帐，可同时容纳几千人。他还想恢复被战乱中断的明堂，无奈论证已毕，图纸画出，尚未实行，身已先死。他就是宇文恺。

▶【出身名门】

宇文恺，字安乐，是杞国公宇文忻的弟弟。在北周时，他由于是功臣之子，三岁时就被赐封为双泉伯，七岁时进封安平郡公，食邑二千户。

宇文恺小时候就有才识器量。家族世代都是武将，各位兄长都以武功自夸，唯独宇文恺喜欢学习，博览群书，擅长写文章，多才多艺，号称"名公子"。一开始，宇文恺担任千牛卫，屡次升迁至御正中大夫、仪同三司。隋文帝做北周丞相时，加封他为上开府中大夫。

▶【颇有巧思】

等到隋文帝登上皇位，诛杀宇文家族，宇文恺也在被杀的行列。由于他和北周的宇文家族有所不同，兄长宇文忻对隋朝有功，文帝派人骑快马传令把他赦免了。后来，宇文恺被任命为营宗庙副监、太子左庶子。宗庙建成后，另外封他为甑山县公，食邑千户。迁都之后，文帝认为宇文恺有

精巧的才思，下诏任命他为营新都副监。高颍虽然总揽主要事务，但所有规划都出自宇文恺。后来朝廷要疏导渭水河道通到黄河，用来使运粮水路畅通，诏令宇文恺总体监督这件事。之后，宇文恺拜授莱州（今山东莱州）刺史，很有能干的名声。

兄长宇文忻被杀后，宇文恺被除名，待在家中，很久不得调用。等到朝廷因为鲁班旧道中断很久不能通行，又命令宇文恺修复。不久文帝筹建仁寿宫，访求可以胜任的人，右仆射杨素说宇文恺才思精巧，文帝同意了，于是任命宇文恺担任了检校将作大匠。一年多后，他又担任了仁寿宫监，拜授为仪同三司，不久又任将作少监。文献皇后去世后，宇文恺和杨素掌管建造陵墓的事，文帝认为他做得不错，恢复了他安平郡公的爵位，食邑千户。

隋炀帝即位后，迁都洛阳，任命宇文恺为营东都副监，不久升任将作大匠。宇文恺揣摩皇帝的心思在于宏

青釉虎子·隋

虎高 14.5 厘米，长 11.5 厘米，昂首张口，突眉鼓眼，前肢直立，后肢蹲卧，尾巴上卷曲成提梁，构思颇为巧妙。关于虎子的用途有两种说法：一是盛溺的亵器；一是盛水的水器。

伟奢侈，于是东京的房屋形制极尽奢华富丽。炀帝非常高兴，擢升宇文恺的官位至开府，拜为工部尚书。

等到修建长城时，诏令宇文恺进行规划。当时炀帝去北方巡视，想向西戎和北狄夸耀，命令宇文恺制造一顶大的营帐，帐里可以坐下几千人。大帐建成后，炀帝非常高兴，赏赐宇文恺各色锦帛一千段。宇文恺又建造观风行殿，上面可容纳侍卫数百名，上下分合建成，下面安置轮子和车轴，快速推移，仿佛神灵的功力。西戎人和北狄人见了，没有不震惊的。皇帝对此更加高兴，前后的赏赐都数不清楚。

自从永嘉之乱后，明堂被废止，隋朝占据天下后，准备恢复旧制，议

论纷杂，都不能决断。宇文恺博考群书，上奏《明堂议表》。议表中详细查考了自夏、商、周以来的明堂体制，从汶水的黄帝明堂图开始，列举古籍中关于明堂的记载，从古籍中寻求修造明堂普遍使用的原则。在古籍中，很多人对于修造明堂提出了不同的方法。宇文恺记录下古人疑惑难解的问题，注疏解释，还出示证据来印证自己的观点。他还列举了秦、汉、魏晋南北朝各朝各代的明堂的特点，并实地考察修建于南朝宋国的明堂。尽管在陈国灭亡后，这个明堂已遭战火焚毁，他仍然从断壁残垣中看清楚了底座的布置、柱子的排列等，并画出自己心目中合格的明堂设计图。

炀帝准许了他的奏章，不过适逢辽东之战，这件事并没有立刻付诸实践。凭借征战辽国的功劳，宇文恺升任金紫光禄大夫。这一年宇文恺死在任上，时年五十八岁。炀帝很为他惋惜，赐谥号为康。宇文恺撰有《京都图记》二十卷、《明堂图议》二卷、《释疑》一卷，流传于世。

论赞

史 臣曰：宇文恺学艺兼备，才思精巧，当时的规模样式，都以他为榜样。他建造仁寿宫，构筑洛邑，穷尽奢侈，极尽华丽，使高祖失德，炀帝丧身。倾覆和动乱的根源，应该也有这方面的原因。

郭衍列传

郭衍起于军功，在北周灭亡北齐的战争中立下大功。他还善于管理百姓，做地方官时确实能为人父母。然而，他像很多大臣一样，不可避免地卷入政治斗争。阿谀奉承的做法使他取悦于隋炀帝，却遭到了天下人的讥讽。

【战功显赫】

郭衍，字彦文，自称是太原介休（今山西介休）人。他小时候骁勇雄武，擅长骑射。北周的陈王宇文纯把他带在自己身边，升迁他为大都督。当时北齐尚未平定，郭衍奉诏去天水（今甘肃甘谷东南）招募士兵，以镇守东部边境。他招募了一千多户自愿迁徙的居民，驻扎在陕城（今河南三门峡市西）。每当有敌人前来侵犯，他就率领自己的军队抵抗，一年之内频频告捷，齐人很惧怕他。

建德年间，周武帝驾幸云阳，郭衍去朝见。君臣商议要攻打北齐，郭衍请求做先锋，攻下河阴城（今属河南荥阳）后，他被拜任为仪同大将军。武帝包围了晋州（今山西临汾），担心齐兵前来救援，于是派郭衍跟着陈王守卫军事要地千里径（位于今山西汾河东岸、霍山东麓）。他又跟着武帝和北齐君主在晋州大战，一路追击敌人，直至高壁（今山西灵石县东南），打了个漂亮的胜仗。因为军功显赫，

他被加官为开府，封武强县公，食邑一千二百户，还得到赐姓叱罗氏。

尉迟迥叛乱时，郭衍跟随韦孝宽先战武陟（今属河南焦作），再战相州（今河北临漳西南），奋力杀敌，毫不惜力。之前，尉迟迥派侄子尉迟勤做青州总管，率领青州、齐州的兵马来协助自己。他失败后，尉迟勤又带着尉迟迥的两个儿子想往东逃回青州。郭衍率领一千精锐骑兵追击，大败尉迟勤，还抓住了尉迟迥的一个儿子。打到济州时，郭衍不仅攻占城池，还在济州北边击败了尉迟勤的余党，抓获俘虏解送京城。于是郭衍被越级授任为上柱国，封爵武山郡公，得到绢帛七千段的赏赐。

郭衍曾秘密劝说杨坚杀掉北周的诸位藩王，及早受禅，极受杨坚看重。开皇元年（581），隋文帝下令恢复他的旧姓郭氏。突厥侵犯边塞时，郭衍被任命为行军总管，带着军队驻扎在平凉，几年内敌军都不敢入侵。

【治民有术】

郭衍曾做过开漕渠大监，率领水利工人开凿水渠，引渭水绕过大兴城北，往东直到潼关（今属陕西渭南），长四百余里，可通漕运。关内地区依赖这条渠运输，起名叫做"富民渠"。

开皇五年（585），郭衍担任了瀛州刺史。当年秋天发大水，他统治的县大多被淹没，百姓纷纷爬上高大的树木或坟冢避难。作为当地的父母官，郭衍亲自准备船只，带上粮食去救济受困百姓。他先开仓赈济，然后才奏知文帝，文帝非常嘉许，派他去做朔州总管。朔州的属地包括恒安镇，北部与蕃人边境接壤，经常需要转运粮食和其他物品。郭衍于是选择肥沃的土地，设置屯田，一年后剩余一万多石粮食，百姓免去了转运的辛劳。

【助广夺权】

郭衍对下非常傲慢，对上却十分谄媚。晋王杨广很亲近他，不管是宴请还是赏赐，都非常丰厚。杨广有夺取太子之位的野心，把郭衍作为自己的心腹，派宇文述把自己的想法告诉他。郭衍大喜道："如果谋划的事情能成功，晋王就可以成为皇太子。如果不成功，也可以仿效梁、陈那样占据江南，割据一方。太子的酒肉之客又能把我们怎么样呢？"

晋王于是召来郭衍，秘密商议这件事。又唯恐别人怀疑他无缘无故地经常来往，于是托词说郭衍的妻子脖子上长了肿瘤，晋王妃萧氏能治这种

病。郭衍把这些情况奏知文帝，文帝许可郭衍带着妻子去江都。郭衍又散布谣言，说广州俚谋反，杨广奏知文帝，派郭衍兴兵讨伐。在这个掩护下，郭衍协助杨广大张旗鼓地制造兵器，豢养士兵，为夺权做准备。杨广成功当上太子后，封郭衍为左监门帅，又改任左宗卫率。

文帝在仁寿宫病重时，杨广和杨素假传圣旨，派郭衍和宇文述带领东宫的卫队，把守宫门，护卫皇帝。等文帝去世，汉王杨谅造反，京城守备空虚，杨广派郭衍骑快马赶回京城，总管军队守卫京师。

郭衍能揣摩皇帝的意思。炀帝经常对别人说："只有郭衍的心思和我一样。"郭衍曾经劝炀帝取乐，五天过问一次政事，不要像文帝那样白白地劳累自己。炀帝听从了他的建议，还说他孝顺。大业七年（611），郭衍跟随炀帝去江都，死在了那里。

论赞

史 臣曰：正直而不奴颜婢膝，是做臣子的高尚品德；赞成而不随声附和，是侍奉君主的平常道理。郭衍像油脂牛皮那样油滑，阿谀奉承，柔颜取悦。君主说可以，他也说可以；君主说不可以，他也说不可以。没有是非轻重的观念，默默地苟且安于高位，甘受尸位素餐的指责，受到其他人的讥笑。这本来是君子所不为的，也是左丘明深以为耻的。

宇文化及列传

宇 文化及是隋朝末年的叛军首领。他出身高门，承蒙圣恩，却骄横妄为，不循法度；他领兵叛乱，接连杀掉隋末两位皇帝，铲除了一批重臣良将，终于把隋朝推向了灭亡；他因怯懦无能致使叛军内讧，后遭人追击，自知必败而宁愿称"一日之帝王"，最终没能逃过客死他乡、遗首异国的下场。

【骄横妄为】

宇文化及，左翊卫大将军宇文述之子。其父宇文述为隋炀帝杨广的立储和登基立下功劳，被封为许国公，位高权重。宇文化及生长在这样的大官僚家庭中，自幼性情凶残险恶，不遵循法度，喜好骑着高头大马，挟带弓箭，在街道上肆意横行、为非作歹。因此，长安城百姓都称之为"轻薄公子"。

隋炀帝杨广尚为太子时，宇文化及便经常带领宫中侍卫出入太子寝宫。由于与太子杨广关系密切，宇文化及累迁至太子仆，成为东宫幕僚。后来，宇文化及多次收受贿赂，再三被免职，但因为太子非常宠信他，每次被免官后不久即又复职。加之其弟宇文士及与隋炀帝的长女南阳公主结亲，宇文化及凭恃皇亲国戚的身份更加骄纵跋扈。他在王公大臣面前经常出言不逊，甚至当众侮辱公卿。

宇文化及生性贪婪，见到美貌女子、珍宝古玩、稀世狗马，必定要托人求来，强行占为己有。他还常与屠夫小贩、市井无赖混在一起，通过市场买卖攫取钱财。隋炀帝即位后，宇文化及被拜为太仆少卿。他自恃与皇帝的旧交情，越发胆大妄为、贪赃枉法。

隋炀帝大业初年，皇帝巡游榆林（今内蒙古准格尔旗东北十二连城）。宇文化及与其弟宇文智及无视朝廷的禁令，与突厥人做起了买卖。隋炀帝得知此事后勃然大怒，将宇文化及囚禁起来达数月之久。等到返回长安的东南门外，隋炀帝打算先斩杀宇文化及，然后再入城。此时，宇文化及已经被解衣辫发，只待行刑，幸亏南阳公主及时出面求情，隋炀帝才渐渐平息怒火，免去了宇文化及的死罪，转而将宇文化及和宇文智及赐给宇文述为奴。后来，宇文述死后，隋炀帝追忆起以往的交情，便重新起用宇文化及为右屯卫将军，宇文智及为将作少监。

【弑君谋反】

隋炀帝末年，民怨四起，农民起

青釉堆贴鹰形钵·隋

钵是中国古代一种陶制器具，用来盛饭、菜和茶水等。此钵高9厘米、口径9.5厘米，曲壁，深腹，口沿上贴一只鹰，尖喙，首顾，展翼欲飞，灵动精妙。

义席卷全国。隋炀帝巡游江都（今江苏扬州）时，起义军首领李密占领了洛口（今河南巩县东北），切断了隋炀帝的归路。隋炀帝十分畏惧，只得留在江都，不敢回长安。随驾将士多是关中人，久居他乡，思归心切，看到隋炀帝没有西归的意思，便产生了谋反叛逃的念头。当时，武贲郎将司马德戡统帅禁卫军负责保卫江都安全，听说将士们想要谋叛，便与直阁裴虔通商量，决定抢掠财物逃回关中。

这件事被宇文智及知道以后，素来狂悖的宇文智及大喜过望，很快便与司马德戡面见，约定好三月十五日举兵同叛。宇文智及说："既然要谋反，就不要只抢财物。如今隋要灭亡的命运已定，天下群雄并起，我们有大军数万人，应当行一番大事，这才是帝王之业！"谋叛的几人听了以后深以为然，认为行大事就要有一个服众的首领，众人纷纷推举宇文化及。

约定好以后，司马德戡等人将此事通报给宇文化及。谁知宇文化及虽然平日里骄横妄为，但是本性却驽钝怯懦，听到谋反这样的事情，大惊失

色，冷汗直流，过了好长时间才定下心神，答应了做叛军首领一事。

隋义宁二年（618）三月一日，司马德戡欲宣告谋叛之事，又担心禁卫军人心不齐，便对通医术的许弘仁、张恺说："二位是良医，又是国家任使，如果出面迷惑众人，众人必信。你们可以告知众将士，说陛下已听说了禁卫军谋叛之事，命令你们酿造很多毒酒，将禁卫军全部毒杀，陛下自己则与江南人留在这里。"许弘仁等散布了这一言论，将士们果然奔走相告，谋反的心情更加急切。

三月十日，宇文化及统领的叛军正式发动兵变。夜里三更，江都城门紧闭，司马德戡在东城集结数万人，举火与城外相应。隋炀帝听到外面喧嚣，询问发生了什么事。裴虔通欺骗说："草坊失火，众人救火，所以有嘈杂声。"五更时，裴虔通暗自更换了城门侍卫，打开城门放进叛军。叛军杀入隋炀帝的宫殿，护卫皇帝的侍卫纷纷逃走。裴虔通将隋炀帝抓捕起来。隋炀帝不解地问："爱卿不是我的亲信吗？为什么反叛我？"裴虔通答道："臣不敢反，是将士们思归，希望陛下能还师长安。"隋炀帝说："我同你们回去。"裴虔通便派兵看守隋炀帝，并遣人去迎接宇文化及。

这时，宇文化及还不知道起事的

结果，战战栗栗，不敢说话。有人来拜谒他，他只是低着头跨在马鞍上，回答说："罪过！罪过！"宇文化及行至城门口，司马德戡等人前来迎拜，引入朝堂，众人推举宇文化及为大丞相。宇文化及命人将隋炀帝带出城门，在叛军面前公示，然后才放心地入城。接着他派遣校尉令狐行达在行宫中杀害了隋炀帝，然后又抓捕了与其意见不同的朝臣、外戚数十人，无论老幼都一一杀害，唯独留下了秦孝王杨俊之子杨浩。宇文化及立杨浩为帝，自己则任丞相。

【失势而逃】

几天后，宇文化及率领叛军抢夺了江都人的舟楫，打算经由水路向西去。宇文化及到达显福宫后，宿公麦孟才、折冲郎将沈光等人谋划伏击宇文化及，不料反被宇文化及杀害。接

着，宇文化及入主隋炀帝的六宫，霸占后宫，享受奉养，就如同隋炀帝在世时一般。他常在帐中面向南端坐，有臣子向他奏报朝政大事时，他默然不予理睬。等到臣子说完了，他才收取臣子的奏章，交给手下人去商讨裁决。

叛军行至徐州时，水路不通，只得改走陆路。叛军就又抢掠了当地民众的两千多辆牛车，把宫人和珍宝都装到车上，至于那些兵器、铠甲和其他军资器械，全都令士兵背负肩扛。道路遥远，将士疲乏至极，怨声连连。司马德戡看到这番情形，大失所望，悄悄地对虎牙郎将赵行枢说："如今要拨正动乱，必须借英雄贤才的力量，然而宇文化及庸碌卑劣，身边又尽是小人，我们的大事必败无疑，该怎么办呢？"赵行枢说："有我们在，废掉宇文化及又有何难？"于是，这二

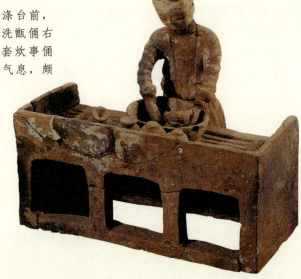

灰陶炊事俑·隋
泥质灰黑带黄。一女俑立洗涤台前，左手持碗，右手作洗刷状。洗甑俑右手持甑，左手作洗甑状。这套炊事俑神态逼真，具有浓郁的生活气息，颇为少见。

人联合几个同谋，谋划以万余兵士袭杀宇文化及，改立司马德戡为首领。不料，这一消息被人秘密透露给宇文化及。宇文化及得知此事后，迅速逮捕了司马德戡及其同党十几人，将他们全部杀死。

当时，起义军领袖李密领兵讨伐宇文化及。李密率军占领了黎阳（今安徽黄山屯溪区黎阳镇）粮仓。宇文化及率领叛军渡河，分兵征战，要夺取粮仓。宇文化及每次攻打黎阳仓，李密便引兵营救，几次战斗下来，宇文化及负多胜少，手下大将也被李密生擒。不久，宇文化及粮草已尽，只得渡过永济渠，与李密决战于童山。这时，宇文化及的部将看到大势已去，纷纷叛逃，宇文化及又败，仅剩下两万兵马向北逃去。

【称帝而死】

眼看着心腹尽失，兵势日衰，宇文化及一筹莫展，只能每天沉迷于酒宴声乐，醉酒后便对弟弟宇文智及说："我当时不明情况，听了你的计策，被你们立为首领。如今一事无成，兵马涣散，还背负了弑君罪名，为天下人所不齿。今天的灭族之灾，难道不是你造成的吗？"说完就抱着两个儿子哭泣。宇文智及愤怒地说："事成之日不见你赏赐我，到了兵败的时候，却都归罪于我。何不杀了我，去投靠窦建德（隋末义军首领）？"兄弟二人争执不下，酒醒了又继续饮，如此度日。

宇文化及自知必败，感叹道："人生本来就免不了一死，何不做上一天的皇帝呢？"于是，他毒杀了隋帝杨浩，在魏县（今河北、山东、河南交界处）称帝登基，国号为"许"，建元"天寿"，任命文武百官。

不久，宇文化及率领余部去聊城，适逢唐淮安王李神通前来招抚。宇文化及不肯归顺唐朝，李神通便派兵围攻，窦建德也领兵前来攻打宇文化及。此前，齐州（今山东济南）贼寇王薄听说宇文化及藏宝很多，诈来投附，宇文化及相信了他，与其共同据守。到了窦建德来攻打的时候，王薄见风使舵，引窦建德的部队入城，生擒了宇文化及，并俘虏了宇文化及的部将。宇文智及等人被斩杀，宇文化及被押往河间（今河北沧州境内），以弑君等多项大罪处死，其子宇文承基、宇文承趾也被斩杀。宇文化及的首级被砍下，传到突厥可汗的妻子、隋宗室之女义成公主那里，在突厥王廷悬首示众。

论赞

史 臣曰：宇文化及为庸碌卑劣的下才，辜负圣恩，身处分崩离析的时期，不能竭尽使命，而因利乘便，违背纲纪，谋叛僭越，天地所不容，人神所同愤。呜呼，为人臣者不可不深以为鉴！

卷七十九

王世充列传

隋 朝末年，天下动乱，在各路军队中，有胡人血统的王世充可谓一位枭雄。他性格狡诈多变，为官时不断讨好隋炀帝，隋朝灭亡后又另立新君，并通过政变掌握大权。在野心极度膨胀的情况下，他僭越帝号，自立为君，妄图与唐对峙，却逃不过兵败身死的下场。

【胡人入汉】

王世充，字行满，本是西域胡人，其祖父迁到了新丰（今陕西临潼东北）。祖父死后，其寡妻和仪同王粲私通生子。王粲就娶了她做小妾。当时，王世充的父亲年纪幼小，随母亲改嫁到王家，改姓王。

王世充头发卷曲，声音如同豺狼，性格阴沉猜忌，很有计谋。他看了很多书，尤其喜欢兵法，懂得占卜推算吉凶等事，但从来不对别人说。开皇年间，王世充担任左翊卫，后来因为军功而被拜为仪同，担任兵部员外。他善于对答，熟悉法律，写起文章来随意编造，想怎么说就怎么说。如果有人驳难他，他就用花言巧语掩饰自己的错误，说起话来义正词严，头头是道。大家虽然知道他不对，却又无法驳倒他，因此称赞他善于辩论。

【为帝信任】

隋炀帝时，王世充屡次升迁至江都郡丞。当时隋炀帝好几次去江都（今

江苏扬州），王世充善于察言观色，讨好炀帝，阿谀奉承，事事按照炀帝的旨意去办。每次向炀帝汇报事情，炀帝都觉得他做得好。他又以郡丞的身份兼任江都宫监，于是雕刻池塘楼台，偷偷送上远方出产的罕见珍宝向炀帝献媚，炀帝于是更加亲近他。

大业八年（612），隋朝的天下开始动乱。王世充怀着不可告人的目的，放低身段礼遇士人，暗中结交豪杰，四处收买人心。江淮人本来就轻率彪悍，又赶上盗贼蜂起，很多人犯法，有被抓进监狱的人，王世充就违法放出他们，来树立自己的威信。他在江南一带征讨叛军，频频获胜。每当打了胜仗，王世充都要归功于部下，将获得的战利品都分给士兵，自己一点都不要。所以人们争着为他效力，使他在这次平叛中功劳最大。

大业十一年（615），突厥把炀帝围困在雁门（今属山西代县），王世充把江都的军队全部派出去，准备奔赴战场。在军队里，他每天蓬头垢面，

时不时悲伤哭泣，白天晚上都不脱掉
盔甲，睡在柴草上。炀帝听说后，以
为王世充尊崇自己，对他愈发信任。

王世充知道炀帝好色，于是说
江淮良家有美女，都愿意进宫侍奉皇
帝，只是没有门路。炀帝一听更加高
兴，于是密令他挑选长得漂亮适合进
宫的女子，从国库和各地应该缴纳的
财物中拿钱做聘礼。花费的钱财不可
胜计，账面上只说是奉皇帝的命令别
作他用。有中意的女子，炀帝就厚赏
王世充；有不中意的，就赐给王世充。
后来，炀帝命令将女子们装船送往东
都洛阳。路上盗贼蜂起，押送的使者
苦于劳役，在淮河泗水里凿沉船溺死
她们，前后发生了十几次。如果事情
败露，王世充为他们隐瞒，又马上选
拔一批女子送去，因此后来更加受到
炀帝的亲近。

【政变夺权】

当时李密攻占兴洛仓（今河南巩
县东南），进逼东都，官军屡次败退。
光禄大夫裴仁基献武牢（今属河南荥
阳）投降李密。炀帝非常生气，大规
模征发军队，要讨伐李密。他派遣王
世充为将军，在洛口抵抗李密。前前
后后打了一百多场仗，双方各有胜负。
王世充于是带着军队渡过洛水，进逼
兴洛仓。李密和他交战，王世充败退，
水中溺死了一万多士兵。当时天冷下
大雪，士兵渡水后衣服都湿了，在路
上又冻死了几万人，撤到河阳（今河
南孟州）后，只剩下了一千多人。王

世充把自己关进监狱，请求皇帝治罪，
越王杨侗派使者赦免了他，诏令他回
到东都。他收罗散去的士兵，又凑了
一万多人，驻扎在含嘉城中，不敢再
出战。

宇文化及在江都杀害炀帝后，王
世充与太府卿元文都、将军皇甫无逸、
右司郎卢楚尊奉越王杨侗为皇帝。杨
侗任命王世充为吏部尚书，封为郑国
公。后来杨侗听从元文都和卢楚的计
策，将李密拜为太尉、尚书令。李密
于是称臣，又带着军队在黎阳（今河
南浚县）抵抗宇文化及，派使者前来

告捷。大家都很高兴，王世充却对麾下的将领们说："元文都这些人，不过是舞弄刀笔的文人罢了。我观察现在的形势，他们一定会被李密捉拿。何况咱们每次和李密打仗时，杀死了他们的父兄子弟，一旦成为他们的手下，咱们都要被斩尽杀绝了。"以此来激怒他的部下。

元文都知道后非常害怕，和卢楚等人谋划，想趁王世充觐见的时候，埋伏下甲兵杀死他。已经定好了日期，将军段达派女婿张志把卢楚的阴谋告诉了王世充。王世充连夜带兵包围宫城，和将军费曜、田世阇等人在东太阳门外交手。费曜的军队败退，王世充攻破东太阳门，捕获卢楚并杀掉了他。王世充又命令手下人叩门对杨侗说："元文都等人要抓住陛下投降李密，段达知道他们的阴谋后告诉了我。我并不敢谋反，而是来诛杀反贼。"杨侗命令开门放王世充进宫，王世充派自己的亲兵代替了杨侗的卫兵，才入宫觐见，磕头流着泪说："元文都这些人毫无法纪，阴谋要杀害陛下，事情太紧急了，我只好这样做，并不敢背叛国家。"杨侗和他订立盟约。不久，王世充又派韦节等人劝说杨侗，让杨侗任命王世充为尚书左仆射，总督内外军事，又拜任王世充的兄长王恽为内史令，进入宫禁居住。

【僭号兵败】

没过多久，李密打败宇文化及，班师回朝。他的精锐士兵大多战死，兵士们都非常疲倦。王世充想趁着他疲敝的时候攻打他，恐怕人心不齐，于是假托鬼神，说自己梦见了周公。接着，王世充命人在洛水上修建了一座周公祠，派巫人宣言周公要命令王世充紧急讨伐李密，就会立下大功，否则兵士们都会染瘟疫而死。兵士们信以为真，都请求交战。

王世充选拔两万多精锐士兵和一千多匹马，在洛水南边扎营。李密驻扎在偃师（今属河南洛阳）以北的山上。当时李密刚刚打败宇文化及，比较轻视王世充，没有修建防御工事。王世充趁夜里派二百多骑兵偷偷进入北山，埋伏在溪谷里，又命令其他士

🔴 **青釉朵花纹碟·隋**

高1.8厘米、口径8.7厘米，敞口，尖圆唇，壁极浅，内壁有5朵朵花纹，外壁下半部有6道凹弦纹。小巧质朴，堪称上品。

兵吃饱饭，喂饱战马，天亮后策马奔驰，直逼李密军营。李密出兵迎战，还没摆阵势，两支军队就打起来了。王世充的伏兵借着山势的隐蔽偷偷登上北原，居高临下，驱马直压李密的军营。李密军营大乱，王世充的军队又在军营中放起火来。李密的军队大惊溃退，两个将领投降，偃师被王世充攻陷。

之前，王世充的兄长王伟和儿子王玄应跟着宇文化及到东都，李密抓住了他们并囚禁在城中，这时全部获救。王世充又抓到了李密长史邴元真的妻子儿女、司马郑虔象的母亲以及各将领的子弟，都抚慰他们，让他们暗里地去召唤自己的父兄。军队到洛口时，邴元真、郑虔象等人献出仓城来响应他。李密仅带着几十个骑兵逃遁，王世充收罗了他的部众。于是东到东海，南到长江，这一带的人都来归附王世充。王世充又让韦节劝说杨侗，拜自己为太尉，不久又自称郑王。第二年，王世充自称相国，接受九锡等各种待遇，从此以后就不再去朝见杨侗了。

有一个叫做桓法嗣的道士，自称能解读图谶，王世充很亲近他。桓法嗣就上呈《孔子闭房记》，画了一个男子拿着木杆在赶羊。桓法嗣说："杨，是隋朝的姓氏。干和一合起来就是王字，放在羊的后面，明确表示您要代替隋朝称帝了。"他又拿了庄子的《人间世》和《德充符》两篇文章献上，解释说："上篇说'世'，下篇说'充'，

这就是您的名字。您应当德被人间，顺应天命做天子。"王世充非常高兴地说："这是天命啊！"他下拜两次接受了这两篇文章，立刻任命桓法嗣为谏议大夫。

王世充又派人抓了各种鸟，把写着字的绸布条系在鸟的脖子上，上面写着自己应该当皇帝之类的话，然后把鸟放飞。有人射到这种鸟献给他，也会被拜任官爵。不久，王世充废掉杨侗，自己僭越称帝，建元开明，国号郑。当时，唐高祖李渊已经登基，派秦王李世民率兵围剿他，王世充出战总是败退，国都以外的城池纷纷投降秦王。处在这样窘迫不利的处境，王世充派使者向窦建德求救，后者率领精兵前去救援，不料在武牢败给秦王，自己也被擒捉，押解到王世充驻扎的城下。王世充想突破重围，麾下的将领们却无人赞成，他知道无路可走，于是出城投降。到长安（今陕西西安）后，王世充被仇人独孤修德杀掉。

论赞

论曰：王世充才识短浅，器量狭小，遇到好运，受到提拔，超越旧臣。而他在朝廷危急之时，不能竭力挽救，反而因利乘便，率众企图谋反。所以他被杀戮，给后世留下明鉴，也使当时的忠义之士拍手称快。作为人臣，能不引为教训吗？

白话精编二十四史

第五卷

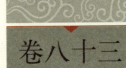

卷八十三

温子昇列传

子昇自幼好学，才华出众，在文学上颇有建树，而且受到了当权者的赏识与重用，仕途上也十分得意。但是后来他被怀疑参与了造反，最终在狱中活活饿死。

【屡受重用】

温子昇，字鹏举，自称是太原（今山西太原）人，是晋朝大将军温峤的后代。温子昇小时候学习十分刻苦，经常不分昼夜地发奋读书。年纪稍大，他就已经博览群书，文章写得清新婉转，风格明快。后来温子昇做了广阳王元深的门客，在马坊中教那些奴仆的孩子们读书。

有一次，温子昇给一个叫常景的人撰写了《侯山祠堂碑文》。常景读后觉得文章写得很好，于是大加赞赏，还特地到元深的家里道谢，并对元深说："温生是个大才子啊！"元深因此才对子昇略微有了些了解。

北魏孝明帝熙平初年（516），中尉、东平王元匡招集大量文人来充当御史。在参加考试的八百多人中，温子昇等二十四个人以优异的成绩名列前茅，温子昇也因此成为御史，当时他只有二十二岁。温子昇任御史时成绩显著，朝中弹劾的文章都委托他来写。

过了几年，广阳王元深成为了东北道行台，征温子昇做郎中。当时黄门郎徐纥负责受理各地的上表，他平时答复表文非常快，但是看到元深处温子昇代拟的奏表后思索了很久，感慨道："他那里有温郎中，才华真是可敬可畏啊！"

做了郎中的温子昇随军出征，打跑了高车（北魏北部的少数民族）。高车军队逃亡后，温子昇只拿了四十匹绢。后来元深的军队被击败，温子昇被葛荣俘虏。幸亏葛荣的下都督和洛兴与温子昇是老相识，他派了几十个骑兵悄悄地护送他逃到了冀州，之后才返回了京城。回到京城后，李楷拉着他的手说："您今天能够幸免于难，真是太好了！"从那以后温子昇不再做官，而是闭门读书，十分刻苦，毫不停息。

孝庄帝即位后，再次征召温子昇，任命他为南主客郎中，修订起居注。其间，温子昇有一天没有当值，时任录尚书事的上党王元天穆要对他行鞭刑，没想到温子昇听说后竟逃跑了。天穆非常生气，上奏皇帝，想

246

免去他的官职。孝庄帝说："当今世上有才能的人只有几个，哪里能因为这件小事就罢免这位才子呢？"于是没有批准。

【人生巅峰】

后来元天穆要讨伐邢浩杲，诏令温子昇和自己一同前去征战，温子昇不敢去。天穆对别人说："我让他同行是看上了他的才能，哪里是想为报旧怨泄私愤呢？他如果现在不来，真的要被流放了！"温子昇没办法才前去拜见天穆，随他一同出征。后来温子昇被封为伏波将军，做了行台郎中。

元天穆深知他的才华，十分赏识。有一次元颢到了洛阳，天穆问温子昇："你说咱们应该回去夺取京城呢，还是渡过黄河继续北征？"温子昇说："元颢刚刚到达洛阳，人心慌乱，现在去夺取京城，肯定不费吹灰之力。收复京城后，再把孝庄帝迎接回宫，这可真是千古伟业，您也会垂青史册的！如果不这样做而是继续北征，我会替大王感到惋惜的。"

元天穆听后觉得有理，但是因为有些顾虑而没有采纳，于是派温子昇回到京城，元颢任命他为中书舍人。后来孝庄帝回宫，把元颢任命的多数官员都罢黜了，温子昇却继续担任中书舍人一职。天穆听到这件事后十分后悔，因此常常对温子昇说："我真后悔当初没有采纳你的意见啊！"

永熙年间，温子昇做了侍读，兼任舍人、镇南将军、金紫光禄大夫，后又调任为散骑常侍、中军大将军，兼任本州大中正。温子昇的文笔和人品都很好，受到时人的称赞，梁武帝看过他的文章后曾说："真是曹植、陆机再世啊！为什么江南就没有这么好的文人呢？"可见温子昇名气之大。

【身死狱中】

不久元瑾、刘思逸、荀济等人造反，文襄帝怀疑温子昇参与了他们的密谋，于是让他写了一篇《神武碑》。文章写成后，温子昇就被投放进了监狱，饱受饥饿之苦，以至于不得不吃自己盖的破被子，最终竟被活活饿死。死后他的尸体被遗弃在路边，又抄没了家产。亏得太尉长史宋游道为他收了尸，下了葬，还把他的文章编为三十五卷。

温子昇一生淡泊名利，从不随随便便地诋毁或盛誉他人；但是城府却很深，有些阴险，很爱参与一些大事，所以最终招致祸害，身败名裂。他生前撰写了三卷《永安记》，终生无子。

论赞

论 曰：温子昇地位低下，出身贫寒，但是他能把握住机会，在文学创作上有所建树。虽然他曾经身份卑微，虽然他最后因罪被杀，但是他在文学史上仍然有着很高的地位。那些平凡的读书人，应以此为榜样，更加刻苦地学习。

颜之推列传

他算不上北朝的名臣良将，但在中国古代的文化名人中，他确实大大的有名。他就是被后世奉为经典的《颜氏家训》的作者——颜之推。他生活在动荡年代，历经梁、魏、齐、周、隋五朝；他博学鸿才，却"三为亡国之人"；他留下的《颜氏家训》，成为了后世不朽的"儒家经典家规教范"。

【才情绝伦】

颜之推，字介，琅邪临沂（今山东临沂）人。颜之推出身官宦之家，他的九世祖颜含，在东晋建立之初曾官至侍中、右光禄、西平侯。他的父亲颜协，做过南朝梁国湘东郡王萧绎（后为梁元帝）的镇西府咨议参军。

颜之推的家族琅邪颜氏，是魏晋南北朝时期少数几个没有习染玄学风气而保持传统儒家经学的门第之一，这为颜之推深厚的儒学功底打下了基础。他的家族世代传讲《周礼》《左氏春秋》，颜之推很早就传习了家学。

颜之推十二岁时，正值萧绎讲解《庄子》《老子》，便做了萧绎的学生。但玄学的虚谈非其所好，不久他又重拾儒学，研习《礼记》《论语》，博览群书，无不精到贯通，且文采华美，十分为萧绎称道。萧绎任命他做了自己的国右常侍，并加镇西墨曹参军衔。颜之推虽才情绝伦，但嗜酒，好放纵，不修边幅，因此并不为时人推崇。

【历任五朝】

萧绎派自己的次子萧方诸出镇郢州，任命颜之推随行主掌管记。不久西魏大将侯景攻陷郢州，颜之推被俘虏。侯景几次想把他杀掉，全赖幕僚的劝解才得保全获免。被释放后，颜之推回到梁国。当时的萧绎已自立为帝，他见到颜之推归来很是高兴，任命他做了散骑侍郎。但不久后梁的军队又被北周击败，颜之推再次全家被掳。北周大将军李穆很欣赏颜之推的才学，便推荐他去为自己的哥哥效力。颜之推不愿前往，在北上途经黄河的时候，适值河水暴涨，他勇敢果决地驾船穿越急流暗礁，携家人投奔了北齐。北齐宣帝高洋欣赏颜之推的才学，常把他带在左右。此后，颜之推历任奉朝请、中书舍人、赵州功曹参军、司徒录事参军、黄门侍郎等职。

颜之推聪颖好悟，博学善辩，擅长文案工作，应对从容。皇帝有时要查阅一些资料，便让宦官传旨，由颜之推全权操办。兼之他擅长文字，长计划。颜之推于是又建议皇帝撤往青州（古九州之一，今泰山以东至渤海的区域），固守三齐之地，如果守不住，还能乘船南逃。但高纬并不能采纳这些计策。

高纬不听良言，终被北周军队俘获，北齐灭亡。颜之推于是又做了北周的官，官至御史上士。隋代北周后，颜之推又被隋文帝喜爱辞赋的太子杨勇（后被废）召为学士，晚年受到很高的礼遇，不久病故。

颜之推一生著有文章三十卷，其中包括《家训》二十篇，流传后世，这就是著名的《颜氏家训》。他曾撰写《观我生》赋，文章清新致远。颜之推在齐地（今山东）有两个儿子，长子名为颜思鲁，次子名为颜敏楚，可见颜之推不忘根本之意。

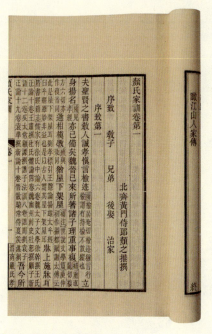

《颜氏家训》书影

《颜氏家训》是中国历史上第一部内容丰富、体系宏大的家训，也是一部学术著作。其中阐述立身治家的方法，强调教育体系应与儒学为核心，尤其注重对孩子的早期教育，并对儒学、文学、佛学、历史、文字、民俗、社会、伦理等方面提出了自己独到的见解。

于校对缮写，做事勤敏，因此颇为称职，皇帝也因此对他愈发器重。

后来北周发动了对北齐的征服战，北周的士兵攻陷了北齐的晋阳（今山西太原）。北齐兵败如山倒，北齐皇帝高纬仓皇逃往邺城，处境窘困不知所措。颜之推向高纬建议南下投奔陈国，并建议招募吴人千余名充作护卫军。高纬非常赞成颜之推的建议，并将之告诉了丞相高阿那肱。高阿那肱早有降敌之意，不愿到陈国去，便借口说吴人不可靠，否定了颜之推的

论赞

论 曰：古人以名声不朽之人为贵，大抵是看重这些人的言论传于后世。颜之推等人，在汉族士子之间享有极高的声誉，又兼有其才名，因此其身份尊贵得以显现，原本就是应该的。颜之推等人才华非凡，编修书籍，文采横贯辞林。尽管其地位可以低下，其生身可以被杀，但千年之后，贵贱的评价归于一个标准。如果不是这个道理，谁说能够达到这样的效果呢？天下的士子，能不追求于此吗？

白话精编二十四史

第五卷

魏书·北齐书·周书·隋书·北史

【特邀审校】
戴卫红

【特邀校对】
郭惠灵

【文图编辑】
樊文龙

【文字撰写】
宋琬如　王　军

【装帧设计】
罗雷

【美术编辑】
刘晓东

【图片提供】
Fotoe.com